中国語の三人称代名詞 "它" に関する研究

西 香織 著

日本語・日本語習得研究博士論文シリーズに寄せて

　博士学位は運転の免許に例えられることがある。一理ある考え方である。人は、運転が十分に上手になってから免許を取るのではなく、最低限の知識と技能を身につけた段階で初めて免許を取り、それから一生懸命に車を走らせて技術を上達させていくからである。

　しかし、立場を変えれば、これは盲点のある例え方だと評することもできる。なぜなら、免許の取り方と学位の取り方とではその性格に大きな開きがあるからである。免許を取る訓練の段階では、指導教官が隣の席に座って丁寧に教えてくれるが、それでも、よほど危険な状況に遭遇しない限り、運転に直接手を貸すことはない。また、免許を取得できるかどうかが決まる試験に際しては、あくまで受験者が自力のみで努力し、うまく行かなかったら、一律に不合格になる。

　一方、博士学位の場合はどうか。まず博士論文の作成においては、発想から表現まで指導教員が惜しまずに力を貸すことがある。さらによくないのは、そうしておきながら、一旦審査する段階になると、同じ教員が主査を務めてしまうことにある。このような調子だから、「手前味噌」の滑稽劇がひっきりなしに展開される。これによって、学位を取った人の一部は、学位を取った日が研究を止める日になってしまう。なぜなら、一人では研究を続けていくことができないからである。

　このような滑稽劇を根絶するためには、体制の根本的な改革が必要であり、教員の一人二人の努力だけではどうしようもない。しかし、このシリーズの企画に際しては、せめてこの風潮を助長しないように注意を払っていくつもりである。つまり、執筆候補者の選定に関して、学位申請に必要とされた「博士論文」を見るだけではなくて、学位取得から一定以上の年数が経過しても、依然として弛まず研究を続けられていることを必須条件として定めているのである。

　こうすることで、このシリーズの著者たちは、本書の背表紙に刻まれた著者名だけでなく、学会や研究会の壇上で活躍する実際の姿と、学会誌の目次や研究会のプログラムに頻出する名前とが、常に三位一体となった動的な存在であることが保証されるであろう。シリーズの刊行が学問隆盛の一助となることを切に望む次第である。

大阪府立大学　張　麟声

目　次

日本語・日本語習得研究博士論文シリーズに寄せて

まえがき 1

序章　はじめに 3

第 1 章　三人称代名詞"它"の成立と発展 5
　1.1　中国語の指示体系 5
　　1.1.1　現代中国語の指示体系 7
　　1.1.2　古代中国語の指示体系 10
　　　1.1.2.1　一人称代名詞 13
　　　1.1.2.2　二人称代名詞 14
　　　1.1.2.3　三人称代名詞 16
　　　1.1.2.4　指示詞 17
　　1.1.3　近代中国語の指示体系 20
　　　1.1.3.1　一人称代名詞 20
　　　1.1.3.2　二人称代名詞 22
　　　1.1.3.3　三人称代名詞 23
　　　1.1.3.4　指示詞 23
　1.2　三人称代名詞"tā"の成立と発展 27
　　1.2.1　"tā"の成立年代 27
　　1.2.2　音韻的側面からみた"tā"の成立 33
　　1.2.3　"tā"の動物や事物を指す用法の成立 36
　　1.2.4　"tā"の「虚指」用法の成立 39
　　　1.2.4.1　"管 tā"型 39
　　　1.2.4.2　"動詞＋tā＋（数）量詞"型 43
　1.3　"tā"の動物や事物を指す用法の発展 45
　1.4　まとめ 51

第 2 章　現代中国語における三人称代名詞と"它" 53
　2.1　共時的にみた三人称代名詞 53
　　2.1.1　現代中国語における人称代名詞の体系と三人称代名詞 53

2.1.2 世界の言語における三人称代名詞	56
2.1.3 中国語の方言における三人称代名詞	58
2.2 「欧化」と白話文運動	61
2.2.1 文字の区別	61
2.2.2 "它们"の誕生	63
2.2.3 "它"の新たな用法	67
2.2.4 基本的文体の変容	69
2.3 二種類の"它"	71
2.3.1 中国語本来の"它"	71
2.3.1.1 近代中国語における"它"	72
2.3.1.2 方言における"它"	75
2.3.2 話し言葉にみられる"它"	83
2.3.2.1 話し言葉とは	84
2.3.2.2 話し言葉の特徴と"它"の使用	85
2.3.2.3 話し言葉におけるその他の"它"	88
2.3.3 「欧化」以降の"它"	92
2.3.3.1 「欧化」以降の"它"の用法	92
2.3.3.2 "它们"の書き言葉と話し言葉における用法の差異	97
2.3.3.3 指示対象の増加	103
2.4 まとめ	104
第3章 照応の構造と結束性	106
3.1 照応とは	106
3.2 直示と照応	109
3.2.1 三人称代名詞の基本的用法	109
3.2.2 言語的コンテクストに照応	112
3.2.3 状況的コンテクストに照応	114
3.3 前方照応と後方照応	123
3.3.1 英語における後方照応	123
3.3.2 日本語における後方照応	126
3.3.3 中国語における後方照応	127
3.4 直接的照応と間接的照応	132

	3.4.1	認定プロセスの観点からみた照応	132
	3.4.2	間接的照応	133
		3.4.2.1　統合的照応	133
		3.4.2.2　コトガラの名詞句化	135
		3.4.2.3　非総称から総称へ	138
		3.4.2.4　内在先行詞	142
	3.4.3	照応と話題性，指示性	145
3.5	文内照応と文間照応		148
	3.5.1	文内照応	148
	3.5.2	文間照応	155
		3.5.2.1　二文間の照応	156
		3.5.2.2　三文以上の間に成り立つ照応	160
3.6	照応の交差と指示の曖昧性		166
	3.6.1	照応の交差	166
	3.6.2	照応の曖昧性	168
	3.6.3	関連性	171
3.7	"它"と指示詞，ゼロ代名詞		173
	3.7.1	"它"と指示詞	173
	3.7.2	"它"とゼロ代名詞	181
3.8	"它"と結束性		186
3.9	まとめ		191
第4章	"它"の指示対象と語用論的制約		193
4.1	"它"の指示対象		193
	4.1.1	"它"の守備範囲	193
		4.1.1.1　組織	195
		4.1.1.2　動物	197
		4.1.1.3　植物	199
		4.1.1.4　具体物	200
		4.1.1.5　抽象物	202
		4.1.1.6　事柄	203
	4.1.2	指示対象の属する世界	205

        4.1.2.1　概念世界 206
        4.1.2.2　現実世界 207
        4.1.2.3　仮想・信念世界 209
    4.2　"它"の先行詞とその形式 213
        4.2.1　先行詞の形式 213
        4.2.2　先行詞の形式と指示対象 216
            4.2.2.1　裸の普通名詞 216
            4.2.2.2　固有名詞 218
            4.2.2.3　指示詞 219
            4.2.2.4　指示詞付きの名詞句 220
            4.2.2.5　限定語句＋"的"＋NP 220
            4.2.2.6　NP_1＋"这"＋（量詞）＋NP_2［同格］ 220
            4.2.2.7　"一"＋（量詞）＋NP 222
            4.2.2.8　動詞句・文 222
            4.2.2.9　先行詞の形式と指示対象の関係 223
    4.3　"它"の使用の語用論的制約 224
        4.3.1　話し手の知識状態 224
        4.3.2　待遇度 228
            4.3.2.1　マイナス待遇とニュートラル待遇 228
            4.3.2.2　マイナス待遇を受ける指示対象 229
            4.3.2.3　ニュートラル待遇を受ける指示対象 231
            4.3.2.4　中国語の本来的用法における待遇度 231
    4.4　テクストタイプによる制約 232
    4.5　まとめ 234

第5章　有生・無生の対立と無生物主語"它" 235
    5.1　個としてのヒトと類としてのモノ 235
    5.2　〈有生〉・〈無生〉の総称的解釈に与える影響 238
        5.2.1　〈有生〉と〈無生〉 238
        5.2.2　総称とは 239
        5.2.3　総称を表す名詞的要素 242
            5.2.3.1　"这／那"＋（量詞）＋名詞 242

				5.2.3.2	裸の普通名詞 243

- 5.2.3.2 裸の普通名詞 243
- 5.2.3.3 数詞＋（量詞）＋名詞 244
- 5.2.3.4 "一"＋（量詞）＋名詞 244
- 5.2.3.5 量詞＋名詞 245
- 5.2.3.6 人称代名詞 246
- 5.2.3.7 固有名詞 247
- 5.2.4 総称と判断文 248
- 5.2.5 特定的解釈と総称的解釈 249
- 5.3 "他"＋"它"＝"tāmen"? 251
- 5.4 無生物主語"它" 253
  - 5.4.1 代名詞とその先行詞の統語的位置 255
    - 5.4.1.1 代名詞の統語的位置 255
    - 5.4.1.2 "它"の先行詞の統語的位置 257
  - 5.4.2 "它"に後続する形式と総称的解釈 259
    - 5.4.2.1 後続形式 259
    - 5.4.2.2 指示対象 261
    - 5.4.2.3 総称的解釈 263
  - 5.4.3 主語の位置に立つ"它"の談話における役割 264
- 5.5 まとめ 267

終章 おわりに 268

参考文献 269

例文出典 290

あとがき 294

まえがき

本書は2002年12月に旧大阪外国語大学に提出し，2003年3月に学位を授与された博士論文に加除修正を加えたものである。提出からすでに16年もの年月が経っている。本シリーズの企画者である大阪府立大学の張麟声教授より本書刊行のお話をいただいた時，当然ながら丁重にお断りするつもりでいた。

大学の卒業論文で日本語と中国語の指示詞の対照研究を行ったが，その過程で，中国語において指示詞に代わって時折，顔を出す三人称代名詞"它"の存在が気になった。日本語に事物を指す三人称代名詞は存在しない。しかし，"它"はどうやら英語の"it"とも異なるふるまいをしているようだ。この「気になる存在」は後に修士論文のテーマとなった。修士論文では，話し言葉で用いられる"它"を中心に研究したが，問題が解決したという気にはなれず，博士論文でも"它"にかかわる諸問題と対峙することになった。約5年間にわたり"它"と関わったことになる。博士論文提出後は己の未熟さを恥じ，無知を悔やんだが，博士号の取得を機に本研究に一区切りつけ，その後は大きく研究テーマを変えて今日に至っている。

大雪のために途中で新幹線が止まってしまうというトラブルに見舞われる中，大阪からわざわざこの話をするために福岡まで足を運んでくださった張教授には申し訳ないが，この16年間，ほとんど紐解くことのなかった博士論文を今さら刊行するなどとはとんでもないことだ，と心から思っていた。

窓外の冬景色とは対照的に，張教授は熱く語られた。「中国語の"它"のような三人称代名詞は日本語にはないし，英語の"it"とも異なる。類型論的に見ても非常に興味深いものだが，日本語で"它"について体系的に紹介されている書物はほとんどない。中国語研究者は自分で原著を読むことができるが，中国語を研究していない研究者には難しい。内容は変更しなくてよいから，ぜひ非中国語研究者への情報提供と思って刊行してほしい」と。

本書にどれだけの価値があるのか正直わからないが，本書が他分野の研究の発展に少しでも資するところがあるのであればと思い，厚顔を承知で刊行することにした。

　時間的な制約，また何よりも自身の能力の限界から，内容にはほとんど変更を加えず，誤字脱字，誤訳の修正など最小限の修正にとどめざるを得なかった。ただし，「中国語以外の言語の研究者」を主要な読者と想定して，中国語または中国語学では使用されるが，その他では通用しないと思われる用語は，可能な限り日本語学や言語学で通用する用語に改め，中国語や中国文化に通じていないと理解が難しいと思われるものには，注を付すなどして説明を試みたつもりではある。「帯に短し襷に長し」の感は否めないものの，本書により，中国語の事物等を指す三人称代名詞"它"の用法について，概観はご理解いただけるのではないかと思う。

序章　はじめに

　日本語には事物や事柄等を指示する三人称代名詞はなく，話題となった事物や事柄に再度言及する時には，通常，名詞（句）を繰り返すか，指示詞，またはゼロ代名詞を用いる。中国語においても，事物や事柄に対して日本語と同様の手段がとられることが多いが，中国語では，これらの手段のほか，三人称代名詞"它"が用いられることもある。"它"は人を指示対象とする三人称代名詞"他／她"と同じく[tʰa⁵⁵]（ピンイン表記では"tā"）と発音されるが，両者の使用状況は，実際には大きく異なっているように思われる。しかし，これまで，両者にどれだけの共通点があり，またどれだけの相違点があるのか，ということに目を向けられることは稀で，人を指示対象とする"他／她"が研究の対象とされることが多いのに対し，"它"は，長い間，「欧化」という言葉の陰に隠れ，研究に値するものとは見なされてこなかった。

　"它"は本当に研究する価値のないものであろうか。"它"と"他／她"はどの点で共通し，どの点で異なるのか。また両者の差異を生み出す要因は何であるのか。それは中国語特有の現象であるのか否か。日本語にはない，また英語の事物等を指す三人称代名詞"it"とも異なるこの三人称代名詞"它"は，現在，一体どのようなふるまいを見せているのか。

　これらの疑問が次第にふくらみはじめ，少しでもこれらの問いに答えを出したいと思うようになった。疑問の全てに答えられたわけではないが，語用論を中心としたさまざまな角度から"它"について観察することで"它"の新たな様相が見出せたように思う。

本書は五章からなる。

　第1章「三人称代名詞"它"の成立と発展」では，代表的な先行研究をもとに，中国語における指示体系の通時的変化の流れを辿り，それにより，三人称代名詞と指示詞がいかに密接な関係を持っているかを確認したうえで，三人称代名詞に焦点をしぼり，"tā"の成立時期と発展状況について考察する。動物や事物，事柄等が指示対象となっている例を見ながら，当時の"tā"がどのように用いられていたかを論じる。

第2章「現代中国語における三人称代名詞と"它"」では，先行文献をもとに，中国語の方言や他の言語における三人称代名詞の体系や用法を確認したうえで，主として現代中国語における事物や事柄を指示する"tā"，すなわち"它"の位置づけ及び特徴を考察し，主に「欧化」により中国語の中に新たにもたらされた"它"の用法と，「欧化」以前から中国語に見られる用法とを明確に区別し，二つが異なる由来を持つものであることを述べる。

　第3章「照応の構造と結束性」では，主に「談話」という角度から，三人称代名詞"tā"の二種類の用法，「直示的（deictic）用法」と「照応的（anaphoric）用法」に注目し，人を指示する"他／她"はこの両方の用法をあわせ持つと言われるのに対し，事物等を指示する"它"には直示的用法がなく，照応的用法しか持たないことを述べる。さらに，さまざまなレベルで捉えられる「照応」と，それが結果的に談話にもたらす「結束性」という機能に重点を置き，"它"に関連する諸現象を考察する。

　第4章「"它"の指示対象と語用論的制約」では，"它"の指示対象にはおおよそどのようなものがあるのかを観察し，さらにそれが談話にどのような形式を用いて持ち出され，どのような条件があれば"它"と代名詞化することが可能であるかについて考察する。また，さまざまな制約がある中で，完全に文法化しているとは言いがたい"它"が，語用論的にいかなる役割を果たし，いかなる制約を受けるのかについても考察する。

　最後に，第5章「有生・無生の対立と無生物主語"它"」では，人を指示する"他／她"と事物等を指示する"它"とのふるまいの差異について，「総称」の解釈を例にとって論じ，何がそのような差異をもたらすのかという根本的な要因についても分析を試みる。また，その差異は，"他／她"，"它"が主語の位置に立つ場合にも見られることを述べ，これまで主語の位置には立たないとされてきた"它"であるが，実際の会話の中では主語の位置に使用されていることを確認し，"它"が主語の位置に立つ場合にどのような特徴があるか，談話においてどのような役割を担っているのか等について分析する。

第1章　三人称代名詞 "它" の成立と発展

　本章では，中国語[注1]の人称代名詞，指示詞を含む指示体系がどのように変化してきたのかを通時的に観察し，それにより，三人称代名詞と指示詞がいかに密接な関係を持っているかについて述べる。古代中国語の指示体系については，現在までにすでに多くの研究者による研究があるものの，いまだ一致した見解に至っているとは言いがたい。そこで，ここでは，現在最も有力な説を中心に，古代中国語，近代中国語，現代中国語の指示体系について，それぞれまとめることにする。

　現代中国語には三人称代名詞についても，三人称代名詞なるものが生まれた時代，特に指示詞から分化した時代についての説は研究者により異なるが，近年の研究成果により，三人称代名詞成立の時代がほぼ確定しつつあり，現代中国語でも使用されている "tā" については，唐代には三人称代名詞として確立していたであろう，というのが，現在もっとも有力かつ一般的な説である。ただし，その多くは人を指す用法について述べられたものであり，動物や事物等を指す用法については，これまでほとんど注目されてこなかったといってよい。

　本章では，まず三人称代名詞 "tā" の成立した時期およびその後の発展状況について考察することでその全体像を大まかに把握し，さらに，人以外のもの，すなわち，動物や事物，事柄等を指示する用法について，数少ない先行研究及び用例と照らし合わせながら論じることにする。

1.1　中国語の指示体系

　本節では，中国語の指示体系について，大きく古代中国語，近代中国語，現代中国語に分類してそれぞれ見てゆくことにするが，研究者によって言語の時代区分の仕方もその名称も異なっているため，まず，ここで，本論におけるそれぞれの区分が指す時期について定義しておきたい。
　語史の時代区分については，特に，近代中国語の上限及び下限をどの時

注1　本来であれば，「漢民族の言語」という意味で「漢語（汉语）」というべきであるが，本論では日本で一般に広く認識されている「中国語」を使用する。

代に設定するかが重要なポイントになると考えられる。もっとも代表的な区分法として王力 (1957) が挙げられる。王力 (1957) は、「近代」を「13世紀から 19 世紀 (アヘン戦争の頃) まで」と定め、「上古 (3 世紀以前)」、「中古 (4 世紀から 12 世紀まで)」、「近代」、「現代 (20 世紀五四運動[注2]以降)」の四期に分類している。また、呂叔湘 (1985) は、現代中国語を近代中国語の一時期に位置づけ、現代中国語は近代中国語の一部であるとした上で、書き言葉のうち、漢代から三国時代以降に形成されていった「文言」と、唐代以降に当時の話し言葉を基にして形成され、主に通俗文学に使用されていた「白話」という二つの系統に着目して、近代中国語の上限を、白話体で書かれた作品が多く現れるようになる晩唐、五代の頃と定めている。これに対し、蔣紹愚 (1994) は、時代区分を三分法、すなわち「古代」、「近代」、「現代」の三期に区分することが望ましいとした上で、近代中国語の上限を唐代の初め、下限を『紅楼夢』、『儒林外史』等、清代の代表的な白話小説が出る直前の 18 世紀の中頃とし、近代中国語を「唐代の初めから清代初めの頃の話し言葉、及び話し言葉を反映した書き言葉において使用される中国語」と定義している。本論は原則として蔣紹愚 (1994) の定義に従うが[注3]、本論で時代区分をするのは、主として"tā"について論じる便宜を考えてのことである。したがって、三人称代名詞として確立したといわれる唐代を古代中国語と近代中国語の境界とし、"tā"が文字とともに用法も大きく変化しはじめるきっかけとなった辛亥革命[注4]から五四運動期にかけての時期を近代中国語と現代中国語の境界と定める。

なお、現代語に言及する場合は、文字そのものの差異が問題になるような場合を除き、原則として簡体字[注5]を使用し、古代中国語、近代中国

注 2 五四運動については第 2 章で詳しく述べる。
注 3 "tā" の使用される用例の成立年代については、基本的に蔣紹愚 (1994) に従うが、一部、太田辰夫 (1958)、呂叔湘 (1985) の説を採り入れたところもある。
注 4 清朝を倒し中華民国を樹立した中国のブルジョア民主主義革命。1911 年の武昌蜂起により始まり、翌年 1 月、孫文を大総統に南京に臨時政府を建て、中華民国成立を宣言した。同年 2 月には袁世凱が宣統帝溥儀を退位させ、孫文に代わり大総統に就任して清朝を覆した。
注 5 繁体字とは 1955 年に中華人民共和国で「漢字簡化草案」が発表されて漢字の簡略化が進められる以前の字体を指し、簡体字とはそれ以降、現在に至るまで通行している文字を指す。ただし、台湾や香港では現在も本来の字体を使用しており、ふつうは「正字体」と呼ぶ。

語の文字に言及する場合には，原則として繁体字(正体字)を使用する(必要に応じて，繁体字の後ろに括弧を付して簡体字を記す)。ただし，例文は古代中国語，近代中国語であっても，基本的に簡体字を用いる。また，現代中国語（普通話[注6]）の漢字の表音は基本的にピンイン[注7]を用いるが，その他の漢字の表音は原則として先行文献が使用する国際音声記号（IPA）などをそのまま使用する。

1.1.1 現代中国語の指示体系

ここでは，現代中国語，すなわち，20世紀初頭，1919年に起こった五四運動期以降の指示体系について見てゆくことにする。

現代中国語の人称代名詞の体系は以下の表のとおりである。

[表1-1]

	一人称代名詞	二人称代名詞		三人称代名詞		
単数	我 wǒ	你 nǐ	您 （尊称） nín	他 （男性）	她 （女性）	它 （中性）
					tā	
複数	我们 咱们 （排除形）（包括形） wǒmen zánmen	你们 nǐmen		他们	她们 tāmen	它们

現代中国語の人称代名詞の詳細については第2章で述べることにするが，表1-1に示すとおり，人称代名詞は"我，你，他（她／它）"を基本として，ほぼ整然とした体系を成しており，格変化も動詞の一致現象

注6　1956年に中華人民共和国国務院が規定した現代中国語の共通語を指す。"以北京语音为标准音，以北方话为基础方言，以典范的现代白话文著作为语法规范。（北京の語音を標準音とし，北方方言を基礎方言とし，現代白話文によって著された代表的著作にみえるものを語法の規範とする）"と定めている。五四運動以降1956年以前は，共通語のことを「普通話」のほか，「国語」，「大衆語」等とも呼んでいた。
注7　ピンイン（"拼音"）とは，1958年に中華人民共和国で制定された《汉语拼音方案》に基づくラテン文字化された中国語表記法を指す。

(agreement) も見られない[注8]。

また，指示詞については，次の表のように近称"这"と遠称"那"の二系統で構成されている[注9]。

［表 1-2］

	?[注10]	事　物	場　所	時　間	様態・程度	
近称	这 zhè	这个 zhège zhèige	这里 这儿 zhèli zhèr	这会儿 zhèhuǐr zhèihuǐr	这样 zhèyang zhèiyang	这么 zhème
遠称	那 nà	那个 nàge nèige	那里 那儿 nàli nàr	那会儿 nàhuǐr nèihuǐr	那样 nàyang nèiyang	那么 nàme

注8　普通話及び北方方言において格変化は見られないが，客家方言など一部の方言では格変化がみられるようである。また，後の章でも述べるように，"它"は単数とともに複数のものを指す場合にも使用されることがある。

注9　"这"と"那"の話し言葉における発音の状況はやや複雑である。"这"，"那"は書き言葉としてはそれぞれ"zhè"，"nà"と発音されるが，話し言葉においては，"zhèi"，"nèi"と発音されることが多い。ただし，周一民（1987）によると，話し言葉で必ず"zhè"と発音しなければならないものに次の5種類があるという。
　1. 単独で用い，指示するものが明らかに複数である場合。
　2. 名詞の前に用い，重く読んで普通とは異なることを表す場合。
　3. 動詞または形容詞の前に用い，誇張を表す場合。
　4. "那"と対になって，多くの事物を示すが，特定のある事物を指さない場合。
　5. 副詞"就，才，都"などと結びついて，「現在」，「この時」を指す場合。
　また"这么"には，"zhème"のほか，"么（me）"のm音との同化作用を受けた結果生じたと思われる"zhènme"と，疑問詞"怎么（zěnme）"の影響を受けてできたと思われる"zènme"という発音があるという。
　一方，"那"には，"这"の1〜4項と同様の条件のほか，さらに，"nè"という発音があり，強調を表すのに用いられ，"那么"は"nènme"と発音されるという。

注10　木村英樹（1990a）に詳しく述べられているが，"这"や"那"は量詞（助数詞）等を伴わずに単独で使用されることが大きく制限されており，名詞的な機能も不十分である。ただし，単独で使用される"这"や"那"を木村（1990a）は一種の副詞的成分とみているが，これについては，議論の余地があると思われる。

この中で，人称代名詞，特に三人称代名詞と関わりがあるのは，"这"，"那"および"这个"，"那个"である。このほか，指示詞つきの名詞句，すなわち"这／那＋（数）量詞＋名詞句"，例えば，"这／那个人（こ／そ／あの人）"や"这／那本书（こ／そ／あの本）"といった形式をとるものが挙げられる。"这"や"那"が単独での使用を許されるのは，主語の位置にあって，判断詞"是（〜である）"や形容詞[注11]を述語にとる場合に限られる。また，"这"や"那"が単独で使用される場合，人を指示することができるのは，述語が"是"である場合に限られる。"这个"や"那个"は目的語[注12]の位置にも使用でき，動詞述語の主語としても使用されるが，人を指示することが可能なのは"这"や"那"と同様に，述語が"是"である場合に限られ，"这"や"那"に比べより多くの制限が加わる。木村英樹（1990a）は，"这个"や"那个"が主語の位置において人間を対象に用いることができるのは，写真や絵の中の人物に限ってのことであり，どれも，「どれが当の人物である」かを選択する場合の表現にのみ許される，と述べている。このように，"这"，"那"及び"这个"，"那个"等は，主として事物等を指す場合に使用され，人を指す場合に使用されることは少ない。このことが，三人称代名詞の特に事物等を指示する用法と指示詞との関係をより密接なものとする。動物や事物等を指示対象とする"它"は，周知のとおり，人間を指示対象とする"他／她"に比べ，多くの制限を受けるため使用頻度が低い。同様の条件のもとで，人であれば"他"と代名詞化するはずのところを，事物等の場合は代名詞化せず，もとの名詞句を繰り返すか，指示詞または指示詞付きの名詞句，ゼロ代名詞を使用する等の手段がとられる。こ

注11　相原茂（1990）は，"这"や"那"が形容詞述語を取れるのは，基本的に，"难（難しい）"，"容易（簡単だ）"，"麻烦（面倒だ）"など「コトの評価にかかわるもの」であり，"大（大きい）"，"小（小さい）"，"长（長い）"，"短（短い）"など，眼で見て即座にその属性の判定の可能なものの場合は成立しがたい，とし，すべての形容詞述語をとれるわけではないことを指摘している。
注12　中国語では"宾语（賓語）"と言い，現在では形式（語順）によって分類されるのが主流で，"我是日本人。（私は日本人です。）"や"我去北京。（私は北京に行く。）"における"日本人"，"北京"も目的語とみなされる。英語などの目的語とは異なることに注意が必要である。

のことは，対象が人間の場合は，人称代名詞と指示詞の分業が比較的明確に行われているのに対し，対象が事物等の場合には，人称代名詞と指示詞が用法の面で完全に分化しているとは言いがたいという状況を示していると考えられる注13。なお，一人称代名詞や二人称代名詞には，すぐ後ろの指示詞付き名詞句と同格関係にある"我这个人（私という人間）"，"你这个人（あなたっていう人）"といった表現があるが，人称代名詞を付さずに"这个人"や"那个人"のみで一人称，二人称の人物を指すことはない注14。なお，中国語には英語の"the"のような定冠詞はない注15。

1.1.2 古代中国語の指示体系

古代中国語における指示体系は，近代中国語や現代中国語とは異なりきわめて複雑である。それは，現代中国語や近代中国語に比べ，言語的資料に乏しく，また時間的，方言的差異を明確に把握することが難しいというのが主な理由であろうが，そのほか，春秋時代注16よりも前の時代には特に，現在のように統一された言葉，共通語が形成されておらず，文字の統制もされていなかったということとも大きく関わるものと思われる。

注13　日本語の状況を想起すると分かりやすいであろう。日本語には現在，人を指示する場合に限り，三人称代名詞「彼／彼女」があり，確かにその使用頻度は増加の一途をたどっているものの，「こ／そ／あの人」のような指示詞付き名詞句がいまだに広く用いられている。また，動物や事物等を指示する場合には専用の三人称代名詞はなく，指示詞「これ／それ／あれ」を使用していることからみても，三人称代名詞と指示詞の関係は非常に密接であることが分かる。中国語の事物等を指す三人称代名詞"它"の使用状況は，日本語の人間を指示する三人称代名詞「彼／彼女」の使用状況に近いものと考えられる。

注14　三人称には"他这个人"，"他那个人"（彼という人間）という両方の表現が存在するが，一人称，二人称には"*我那个人"，"*你那个人"という表現で，話し手や話し相手（聞き手）を指す用法はない。徐丹（1988）参照。この場合，それぞれ，同格関係とはみなされず，所属の関係，すなわち「私のあの人」，「あなたのあの人」のように第三者を指示するものとみなされる。

注15　よく知られているように，英語の定冠詞"the"は遠称の指示詞"that"が弱化してできた語であり，他の言語においても，定冠詞は指示詞の弱化形式であることが多い。方梅（2002）は，現代中国語の北京方言において，近称の指示詞"这"（"・zhe"と発音）は文法化（grammaticalization）が進んで定冠詞となっていると述べている。ただし，この定冠詞としての"这"は普通話としてはいまだ十分に認められていないと思われる。

注16　おそらく春秋時代にはすでに「雅言」と呼ばれる共通語が成立していたと考えられている。

黄盛璋（1963）が挙げる先秦時代（紀元前3世紀以前）の人称代名詞には，以下のようなものがある。

[表1-3] 注17

一人称代名詞	二人称代名詞	三人称代名詞
我　ngâ	女，汝　niag	彼　piwa
吾　ngâg	爾（尔）　ńier	厥　kiwat
魚　ngiag	而　ńiəg	其　g'iəg
余，予　diag	乃　nêg	之　tiəg
台　diəg	若　ńiak	夫　piwag
朕　diəm		匪　b'iwêd
卬　ngâng		

王力（1958）が上古（紀元3世紀以前）の人称代名詞として挙げるのは次のようなものである 注18。

[表1-4]

	一人称代名詞		二人称代名詞		三人称代名詞	
ŋ系	吾	ŋa	汝	ńĭa	iə	其　g'iə
	我	ŋa	爾	ńĭa	系	之　t'iə
	卬	ŋaŋ	若	ńĭak		厥　kiwat
d系	余，予	dĭa	乃	nə		
	台	dĭə	而	ńĭə		
	朕	d'ĭəm	戎	ńĭwəm		

（n系は二人称代名詞の欄にまたがる）

両者の挙げる人称代名詞は，三人称代名詞にやや差異が目立つものの，ほぼ同様の語が示されており，示された音価もある程度，似通っている。黄盛璋（1963）によると，胡適やB. Karlgren（高本漢）等は，古代中国

注17　ただし，表中の音価は董同龢の《上古音韵表稿》に拠っている。
注18　表中の音価も王力に拠る。

語の人称代名詞(一人称代名詞及び二人称代名詞)に,現代中国語や近代中国語にはみられない「数」や「格」の変化があったのではないか,という説を出している。胡適は,一人称の"吾","我",二人称の"汝","爾"には数及び格の区別がある,と主張しており,一人称では,"吾"は主格,"我"は賓格(目的格)に用いられ,属格に使用される場合は,通常,"吾"は単数,"我"は複数を表すものとし,二人称では,"汝"が主格,目的格に,"爾"は属格に使用され,"汝"が単数のみを表すのに対し,"爾"は単数・複数両方を表すことができるとしている。両者の説は微妙に異なっているものの,どちらも,特にその分析方法の粗略さに対してさまざまな批判が出ている。例えば,高名凱(1946)は,中国最古の文献である甲骨卜辞や,金文において使用される人称代名詞に格の区別がないことを挙げ反駁しており,王力(1958)も語によって数や格の区別があることを認めるが,格変化は紀元4世紀には消失していたであろうと述べており,現在は,古代中国語に格の区別はなかったという説が一般的である。

また,人称代名詞の実質的な運用については,敬意に関わるさまざまな制限があり,人称代名詞を使用せずにその人の姓名や職名等の名詞を使用する等の手段がとられていたことも指摘されている[注19]。

ここでは,現在,最も一致した説,あるいは最も有力な説を挙げるにとどめるが,以下,それぞれの代名詞について見てゆくことにする。

注19 王力(1958)は,先秦時代の自称,対称,他称について,「敬意」という観点から次の五種類に分類している。
 1. 自称に"余"や"我"を使用せず,自らの名前を使用する。
 2. 対称に爵位や地位,肩書き等を使用し,自称にも地位等を使用する。
 3. 対称に"子","先生","叟"など美徳を表す語を用い,自称に"寡人(徳の少ない人の意)","不穀(善くないの意)"等,不徳を表す語を使用する。
 4. 対称に"陛下","足下"等,場所名を尊称として用いる。
 5. 他称として,"執事"等,その対象を直接呼ぶのではなく,その人が指示を与える人を呼ぶ。
 秦漢以降,封建制度の強化によって,さらに多くの尊称,謙称が生まれた。

1.1.2.1 一人称代名詞

"我"には,数,格ともに区別がないが,主格,賓格に多く用いられており,"吾"には数の区別はなく,主格や属格に使用され,賓格に使用するには制限があった(黄盛璋,1963)。"吾"については,王力(1958)が,おそらく紀元4世紀以降にはすでに話し言葉で使用されていなかったであろうという見解を示しており,呂叔湘(1985)は,秦漢代以降には書き言葉のみに使用されていたのではないかと述べている。

"余"と"予"は同一語で,単数を表し,主に主格,賓格に用いられる(王力,1958,黄盛璋,1963,周生亜,1980)。

"朕"や"卬"等は西周以前よりある語で,単数を表し,『詩経』[注20]の頃にはすでにその使用が非常に少なくなっており,それ以降,古字となった(王力,1958,黄,1963,李乂琳,1990)。"朕"は,主として公文にのみの使用に限られ,秦の始皇帝以降は,皇帝専用の一人称代名詞として使われるようになったと考えられる(高名凱,1946)。

時代によって,使用される統語的位置等に変化が見られるが,春秋時代には成立していたとされる漢民族の共通語「雅言」においては,"我"が一人称代名詞の中心的役割を担っていたと考えられている(周生亜,1980)。さらに時代が下って魏晋南北朝の頃になると,"我"と"吾"のみとなり,"我"が次第に"吾"の領域に入り込んで,やがて"我"が"吾"に取って代わった。冯春田(1988)が挙げる"我"と"吾"の統計結果をまとめると次のようになる。

注20 現存する中国最古の詩集で,『書経』『易経』『礼記』『春秋』と並んで儒教経典の五経とされる。西周から春秋時代の詩305編を収録している。紀元前470年頃に成立したと言われる。

[表 1-5]

	主　語		目的語		兼　語[注21]		連体修飾語	
	我	吾	我	吾	我	吾	我	吾
三国志[注22]	79	227	53	25	7	14	60	108
捜神記[注23]	70	56	43	10	10	0	25	26
三国志[注24]	175	241	125	20	17	6	115	81
世説新語[注25]	81	43	28	3	5	1	46	10
百喩経[注26]	86	1	23	0	12	0	42	0

　このほか，魏晋南北朝時代には"身"や"儿","儿家"といった語が一人称として使用され始め[注27]，南方方言，特に呉方言においては"儂"，"阿儂"もみられる[注28]。

1.1.2.2　二人称代名詞

　黄盛璋（1963）によると，"爾"には数，格ともに区別がないが，『詩経』では多く"我"とペアで使用されており，"汝"，"乃"には数の区別はないが，"汝"は主に主格，賓格に使用され，"乃"は属格に使用される。ただし，"乃"は『詩経』の頃にはすでにその使用が極めて少ない。

注21　兼語について，詳しくは第2章注7を参照。
注22　三国の呉が滅ぼされ，晋が中国を統一した後に陳寿により著されたとされる紀伝体の歴史書。
注23　東晋の干宝が著したとされる志怪小説。
注24　『三国志』に裴松之が注釈をつけたもの。西暦429年（南朝・宋）に完成したと言われている。
注25　南朝・宋の時代に劉義慶が撰したとされる志人小説。
注26　5世紀にインドの僧伽斯那が撰した経典で，西暦492年（南朝・斉）にその弟子，求那毘地によって漢訳されたとされる。
注27　しかし,冯春田（2000）によると，"身"の使用はおよそ唐代までで,"儿（儿）"や"儿（儿）家"も宋代以降には次第に見られなくなる。
注28　柳士鎮（1992）によると，この時期には"阿"という語も一人称として使用されたが，用例は非常に少ないという。

『孟子』[注29]の時代には，"爾"，"汝"は下位の者または対等の者に対して使用するようになり，表1-3，1-4には挙げられていないものの，"子"という語も二人称代名詞として使用され，本来は尊・賤の別がなかったのが，『論語』[注30]や『礼記』[注31]ではすでに尊称となっていて，上位者に対してのみ使用されるようになっている（黄盛璋，1963）。

春秋時代の共通語「雅言」では，"爾"が二人称代名詞の中心的役割を担っていたと考えられているが（周生亜，1980），魏晋南北朝の頃になると，"汝"と"爾"が二人称の主要形式となり，"汝"が最もよく使用されるようになる。冯春田（1988）が示す"汝"と"爾"のおおまかな統計結果をまとめると以下のようになる。

[表1-6]

	主語		目的語		兼語		連体修飾語	
	汝	爾	汝	爾	汝	爾	汝	爾
三国志	29	3	25	1	1	0	13	15
捜神記	37	15	19	4	7	0	24	2
三国志注	56	8	29	8	2	0	26	13
世説新語	41	3	7	1	1	1	16	7
百喩経	59	10	18	5	7	3	20	3

しかし，その後，"汝"に抑えられていたはずの"爾"が，逆に"汝"を抑えて二人称代名詞として大いに活躍するようになり，それが唐代以

注29　『大学』『中庸』『論語』と並ぶ儒教経典の四書の一つ。孟子（紀元前372年－紀元前289年）とその弟子たちの言行録。
注30　儒教経典の四書の一つ。孔子（紀元前551年－紀元前479年）と門弟との問答，言行録。成立時期に関しては諸説あるが，戦国時代初期から編纂が始まり，漢代になって成立したと言われる。
注31　儒教経典の五経の一つ。戦国時代から前漢初期までの儀礼の解説や礼の理論について述べたもの。現在通行する『礼記』は前漢の戴聖が整理したもの（小戴礼記）と言われる。

降栄える"你"につながると考えられている(冯春田, 1988)。"你"という文字[注32]については,吕叔湘(1985)が,『北斉書(百衲本)』,『周書』,『隋書』に見えることから,南北朝の後期にはすでに用いられていたであろう,と述べている。

1.1.2.3 三人称代名詞

黄盛璋(1963),王力(1958)の挙げる三人称代名詞にはやや差異が見られたが,これは三人称代名詞と指示詞の区分が容易ではないことに起因する。一般的には,王力(1958)の挙げる"厥","其","之"が三人称代名詞とみなされる。黄盛璋(1963)は,"彼","厥","其","之"がもともと指示詞であり,後に代名詞としても用いられるようになったと述べているが,杨伯峻(1955)や周生亚(1980)等は,古代中国語に三人称代名詞は存在しないとし,王力(1958),李义琳(1990)等は,"彼"を指示性が強く,往々にして強い感情を伴うものであるため,代名詞とはみなしていない。

"其"は本来,属格にのみ用いられていたが,晋代以降,賓格にも使用され,南北朝以降は主格にも用いられるようになった(吕叔湘, 1985)。また,"之"は通常,賓格に使用される。"其","之"ともに代名詞として使用する時には先行詞が必要である。

南北朝に入ると,"其"や"之"は依然,指示詞としての用法を兼ねながら三人称代名詞としてもはたらくようになり,新たに"伊"[注33],

---

注32 吕叔湘(1985)は,"你"はすなわち古代の"爾"であると述べている。漢代以降,草書ではすでに"爾"を"尔"と書いており,爾の語音(口語音)と読音(文語音)に分岐が生じた頃に,"尔"に"イ"が加えられて区別したのであろう,としている。北宋の欽定韻書『広韻』では,"爾"は「兒氏切,日母,支韻」であり,"你"は「乃里切,泥母,之韻」となっている。『北斉書』の"你"の例として次が挙げられる。

你父打我时,竟不来救! 《北齐书・太原王绍徳传》

なお,『北斉書』には"爾","尔","你"の三種類の形式が見られる。"你"と"爾"の分岐の過程については小川環樹(1977)に詳しい。

注33 王力(1958)は"伊"を,紀元4世紀から5世紀の間にでき,南北朝から唐代にかけて活躍したとしているが,冯春田(2000)は,三人称代名詞の"伊"と先秦時代以前に見られる指示詞の"伊"とに何らかの関連があるか否かの判断は容易ではないと述べている。"伊"の指示詞としての使用は先秦時代においても決して多くはなく,『詩経』,『春秋左氏伝』

"渠"[注34]などの三人称代名詞が生まれた。また，この頃には格の区別は見られなくなっている。なお，庄正容 (1984) によると，南北朝時代の『世説新語』では三人称代名詞として，"其"，"之"，"彼"，"伊"が使用されており，前三者は指示詞を兼ねていて，"伊"は対話の場合にのみ使用され，叙述部分には使用されないという。

　現代中国語で使用される"他"については，南北朝の頃にはすでに三人称代名詞となっていたという説もあるが，唐以前の"他"は依然，「ほかの」という意味を表す不定代名詞であったという説のほうが優勢である[注35]。

1.1.2.4 指示詞

　古代中国語における指示詞は，人称代名詞と同じく非常に複雑な様相を呈している。周生亜 (1980) が述べているとおり，第一人称と指示詞には関連がないが，二人称や三人称，特に三人称とは非常に密接な関係を持っている。古代中国語も現代中国語と同様，近称と遠称の二分法であったのか，あるいは，現在，蘇州方言等に見られる三分法であったかについては，いまだ一致した見解が見られないが，王力 (1958) 以降，多くの研究者は二分法を採用している[注36]。

　黄盛璋 (1983) の挙げる先秦時代の指示詞には以下のようなものがある。

以外にほとんど見られないにもかかわらず，同じ語が数世紀の後に突然，三人称代名詞として活躍するという状況に疑問を抱くものである。
注34　呂叔湘 (1940) は，"渠"はおそらく属格に用いられない"其"を写したものであろうとし，王力 (1958) もこの説に同調している。三人称代名詞として使用される"渠"は『三国志』の『呉志』趙達伝に初めて見えると述べている。高名凱 (1948a) はこれに対し，"渠"を近称指示詞の"居"から来たものと考えている。
注35　呂叔湘 (1940) は『後漢書』方術伝の"还他马，赦汝罪"の例を引き，これを"他"が三人称代名詞として使用されるもっとも古い例としているが，後にこの説を改めているように，この例の"他"は依然として不定代名詞である。詳細については1.2.1で述べる。
注36　洪波 (1991a) では，主な研究者が指示詞の下位区分をどのように行っているかがまとめられており，さらに，『尚書』(『書経』) や『詩経』など古代の18の文献における指示詞の使用状況や統語的位置の分布状況等が詳しく分析されている。

[表 1-7] 注37

近　称	遠　称
此　tzieg	彼　piwa
斯　zieg（魯方言）＝此	匪　biwad（『詩経』にのみ）＝彼
是　źieg 寔　źiek	夫　biwag
時　źiəg（古）→是	厥　kiwăt（古）
茲　tsiəg（古）	其　kiəg
之　ɦiəg	爾　ńier
伊　ied	若　ńiak

　黄盛璋（1983）は，このうち，"是（寔）"，"時"，"茲"，"之"，"其"は時間の観念と，"彼"や"此"は空間概念と大きく関連して指示詞となったものとし，秦以降は急速に指示詞の数が減り，後には近称の"此"，遠称の"彼"が指示詞の中心的役割を担うようになったとしている。

　これに対し，郭錫良（1989）や洪波（1991a）は，古代中国語の指示詞を，二分法ではなく，近称，中称，遠称の三分法であったとみなしている注38。郭錫良（1989）は次のように指示詞を分類する。

注37　ただし，表中の音価は董同龢の《上古音韵表稿》に拠っている。
注38　洪波（1991a）は，最も早く古代中国語の指示詞の三分法を唱えたのは馮蒸（1983）としているが，小川環樹（1981）が推測として古代中国語の指示詞も三分法だったのではないかと述べている。また，さらに早期には，松下大三郎（1927）が，指示詞を近称"此"，"斯"，"茲"，中称"是"，遠称"彼"の三種類に分類している。一方，現代の方言における三分法については，さまざまな論述がある。雪帆（＝陈望道，1938），席枚（＝王宏，1938），王力（1944b），小川（1981），李小凡（1984），米青（1986），朱建颂（1986），朱庆仪（1988），津化（1988），张树铮（1989），吕叔湘（1990），洪波（1991b），卢烈红（2002）等参照。さらに刘村汉（1995）は，西南官話に属する湖北省の随州方言には近称，遠称，次近称，次遠称の四種類の指示詞があると述べている。

[表 1-8]

体言性指示	汎称⇔特定指示	之 tĭə　茲 tsĭə　⇔　其 gʻĭə
	近称 中称	此 tsʻie（指示性強）　斯 sĭe（指示性弱） 是 zĭe　（記憶指示）
	遠称	彼 pĭa（指示性強）　夫 pĭwa（指示性弱）
	不定指示	他 ta　（選別的）　莫 mɑk（否定）
用言性指示		爾 ńĭa（目的語）　若 ńĭak（連体修飾語） 然 ńĭan（述語または目的語）

また、洪波（1991a）は、次のように分類している。

[表 1-9] 注39

近　称	則組	其組	兼称
中　称	若組	是組	
遠　称	彼組，伊組，惟組	爰組	

このように、研究者によってその説はさまざまであるが、このような複雑な状況も時代を経るにつれ解消され、使用される指示詞が次第に限定、固定されてゆく。陈卫兰（1994）によると、南北朝の『世説新語』では、"此"が320箇所、"是"が160箇所に使用されているが、"斯"はわずか6例であり、"是"も、用例の60％はすでに指示詞としてではなく判断詞として使用されているといった状況である。

注39　則組：則（即），兹，此，斯（上古の精組）／若組：若（如，女，汝），爾，而，乃（泥），然（上古の泥母）／惟組：惟（維，唯，雖）（雖＝心母，その他＝以母）／伊組：伊（繄）（影紐）／彼組：彼（匚），夫（幫紐）／其組：厥，其（兀）（見組）／爰組：爰，焉（匣紐）／是組：是（寔，寔），時，之（章組）。

魏晋南北朝の頃には，さらに"阿堵"，"寧馨（尓馨，如馨）[注40]"，"許"，"渠"等の新しい指示詞が生まれた（柳士鎮，1992）。柳（1992）によると，"阿堵"は事物等を指す近称指示詞，"寧馨（尓馨，如馨）"は様態を表す指示詞として主に使用され，"許"は事物等を指したり様態を表したりする近称指示詞で，主に南朝地域の民間の歌謡等に多く見られることから，地域的，方言的特色の強いものと捉えられ，事物等を指す用法はまもなく廃れるが，様態等を表す用法は唐，宋代に至って発展を遂げるもので，"渠"は，おそらくまず指示詞として使用され，後に三人称代名詞になったと考えられるが，指示詞としての用例は極めて少ないという。

1.1.3　近代中国語の指示体系

　近代中国語における指示体系は古代中国語に比べるとかなり簡素になっており，方言等による差異はあるものの，主要な形式は現代中国語とほぼ同様である。古代中国語と比較すると，一人称や二人称代名詞にはさほど大きな変化は見られないが，三人称代名詞および指示詞は，唐代以降，大きく変化している。また，人称代名詞には次第に複数を表すマーカーをつけて複数を表す用法も見られるようになる。

　この時期の特徴として，当時の話し言葉を反映すると考えられるいわゆる白話体で書かれた作品が急激に増加する点が挙げられる。しかし，白話体で書かれるのは，通俗小説や戯曲，禅宗の語録，一部の詩歌等に限られ，これらは長い間，俗なものとして扱われてきたために規範化がなされておらず，この時期に同一の語に使用される文字には異同が多い，という特徴もある。

　以下，これまでの研究を簡潔にまとめてみてゆくことにする。

1.1.3.1　一人称代名詞

　魏晋南北朝以降の口語色の強い文献では絶対的に優勢となった"我"が，唐代以降も主要な地位を占め，現代に至るまで使用され続けること

注40　王力（1958）は，"寧馨"等の語を"爾"から来たもので，おそらく時代や方言による"爾"の変種であろうとしている。

になる。"吾"は明代の通俗小説『水滸伝』においても見られるが、いずれも古代になぞらえて使用されている向きが強い（俞光中・植田均, 1999）。

　唐・五代の頃には、魏晋の頃にできた"身"が特定の文献にのみ使用されていたが、宋代にはみられなくなる。また、南北朝の頃に生まれ、卑称として使用され,それにより相手に対する敬意を表した"兒","兒家"は唐代に増加し,特に若い女性が使用したが,宋代以降,急激に減少した。"奴（阿奴）","奴家"等は、唐五代には男女ともに使用でき、尊卑ともにかかわらないが、宋代以降は女子専用の語となった（呂叔湘, 1985, 冯春田, 2000）。南北朝の頃に生まれた"儂","儂家"等も唐・宋代に呉方言の一人称代名詞として見られる（呂叔湘, 1985）。宋・元代の劇曲等には、"洒","洒家"等がみられ、いずれも単数を表し、関西一帯の方言語彙とみなされる[注41]。

　宋代になると、合音字が多く生まれている。"我們（わたしたち）"の合音字とされる"俺（唵とも書く）"が生まれ、単数・複数ともに表し得たが,元・明代以降は単数を表すことが主流となり,さらにこれに"們"をつけて複数を表すようになった（蒋紹愚,1994, 俞・植田,1999, 冯春田, 2000）。また、同時期には、"自家"の合音字とされる"咱"も生まれ、単数・複数ともに表し得たが、後に複数を表す接尾辞"們"や"家"をつけて包括式の複数を表すようになった。

　一人称の複数に聞き手を含むか否かという包括形と排除形（除外形）との対立が生まれたのは宋代であるという説が、現在もっとも有力である。太田辰夫（1958）は宋代に生じたとして、次の表を挙げている。

注41　香坂順一（1987）は、『水滸伝』において登場人物のうち魯智深と杨志のみが使用していることから、この語が関西（函谷関以西）方言であろうとしている。ただし、『水滸伝』では"洒家"のみ使用されており、"洒"の形式では現われない。

[表 1-10]

	宋	元	明	清
除外形	我懑, 俺	我每, 俺	我們	我們
包括形	自家, 咱, 自家懑	咱每, 喒	咱們	咱們

　張清常（1982）は，この対立がモンゴル語または満州語の影響を受け，宋・元代に現れたものであろうと考えており，刘一之（1988）も，北宋の末期，12世紀の初頭にはおそらく北方方言においてすでに生じていたであろうと述べている[注42]。

　さらに，元代になると，劇曲等に"咱們"の合音字，"喒"や"咱"が見られるようになり，明代になると，"偺"と書写されることもあった（蒋紹愚, 1994，俞光中・植田均, 1999，冯春田, 2000）。

1.1.3.2　二人称代名詞

　近代中国語では，新たな二人称代名詞はほとんど生み出されていない。古代中国語より受け継いだ"你"は，唐代以降，白話で書かれた書き言葉に多く使用されており，唐・五代にはもっとも一般的に使用されている。晩唐の頃には，"啊你"や"儞"も使用される。

　宋代になると，"你們"の合音字と思われる"您"が見られるようになり，"恁"と書かれることもある。これらは単数・複数ともに表すことができ，元代にはさらに"每"がついて複数を表すようになった（俞・植田, 1999，冯春田, 2000）。

注42　刘一之（1988）は，北方方言のほか，呉方言に属する温州方言にも排除形と包括形の対立が見られることを報告している。梅祖麟（1986, 1988）は，北方官話における排除形と包括形の対立は，アルタイ語系の女真語あるいは契丹語の影響を受けたものではないかと推測し，さらに，このような対立は中国南方の閩方言においても見られるが，北方方言とは系統が違うもので，おそらく閩方言の基層言語である東南アジア系言語によるものであろうとし，いずれにしても，排除形と包括形の対立は中国語本来のものではなく，他言語の影響によるものだと結論付けている。

1.1.3.3 三人称代名詞

　魏晋南北朝の頃に生まれたとされる"伊"や"渠"は唐代に入ってからもまだその使用が認められるが，この時期に新たな三人称代名詞"他"が生まれ，広く活躍するようになったことにより，"伊"や"渠"は宋代以降，通俗的な文言字となって，話し言葉では官話地域以外の一部の方言で使用されるのみとなった（呂叔湘，1985，冯春田，2000）[注43]。"他"が三人称代名詞として使用されるもっとも確実な例は唐代に見え，"他"は不定代名詞としての役割を持ちつつも三人称代名詞として発展し続け，唐末にはすでに他の三人称代名詞を抑えて確固たる地位を築き上げている。宋代以降，"他"は"它"や"佗"とも書かれるようになり，単数・複数を表すのに使用されていたが，一部で"輩"が付け加えられるほか，"們"が複数を表す語として"他"に付け加えられて使用されるようになった。

1.1.3.4 指示詞

　古代中国語の指示詞が近称，中称，遠称の三分法であるのか近称，遠称の二分法であるのかについては意見が分かれるところであったが，近代以降は明らかに近称"這（这）"と遠称"那"の二系列からなっており，現代中国語とほぼ同じである。

　近称"這"については，その起源についてさまざまな説が出されているが，現在も一致した見解には至っていない。王力（1958）等は古代中国語の指示詞"之"に由来すると述べており，太田辰夫（1958）も"之"に由来するという説に傾いているものの，なお確実性を欠くと述べている。呂叔湘（1955，1985）は"者"に由来するもの（* ţi̯ăg → tśi̯a → tṣə）とし，梅祖麟（1986）は"只者"に由来するものではないかという仮説を立てている。叶友文（1988）は，"這"が成立当初，単独では使用できず，連帯修飾語としてのみ使用されていたことから，"之"または"者"に由来するという説を否定している。

注43　冯春田（2000）によると，"伊"は人のみならず事物等も指示することが可能であるが，金・元代以降は二人称代名詞として使用されることのほうが多い。

"這"という文字は，唐代より主として通俗文学の中に見え[注44]，"者"，"楮"，"只"，"拓"，"遮"等，いずれも口蓋化音 tɕ- を表すさまざまな文字が用いられている（高名凱，1948a）。"這"の音は，『玉篇』[注45]では「宜箭切」，『切韻』[注46]，『広韻』では「魚変切」となっていて，"彦"と同音であり，いずれも「迎える」という解釈のみであることから，"這"が指示詞として使用されるのは一種の借用と考えられている（高名凱，1948b）。この"這"が"遮"に由来するのではないかという見方もあったが，陈治文（1964）は"遮"は晩唐・五代の頃にようやく現れる文字であり，その可能性は少ないと述べている。"這"が"適"の草書体と相似していることやそのほかの資料から"適"に由来するとみているのは高名凱（1948b），周法高（1963），陈治文（1964）等である。志村良治（1984）はこの説に対して否定的であるが，これが現在もっとも有力な説となっている。

　遠称"那"については，高名凱（1948a）をはじめとして古代中国語の"爾"と"若"との関連性を述べるものが多い。呂叔湘（1955, 1985）は"那"を"若"に由来するものではないか（ńiǎg → ńźia → na）とみているのに対し，王力（1958），太田辰夫（1958）等は"爾"に由来するとみるほうがふさわしいと考えている。ただし，王力（1989）は，以前の説を改め，"那"は本来疑問詞で，後に指示詞に転向したと考えている[注47]。

　近称"這"，遠称"那"ともに，用法の面では，唐代においては自立

注44　周法高（1963），陈治文（1964）によると，現在見つかっている"這（这）"の最も早い用例は中唐の『寒山子詩集』に見える寒山の詩"冬天递互用,长年只这是。"や拾得の詩"不省这个意,修行徒苦辛。"等であるという。
注45　六朝時代の梁の顧野王が撰したとされる字書。西暦 543 年に成る。字書や韻書には，各漢字に「反切」と呼ばれる二つの漢字を用いた発音表記法（一文字が頭子音を表し，もう一文字が頭子音以外の部分と声調を表す）が示されている。中国では原本は早く逸しており，宋代に重修された『大広益会玉篇』を指すことが多い。
注46　全本王仁煦切韻による。8 世紀初頭に王仁煦が出したとされる主要な『切韻』の改訂版の一。『切韻』は隋代の音韻学者，陸法言が編纂したとされる韻書であるが原書は残っていない。
注47　現代中国語において，遠称の指示詞"那（nà）"と「どれ？」という意味を表す疑問詞"哪（nǎ）"は，文字の上では異なっているが，五四運動以前はいずれも"那"と書き表していた。志村（1984）は疑問詞と指示詞"na"の同源説には否定的である。

語としていまだ確立しておらず,"這／那＋（一）量詞＋名詞"等の形式で連体修飾語として使用されていた。主語の位置には近称であれば"此"を用いたり,"這／那"に量詞"個／箇（＝个）"をつけた形式で表されたりしていた。"這"が発展し続ける中で,古代中国語の指示詞でこの頃には文言詞となっていた"此"が依然として主導的地位を占めており,呉福祥（1996）によると,『敦煌変文集』(1957, 北京：人民出版社)[注48]では,"此"が1155例みられたのに対し,"者","遮","只","拓（または柘)"を含めて"這"はわずか63例である[注49]。それが,禅師語録を集め,南宋初期に成った『古尊宿語要』[注50]では,"這"（"者","遮"を含む)の使用が484例であるのに対し,"此"（"如此"を含む）は408例となっており（卢烈红, 1998），清代の白話小説『紅楼夢』[注51]になると,"這"や"那"の使用が圧倒的多数を占めるようになる（李思明, 1991)。

　"這"や"那"が自立語として単独で使用され,主語の位置にも立てるようになる時期については,太田辰夫（1958）ほか多くの研究者は宋代,特に南宋以降と考えているが,志村良治（1984）が寒山の詩を挙げて,唐末から五代の頃とするのがもっとも早い説である。梅祖麟（1987）は南宋の頃の『朱子語類』[注52]において"這"や"那"がすでに単独で使用されている例が見られることから,南方では北宋の頃に,北方では明代になってようやく単独で使用されるようになったと述べている。これに対し,卢烈红（1998）は『古尊宿語要』の例から,遅くとも北宋には

注48　変文とはもともと唐代,仏教寺院などで主に大衆向けに行われた説法で使用された文を指すもので,後に通俗文学,説話文学なども指すようになる。20世紀初頭に敦煌で発見された文書の中に多数含まれていたことで再び脚光を浴び,敦煌変文が盛んに研究されるようになった。
注49　敦煌変文で使用されている近称の指示詞はこのほか"是","之","斯","兹"があるが,"斯","兹"はすでに熟語的に使用されるのみて実質的なはたらきをしていない（呉福祥, 1996）。
注50　中唐から北宋にかけての禅師の語録を集めたもので,口語的要素が非常に強い。
注51　18世紀（清代）半ばに刊行されたとされる長編白話小説。全120回からなり,前80回は曹雪芹,後40回は高鶚の作と言われている。また,120回本が出たのは18世紀末と考えられている。
注52　黎靖徳が儒家朱熹の没後（西暦1270年）に編集した語類。全140巻。

この用法ができていたと主張している[注53]。いずれにしても確実な例が見られるのは宋代以降であり，目的語の位置に使用されるのはさらに後になってからである[注54]。

"這"や"那"が単独で使用されることに制限があったのに対し，量詞（助数詞）"個（または箇）"のついた"這個"，"那個"ははじめから自立語として使用されていたと見られる。さらに，宋代になると，"這的（または這底）"，"那的（または這底）"という形式が現れ，"這個"，"那個"等と同様のはたらきをするようになる。特に元代以降は"這的"，"那的"の形式が口語色の強い文献に突然多くみられるようになる」ことから，叶友文（1988）は，北宋の頃には大都（現在の北京）の方言としてあったであろうと述べている。

"這"や"那"のほか，近代中国語には，魏晋南北朝の頃に生まれた"阿堵"が"底"や"阿底"に，さらに後には"兀底（的）"等に変化しているが，いずれも，南方方言の話し言葉に使用された語と考えられている（呂叔湘，1985，冯春田，2000）。同じく南方方言と考えられる"箇／個"は南北朝の後期には見られる指示詞で，唐・宋代には一般的に使用されている[注55]。

このほか，性状や態等を表す指示詞には，唐・宋代には"只（者）麼（没／摩／磨／莽）"，"與（伊／熠）摩（没／磨／麼）"，"麼（没）"，"許"，"如許"，"爾許"などが見られ，唐代から明代にかけては，"怎麼（地）"，"恁（地）"，"恁般"等も見られる。さらに，元・明代以降は，"這般"，"這般樣"，"這樣般"，"這的般"，"這們"，"那們"，"這麼"，"那麼"などが使用されるようになる（俞・植田，1999，冯春田，2000）。

注53　李思明（1991）は，もっとも早いのはおそらく，中唐の寒山，斉己の詩の中で"祇（只）這（者）……"の形式で現れるものであろう，と述べているが，これに対しては異論が多い。
注54　李思明（1986，1991）はそれぞれ『水滸伝』および『紅楼夢』における指示詞の使用状況について分析したものであるが，明代の『水滸伝』では"這（这）"，"那"は目的語位置に使用されず，"那"は主語位置にも使用されないのに対し，清代の『紅楼夢』では，"這（这）"，"那"ともに主語，目的語位置に使用ができるようになっているとしている。
注55　俞光中・植田均（1999）はこれを量詞から来たものと考えている。

1.2 三人称代名詞"tā"の成立と発展

1.1では，三人称代名詞の誕生から発展までを，指示の体系の中でごく簡潔にまとめた。本節では，三人称代名詞のうち"tā"に焦点を当てて，より詳しく見てゆくことにする

1.2.1 "tā"の成立年代

現代中国語において使用される三人称代名詞"tā"は，「他の」や「他人」の意味を表す不定代名詞から変化してできたものであることはよく知られている。『説文解字』[注56]（十三篇・下）によると，"tā"はもともと"它[注57]"と書かれ，蛇の精を意味する言葉であったという。

> 它　虫也。从虫而长，象冤曲垂尾形。上古草居患它，故相问无它乎？凡它之属皆从它。它或从虫。

古代の人々は蛇を恐れていたために，"無它乎？（蛇はいませんか？）"と互いに問いかけていた。この点について段玉裁注にはさらに次のように書かれている。

> 相问无它，犹后人之不恙无恙也。语言转移，则以无别故当之。而其字或假佗为之，又俗作他，经典多作它。犹言彼也。

"無它乎？（蛇はいませんか？）"が次第に「変わったことはありませんか？」の意味になり，そこから"無它"が「異常なし，別状なし」の意味を表すようになったと述べられているが，この説の真偽はともかくとして，先秦時代には，すでに"tā"が"別的，其他的（他の）"の意

注56　清の段玉裁が著した注釈書『説文解字注』（西暦1815年刊）参照。『説文解字』は後漢の許慎の作で，西暦100年頃に成立したと言われる漢字字典。『説文』と言えば，ふつう，北宋の徐鉉が校訂し986年に成したテキスト（大徐本）を指す。
注57　先秦時代の文献には，"它"，"他"，"佗"三種の文字が使用されるが，これらの文字の区別によって意味の区別は生じない。また，唐代には"他"が多用されるが，宋代には再び"它"，"佗"も見られるようになる。

味を表すのに使用されている。多くは現代にも成語として残っている"它山之石"や"他人"など，連体修飾語として用いられているが，"无他"や"非他"など目的語の位置に使用される場合や，"其他（その他）"の形式で使用されるものなども見られる[注58]。この"tā"が単独で"別人（他人）"の意味を持つようになったのは，後漢[注59]または魏晋[注60]の頃と言われている。"tā"は依然として"別的"の意味を持ちながら"別人"の意味でも使用され，不定の人を指す用法から後に特定の人物，すなわち三人称代名詞としての用法が生まれたと考えられる。

"tā"　別的（ほかの）→→→→→→→→→→→→→→→→→→→
　　　　別人（ほかの人）→→→→→→→→→→→→→→→
　　　　　　那个人（あの人）→→→→→→→→→→→

では，"tā"が三人称代名詞として成立したのはおおよそいつ頃であろうか。これについては郭錫良（1980）に詳しい論述があるが，先に他の研究者の論述について触れておきたい。

"tā"が三人称代名詞となった時代として最も早い説を唱えているのは高名凱（1946, 1948a）で，「漢代以降」としている。また，杨树达（1930）は「晋代から宋代の間」，吕叔湘（1940），俞光中・植田均（1999）は「六朝（魏晋南北朝）時代」，陈霞村（1996）は「南北朝以降」としているが，これらの時期を不定代名詞から三人称代名詞に変わる過渡期であり，いまだ成熟した抽象度の高いものとは言えないと述べている。一方，成立年代を「唐代」とみなす研究者は多く，太田辰夫（1958），王力（1958），郭錫良（1980）等がその代表的な例である。梅祖麟（1986），冯春田（2000）等は「初唐」とし，唐作藩（1980）は「盛唐」としている。なお，唐作藩（1980）は，"tā"が三人称代名詞として基本的形式になるのは「宋

注58　郭錫良（1980）に統計がある。
注59　俞理明（1988）は当時の話し言葉を大きく反映していると考えられる仏教の経典を調べ，建安12年（西暦207年）に後漢の康孟詳，曇果等が翻訳したとされる『中本起経』の例を挙げている。ただし，この用法がより一般的になったのは東晋以降としている。
注60　吕叔湘（1985），梅祖麟（1986）等。

代以降」としているが,普通は,盛唐から晩唐にかけて,すでに一般的に使用されるようになったと考えられる。

このようにさまざまな説があるが,これは,これまでに議論された例に見える"tā"を三人称代名詞とみなすかどうかによる。代表的な例として次の4例が挙げられる。

(1-1)　适来饮他酒脯,宁无情乎?　　　　　　　　　　《搜神记・3》
(1-2)　还他马,赦汝罪。　　　　　　　　　　　　　《后汉书・方术传》
(1-3)　如此愚人,被他打头,不知避去,乃至伤破,反谓他痴。
　　　　　　　　　　　　　　　　　　　　　《百喻经・以梨打破头喻》
(1-4)　温笑曰:"刁以君姓韩,故相问焉。他自姓刁,那得韩卢后耶!"
　　　　　　　　　　　　　　　　《晋书・卷86》(《张轨传》后附《张天锡传》)

『捜神記』は4世紀半ば頃に成立したとされ,『後漢書』は南朝・宋の范曄により西暦432年から439年の間に著されたものであろうとされている。また,『百喩経』は492年に,『晋書』は唐代初めの648年頃に成立したと言われている[注61]。この4例における"他"が三人称代名詞として解釈できるか否かが,"tā"の三人称代名詞としての成立年代を定める決め手となる。

『捜神記』の例(1-1)をもっとも早く挙げたのは高名凱(1946)であり,呂叔湘(1985)等もこの例を三人称代名詞と見ている。この説に対し異議を唱えているのは唐作藩(1980)や郭錫良(1980)で,この例はやはり不定代名詞として解釈されるべきであると言う。また,蒋紹愚(1994)は,該当部分は東晋の干宝によるものではなく,後の人が『稗海』本『捜神記』に手を入れたものであり,『稗海』本『捜神記』は,江藍生の考証によれば,唐代の人の作であるから,この例を唐代以前の例とするのは不適当である,と述べている。

『後漢書』の例(1-2)を初めて挙げたのは杨树达(1930)で,呂叔湘

注61　唐の太宗の命を受けた房玄齢,褚遂良,許敬宗等が監修した史書。全130巻。

(1940) や高（1946）もこの例を挙げているが，王力（1958）は，"tā"に先行詞がなく照応的に使用されていないことから，この例が三人称代名詞であることを否定し，郭錫良（1980），呂叔湘（1985），蒋紹愚（1994）等も王力（1958）の説に従っている。

『百喩経』の例（1-3）をはじめに三人称代名詞とみなしたのは，高名凱（1946）と考えられ，呂叔湘（1985）もこの説を採るが，唐作藩（1980）や郭錫良（1980），梅祖麟（1986），蒋紹愚（1994）等は，この例における"tā"は"別人"と解されるべきで，いまだ三人称代名詞ではないとしている[注62]。同じく『百喩経』に，きわめて三人称代名詞に近い用法のものがある。

(1-5)　雄鴿見已，方生悔恨："彼实不食，我妄杀他。"
《百喩经・二鴿喩》

この例において，"他"の指すものは定的なものであり，先行詞（"彼"）もあるため，三人称代名詞と考えてもよいが，なお，"別人"としても解釈が可能であり，不定代名詞から三人称代名詞に移る過程段階を表すものと考えられる。

『晋書』の例（1-4）をはじめて挙げたのは楊樹達（1930）で，楊（1930）はこの例により，"tā"の三人称代名詞としての成立年代を「晋代から宋代の間」としているが，『晋書』の成立は実際には初唐の頃である。

注62　『百喩経』で使用される"他"については，唐作藩（1980），郭錫良（1980），俞理明（1988）にそれぞれ分析がある。唐作藩（1980）は，用例全39例のうち，7例が連体修飾語に用いられ，"別的"の意味を表す以外は全て（32例），"別的"の意味を表すと述べている（文学古籍刊行社1955年版を使用）。一方，郭錫良（1980）では用例を41例とし，うち14例が連体修飾語に用いられ"別的"の意味を表し，27例が"別人"（うち，連体修飾語10例，目的語11例，兼語6例）の意味を表すとしている（同じく文学古籍刊行社本を使用。文学古籍刊行社本は金陵刻経処刊刻本に拠る）。また，俞理明（1988）は，全42例中12例が"別的"の意味で用いられ，30例が"別人"（うち24例が不定，6例が定）の意味で用いられているとし（『大正新脩大蔵経』に拠る），三者の分析結果には差異が見られる。ここに挙げる例に関しては，唐作藩（1980），郭錫良（1980）ともに"別人"の意味を表すとしている。なお，筆者が『高麗大蔵経』巻三十二（外二十三部）所収の『百喩経』について調べたところ，用例は計42例あった。

太田辰夫（1958）はそのあとがきに，この話が『太平広記』巻246に引く『啓顔録』[注63]に見え，そこでは"他人自姓……"となっているが，『晋書』が『啓顔録』を写したと考えられることから，『晋書』の言葉を晋代の言葉と考えるべきではないと思う，と述べている。梅祖麟（1986）も『晋書』を唐代の初めに成立したとしているが，この例自体は三人称代名詞として認めている。

　これら4例のうち三人称代名詞とみなされるのは『晋書』の例のみであり，『晋書』は唐代に成立した書物であることから，郭錫良（1980）等の述べるとおり，"tā"に三人称代名詞としての用法が生まれたのは「唐代」と考えられる。ただし，三人称代名詞としての用法が生まれても，なお"別人"または"別的"の意味を表す不定代名詞としても用いられており，これらの共存状態はしばらくの間続く。

　王力（1958）は，三人称代名詞の例として『遊仙窟』[注64]や杜甫の詩などを挙げている。

(1-6)　　虽作拒张，又不免输他口子。　　　　　　　　　　《游仙窟》
(1-7)　　绣羽衔花他自得，红颜骑竹我无缘。　　　　　　《杜甫・清明诗》

　しかし，唐末には三人称代名詞としての用法が優勢となり，次第に"tā"の基本用法としての地位を占めてゆく。吴丽君（1993）は『敦煌変文集』に見られる"他"について分析した結果を次の表1-11のようにまとめている。"他"は計131例見られ，おかれる文法的位置に制限がないのに対し，"伊"は計34例しか見られず，兼語や動詞の目的語の位置におかれるものがほとんどだという。

注63　隋代に著されたとされる笑話集。『晋書』がこれを抄したものであるとすれば，『晋書』の成立は少なくとも唐代以降となる。
注64　唐の張文成（西暦657-731年）により著されたとされる伝奇小説。なお，志村良治（1984）はこの例における"他"を動詞の付属語として捉えている。

［表 1-11］

人称＼用法	"別的"	"別人(的)"	事物を指す	"別人"または三人称代名詞 注65	三人称代名詞
他	26	17	16	6	66

　初唐に見られるようになった三人称代名詞としての用法は，以後ますます一般的となるが，三人称代名詞として成り立つには，ただ特定の第三人者を指すだけではなく，「照応性」，「抽象性」等といった性質を持つことが条件となる。「照応性」とは，詳しくは第3章で述べるが，先行コンテクストにおいて，まずその指示対象が言及されていなければならず，"tā"はその言及形式，すなわち先行詞と照応することで自らの指示対象を決定することを意味する。また，「抽象性」とは，ある名詞句を言う代わりに用いられるものとして，特定の色を持たず，統語的にも比較的自由に使用できることを意味している。これらの基本的条件に適合する例としては次のようなものが挙げられる。

(1-8)　曲岸深潭<u>一山叟</u>，驻眼看钩不移手。世人欲得知姓名，良久问<u>他</u>不开口。　　　　　　　　　　　　　　　《高适[注66]诗・渔夫歌》
(1-9)　白庄曰："我早晚许你念经？"<u>远公</u>当即不语，被左右道："将军实是许<u>他</u>念经。"　　　　　　　　　　　《敦煌变文・庐山远公话》
(1-10)　至三更，<u>行者</u>来大师处。大师与<u>他</u>改名，号为慧能。
　　　　　　　　　　　　　　　　　　　　　　　　《祖堂集[注67]・卷2》

　俞光中・植田均（1999）は，『敦煌変文集』では，多く話し手が対象

注65　"別人"，三人称代名詞どちらにも解釈可能なもの。
注66　盛唐の頃（西暦702-765年）に活躍した人物。
注67　南唐・泉州招慶寺の禅僧静と筠によって編まれた禅宗語録であり，序文は南唐の保大十年（西暦925年）に作られたとされている。なお，唐代に編まれたとされる禅宗六祖惠能（西暦638-713年）の語録『六祖壇経』には，"他"が三人称代名詞として明らかに認められる例はまだ見られない。

に対してマイナスの待遇をする場合，または敬意を表す必要がないような場合に限り"tā"を用いているが，このような特徴は以後次第に弱まってゆく，と述べている。また，この頃のもう一つの特徴として，"他＋N(名詞)"という形式を挙げている。

(1-11)　欲<u>他</u>征夫早归来。　　　　　　　　　《敦煌歌辞総編・鵲踏枝来》
(1-12)　何其小人，背我汉国，降<u>他</u>胡虏！　　　　　　《敦煌変文・李陵》

　この形式においては，"他"とそのすぐ後ろの名詞とが同格関係にあり，"他"の先行詞が前ではなく後ろにあるという点で他の形式とは異なる[注68]。より多く見られる形式はすでに挙げた用例のように，先行詞が提示された後に"tā"が用いられるものである。
　このように，三人称代名詞の用法としては，現代中国語と全く同様ではないにしても，"tā"は，初唐には三人称代名詞としての用法がわずかながら見られるようになり，盛唐に至って，依然として用例はわずかであるものの三人称代名詞として成立し，唐末，五代以降，より一般的に使用されるようになったと考えられる。

1.2.2　音韻的側面からみた"tā"の成立

　1.2.1では，用法の面から"tā"の成立年代を追った。ここでは，音韻的側面から"tā"の三人称代名詞と不定代名詞という二用法の役割分担の様子について概観することにする。
　"tā"の不定代名詞としての用法は，"其他(その他)"，"他人(他人)"，"异国他乡(異国異郷)"，"另有他故(ほかに別の原因がある)"など，今日にもわずかながら熟語的表現の中に残っている。この「ほか(の)」を

注68　代名詞の後ろにあるものを「先行詞」と呼ぶのは厳密には不適当であるが，便宜上，先行詞と呼んでおく。俞・植田（1999）は，この形式が現代中国語においても存在するとし，次のような例を挙げている。
　　这干他小王什么事儿。（これが小王に何の関係があるっていうんだ。）
　しかし，現代中国語において，このような形式は，往々にして指示対象に対する話し手の軽蔑，怒り，いぶかりといった特別な感情を表す。

意味する不定代名詞は，文言音で"tuō"と発音され，三人称代名詞は白話音で"tā"と発音される。このことはつまり，文字の上では区別されないものの，音韻上では，三人称代名詞として使用される場合と不定代名詞として使用される場合に区別が設けられていることを表すものと考えられるが，中古音では，どちらも*thɑと発音されていたと考えられている。では，いつ，どのようにしてこの二音に分化したのであろうか。

　北宋の韻書『広韻』では，"他"の反切は「託何切」で歌韻に，同じく北宋の韻書『集韻』でも「湯何切」で歌韻に収められており，文言音・白話音の分化は見られない。韻書に文言・白話音の差異が反映されるのは，おそらく明代に入ってからである。西暦1517年に李氏朝鮮において崔世珍が撰したとされる『四聲通解』[注69]には，"佗（他，它）"の箇所に"타（t'ə[注70]）"の音が記されており，"俗音"としてさらに"타（t'ɑ）"の音が記されている。ここで言われる"俗音"は現在散逸して見られない『四聲通攷』に記されているものであり，遅くとも15世紀半ばには中国北方方言において，文言と白話で読み方が異なっていたと考えられる。

　平山久雄（1993, 1996）にはフランスの東洋学者 Paul Demiéville（1950）が紹介されている[注71]。Demiéville（1950）は，中国語の話し言葉で常用される語彙の中に，音韻変化の規則に従わず，例外的に古い語形要素を保つ語のあることを指摘しているが，その中で三人称代名詞"他"についても触れており，文言音は音韻変化の規則に従って変化しているのに対し，白話音は変化せず古音を保存していると述べている[注72]。この「古

注69　『四聲通解』は申叔舟（西暦1417-1475年）の撰した『四聲通攷』を崔世珍（西暦1473?-1542）が増訂したものであり，申叔舟等の撰した『洪武正韻譯訓』（西暦1455年）の注音に基づいている。本文中に記されている"俗音"は申叔舟が接した15世紀の中国北方音を表し，"今俗音"と記されているものは『四聲通解』において新たに付け加えられたもので，16世紀に崔世珍が接した中国北方音を表す。
注70　当時の推定音価については李基文（1975）を参照。
注71　Demiéville, Paul (1950) "Archaïsmes de prononciation en chinois vulgaire" *T'oung Pao* Vol. XL, Livr. 1-3, pp.1-59. 平山（1996）は，ここで言う「"archaïsme（古代性）"とは，ある単語の現代語形が，音韻変化規則から導かれる"あるべき"語形から外れて，先秦時代の上古音或いは隋唐時代の中古音における音的特徴を保存していること」と説明する。
注72　王力（1958）や唐作藩（1991）等も同様の説を採る。

音保存」説に対し，平山（1993, 1996）は「軽読（unaccented）[注73]」説を採っており，次のように述べている（平山, 1996）。

> 「他」が本来的な"ほかの"を意味する場合に tho であるのは，「他」の属する歌韻舌歯音が現代北京で -o (-uo) であるという音韻変化規則に合致する[注74]。舌歯音即ち t- や ts- などから歌韻の -a [-ɑ] にわたる際，舌面は口腔の前上方に吊り上げられた状態から後下方に引き下げられた状態へと長い距離を移動し，その中間に [ɯ] に似たわたり音を生じて，韻母全体は [ᵚɑ] に近く発音され，これを媒介として開口韻母 *-ɑ が合口韻母 *-uɑ に合流したと考えられる。この *-uɑ に由来するのが現代の -o (-ɑ) なのである。
> 一方，三人称代名詞としての「他」においては，"軽読"の結果この種のわたり音が生ぜず，かつ声母の影響で母音がやや狭く前寄りに [a] と発音され，かくて生じた * [tʻa] が話し手の頭脳の中で本来の *tʻɑ ではなく，*tʻa の実現と認識され，それがやがて「他」の語形として定着したのであろう。

すなわち，三人称代名詞の "tā" の主母音は，後舌母音 /ɑ/ から前舌母音 /a/ へと変化したわけであり[注75]，Demiéville (1950) の言う「古音保存」どころか「古音喪失」であると平山氏は述べている。このように「軽読」

注73　平山（1993）は，「軽読」を「使用頻度の著しく高い語が弱く或は粗雑に発音される結果，その語形が崩れて生ずる個別的音韻変化」と定義し，「軽読」の例として，日本語の「ワタクシ」→「ワ（タ）シ」，英語の "is not" → "isn't"，中国語の "了 *liɑu" → "了 lə" などを挙げている。

注74　呂叔湘（1985）は，"他（または它）" は上古では歌部，中古でも歌韻に属すが，宋代の詞の中では，"家" 字に通用するものもあり，この頃にはすでに麻韻に属していたと考えている。呂叔湘（1985）はさらに，元曲の中では哥戈韻または家麻韻に属しているとし，現代中国語においても，北方方言においてはほとんどすべて tʻa と発音されるが，南京及びその付近の一部地域では tʻɔ と発音され，呉方言でも韻母を -o とするところがある，と述べている。

注75　梅祖麟（1986）にも同様の記述があり，三人称代名詞としての "他" は，thâ (/ɑ/) > thâ > tā (/a/) と変化しているのに対し，「その他」の意味の "他" は，"托" 等の字と同じく，thâ > thao > tō (/ue/) と変化しているとしている。

の現象が起きるのは，語形に変化が生じた当時，その語の話し言葉における使用頻度がきわめて高かったためと考えられる。当然これは主として"tā"が人を指す場合を言ったものであり，動物や物，事を指す場合の当時の使用頻度については不明であるが，三人称代名詞"tā"は一人称代名詞"我"や二人称代名詞"你"と並んで話し言葉において多用されていたということは間違いないであろう[注76]。

1.2.3　"tā"の動物や事物を指す用法の成立

　これまで，指示対象が人か事物かということに特に注意することなく"tā"の成立時期について考察してきた。ここでは，"tā"の人以外のものを指す用法の成立時期について考察する。"tā"に動物や事物等を指示する用法ができた時代について言及されることは稀であり，注目されることもほとんどなかったが，現在のところ，人間を指示する用法よりも後にできたという考え方が多く，冯春田（2000）が，人間を指す用法と同時期にできたのではないかと述べているのが最も早い説である。

　冯春田（2000）は，"tā"が初唐には三人称代名詞になっていたであろうとし，事物等を指す用法の最も早期の例として『王梵志詩』を挙げている。

(1-13)　劝君休杀命，背面被生嗔。吃他 他吃你，循环作主人。
　　　　　　　　　　　　　　　　　　　　　　　《王梵志诗・劝君休杀命》
(1-14)　岁日食他肉，肉是他家命。今朝入新年，昨暮杀他竟。
　　　　　　　　　　　　　　　　　　　　　　　《王梵志诗・今得入新年》

　王梵志は初唐の人と言われ，口語体の詩を作ることで有名であり，"tā"の使用が多いことでも知られている。しかし，王梵志の詩における"tā"の例は，事物のみならず人を指す例も含めて，多くがなお不定代名詞と

注76　一，二人称代名詞"我"や"你"も音韻変化の規則に従わず，古音を保存しているようにみえるが，平山（1996）はすべて「軽読」によって説明がつくとしている。"我"については平山（1987）を参照。

して解釈し得るものであり，これらの例をもって確実な例とするには問題がある。また，王梵志自体は初唐の人と考えてよいが，《王梵志诗校注》（1991，项楚校注）の序には，同一人物が同時期に書いたものではなく，数百年の間に多くの無名の白話詩人により書かれたと記されている。その説に従えば，上記の王梵志の詩二首のうち，前者は初唐の頃の作品と考えられ，後者は盛唐以降の作品とされる。このように，王梵志の詩を用いて"tā"の成立年代を論じる場合はより慎重に判断する必要があり，本論は「初唐説」に対し否定的態度を取る。

太田辰夫（1958）は，"tā"が動物や無生物を指示する場合，目的語として用いられることが多いが，主語の位置にも使用されているとし，いくつか例を挙げている。ただし，唐代の例はわずかに次の一例である（"tā"の指示対象は「胡蝶」）。

(1-15)　栩栩无因系得他。　　　　　　　　　　《徐夤[注77]诗》

王力（1958）も唐代の例としては次の例を挙げるのみであるが，この例は，"从他"や"任他"の形式で現れる「虚指」[注78]用法とみられることがある（香坂順一 1987 など）。

(1-16)　冬天野马从他瘦，夏月犁牛任意肥。　　　《王昭君变文》

呂叔湘（1985）は，"tā"の事物を指示する用法は人を指示する用法よりも後にできたとしているが，唐代の中頃にはすでにその用例が見られるとし，次の例を挙げている。

注77　徐夤は晩唐の進士。
注78　中国語の文法界で言われてきた"虚指"とは，ただ形式的に人称代名詞が使用されているのみで，本来の指示，照応の役割を果たさず，話し手の強い語気などを示すものを指す。日本語の人称代名詞にはこのような用法はみられないため，本論では中国語の用語をそのまま用いる。なお，陈平（1987a）は"虚指"という用語を nonspecific（不特定）の意味で用いており，本論と指すものが異なる。

(1-17)　可贵天然物，独一无伴侣，觅他不可见，出入无门户。
《寒山子诗集[注79]・13》
(1-18)　作么生拟修他，证他，庄严他？　《镇州临济慧照禅师语录[注80]》
(1-19)　盆池之鱼，由（犹）陛下任人，他但能装景致助儿女之戏尔。
《开元天宝遗事[注81]》
(1-20)　却爱蓝罗裙子，羡他长束纤腰。　《唐五代词（和凝）・何满子》

　これらの例から，事物等を指す用法は人を指示する例よりもはるかに少なく，また，人を指す用法と同時期，またはやや後になって，遅くとも晩唐の頃には成立していたと考えられる。しかし，用例からみると，人を指示する用法は唐末，五代の頃にはかなり一般的となっていたのに対し，明らかに事物を指す例がより一般的に見られるようになるのは宋代に入ってからである。しかも，北宋の作品にはまだ少なく，比較的多く見られるようになるのは南宋の頃である。なお，唐代やそれ以降の用例についても当てはまるが，指示対象が人，事物どちらの場合でも，"tā"はきわめて当時の話し言葉を反映していると思われる文献，すなわち口語色の強い文献にのみ見られる。ただし，人を指示する用法が，時代が下るにしたがって，口語色の強い文献以外の作品にも時折顔を出すようになるのに対し，事物などを指示す用法は長らく口語色の強い文献のみに見られた。また，現代中国語において，"tā"が事物等を指示する場合，人を指示する用法に比べ，連体修飾語の位置に来ることがはるかに少ないという言語事実があるが，これは，"tā"が三人称代名詞となる前に不定代名詞であったこと，そしてその用法は三人称代名詞と平行してしばらくの間存在し，"其他（その他）"という表現以外には，多く連体修

注79　唐の高僧,寒山（寒山子とも言う）の詩集。全二巻。豊干,拾得の詩一巻を附す。『三隠集』とも言う。ただし，郭錫良（1980）によると，拾得の詩には，三人称代名詞として使用される"tā"が見られず，また，寒山詩にみられる"tā"も多くは不定代名詞として使用されている。寒山は7世紀と9世紀に別々に存在した人物という説もあり，年代の特定には信用性に欠ける。
注80　唐の臨済宗の開祖，臨済義玄（?- 西暦867年）の語録。『臨済録』とも言う。弟子の慧然の編集。全一巻。
注81　五代の王仁裕撰。全四巻。

飾語として，現代にも残る"他国（別の国）"，"他日（別の日）"，"他故（他の理由）"等のような形式で使用されつづけたため，三人称代名詞と不定代名詞で役割の分業があったからではないかと考えられる[注82]。これが結果として，本来は同一の三人称代名詞であるはずの人を指示する用法と事物等を指示する用法の運用に差異を生じさせる一因になったと考えられる。

1.2.4 "tā"の「虚指」用法の成立

ここで，"tā"の「虚指」用法[注83]の起源についても少し触れておきたい。中国語学で言われる「虚指」とは，三人称代名詞の指示対象がないもの，あるいはこれと特定できないものを言う。現代語では，"管 tā！（かまうものか！）"や"睡 tā 两天（2, 3日寝てやろう！）"，"吃 tā 个痛快！（思うぞんぶん食べてやろう！）"等の形式をとるものが代表的な例として挙げられる。これらはいずれも話し言葉において使用され，話し手の強い語気を表すという点で共通している。この「虚指」の"tā"と事物や事を指示する"tā"は非常に密接な関係にあり，両者の間に線を引くことが困難な場合がある[注84]。以下，それぞれの成立年代について見てゆくことにする。

1.2.4.1 "管 tā"型

"管 tā"型は古くは唐代より見られる。"從（从）tā"，"聽（听）tā"，"憑（凭）tā"，"由 tā"や"知 tā"のような形式で現れ，いずれも，「かまうものか」「知るものか」といった話し手の無関心，対象に対する否定的，反語的な態度を表す。多くは特定の動詞と組んで熟語的に使用されており，時代により使用される動詞が異なるが，現代ではもっぱら"管 tā"

注82 人を指示する用法と異なり，事物等を指す用法と不定代名詞は意味的に非常に近い関係にあるために，意味解釈の混乱を避けるべく，自然と分業が起こったものと考えられる。
注83 「虚指」の"tā"は，現在"他"または"它"と書かれるが，前者の方が多用されている。
注84 呂叔湘（1985）は，同様の形式をとるものでも，前に先行詞がある場合には事を指すものとし，前に先行詞がなく後ろの語を指す場合には「虚指」とみなしている。

や"理 tā"が使用されている[注85]。太田辰夫（1958）は，無関心の語気を表す唐代の例の一つとして王維の詩を挙げている。

(1-21)　科头箕踞长松下，白眼看他世上人。
　　　　　　　　　　　　　《王维・与庐员外象过崔处士兴宗林亭[注86]》

　太田（1958）は，"tā"のある動作に対する無関心の語気を表す用法が宋代以降，動作そのものを否定してしまう用法へと変化した（動詞を助ける付属語と化した）と述べている。
同様の形式をとり，特に無関心の語気を表さないものもあるが，いずれも後ろの語句に対する何らかの強調の意が含まれる。

(1-22)　【评唱】人多错会道，前来达摩是答他 禅，后来武帝是对他 志公，
　　　　乃相识之识，且得没交涉。　　　　《碧岩录[注87]・卷1・第1则》
(1-23)　读书，看他 语势语脉。　　　　　　《朱子语类・10・读书法上》

　このような"tā"には，少なくとも三種類の解釈が考えられる。動詞の付属語という解釈[注88]，後ろの名詞句を修飾する連体修飾語という解釈（「かの，あの」[注89]），そして後ろの名詞句と同格関係となっているとい

注85　唐代には当時の三人称代名詞の一つ"渠"が用いられることもあったが，時代とともに消えていった。"渠"を使った表現については，志村良治（1984）に詳しい。志村（1984）は，これらの表現における"他"や"渠"を，複合語を形成する際にそえられた助字とみなしている。
注86　『全唐诗』（卷百二十八）校注には，一に"看他世上人"を"看君是甚人"に作るとある。
注87　北宋初期の雪竇重顯（西暦980-1052年）の編著である『雪竇頌古』中の本則と頌に対し，北宋晩期の圜悟克勤（西暦1063-1135年）が垂示，著語，評唱を附したもの。初めて刊行された年月は定かではないが，12世紀とされ，確かなものとして元代（西暦1300年）に張煒により刊行されたものがある。入矢義高他（1992）の解説参照。例文はこの張本を祖本とする瑞龍寺版による。
注88　日本の漢文の世界では，"他"を動詞の付属語（助字）と見る場合，よみくせとして「カンタ」と読ませる（服部宇之吉，1910，簡野道明，1915，釋清潭，1920，1929，齊藤晌，1965，入谷仙介，1976等）。
注89　都留春雄（1958），高木正一（1978）は共に現代語の指示詞"那［个］（その，かの）"にあたるものとしている。

う解釈である[注90]。しかし，後の時代，特に近代以降に三人称代名詞としての"tā"が動詞の付属語として，あるいは連体修飾語として解釈される用法は見られないことから（"他爸爸（彼のお父さん）"などを除く），本論では，"tā"が後ろの名詞句と同格関係にあり，その名詞句に照応するものとみなす。

このような例における"tā"がさらに発展し，ある事物を指示するだけでなく，ある情況や事柄を指示することも可能となり，主として反語の形式を取ってある物事に対する話し手の否定的態度を表すようなる。先行詞が前に出ることもあれば後ろに来ることもあり，形式的には名詞句の場合も動詞句の場合もありうることから，特に"tā"の後ろに先行詞が来る場合，しかも事柄を指示する場合に「虚指」として理解されやすくなる。次の例は呂叔湘（1985）が挙げる例である。

(1-24)　　金盏酒，玉炉香，任他 红日长。　　　　　　　　《晏殊・珠玉词・6》

呂叔湘（1985）は，"tā"の解釈として，"红日长"という事柄を指すと考えることも，"红日"という事物を指すと考えることも可能であるとし，この一文だけでは指示対象を決定することはできないが，次のような例では，後ろの名詞句を指すという解釈ができないことから，"tā"は事柄を指すと理解するのがよい，とする。

(1-25)　　某知他 吃了人多少言语。
　　　　　　　　　　　　　　《绍兴甲寅通和录・三朝北盟会编[注91]・163》
(1-26)　　【仙吕调】【赏花时】酒入愁肠闷转多，百记千方没奈何，都为那人呵！知他 ── 你姐姐知我此情么？
　　　　　　　　　　　　　　　　　　　　　　《董解元西厢记[注92]・卷三》

注90　俞光中・植田均（1999）参照。1.2.1 に挙げている。
注91　宋の徐梦莘编。250巻。南宋に成った。三朝とは北宋の徽宗，钦宗，高宗の時代を言う。金の国との盟約書類を集めたもの。
注92　金の董解元が撰した詞曲書。全八巻。

袁毓林（2002）は，近代中国語のみならず古代中国語における"之"や現代中国語における"tā"等にも，このような指示の"波动现象（ゆれ）"が見られるとし，現代中国語の例として以下のような例を挙げている。

(1-27)　A：孩子又尿裤子了。
　　　　B：別管他，你快上班去。
　　　　（A：この子，またお漏らししてズボンを濡らしたよ。　B：（子どもに／そんな事に）構わないで早く仕事に行きなさいよ。）

これらの例に見られるように，"tā"の先行詞はその前後にあり，"tā"はある事物，事柄あるいは漠然とした出来事を指すことから，本論では，このような"tā"を「虚指」的で剰余成分ではあるものの，やはり指示対象を持つものとして扱う。さらに例を付け加える。

(1-28)　僧問："万境来侵时如何？"師曰："莫管他。"
　　　　　　　　　　　　　　　　《景德传灯录^{注93}・巻12・宝寿沼》
(1-29)　问："头上盖生不得道我是如何？"师曰："听他。"
　　　　　　　　　　　　　　　　《景德传灯录・巻14・道吾圆智》
(1-30)　【评唱】有殷汉云："管他 道三喝四喝作什么，只管喝将去，说什么三十二十喝，喝到弥勒佛下生，谓之骑虎头。"
　　　　　　　　　　　　　　　　《碧岩录・巻1・第10則》

太田辰夫（1958），志村良治（1984）はともに，このような"tā"を，三人称代名詞としての用法がみられる以前よりみられることから，不定代名詞から派生してできた用法と捉えているが，三人称代名詞に移行する過渡期に，"tā"の解釈に特定の何かを指しているのか漠然と何かを指しているのかという「ゆれ」が生じたことからでき，今日まで続いている用法と考えられる。現代の用例を挙げておく。

注93　景德元年(西暦1004年)に道原によって編まれたとされる禅宗語録。全30巻。ただし，太田（1988）は，編纂に唐五代の資料が用いられたと考えられることから，これを宋代の言語として扱うには慎重を期さなくてはならない，と述べている。

(1-31)　我嘛，保证饭后半小时之内戒烟！　看它还打不打嗝儿？

《无价之宝》

(俺はよ，食後 30 分以内は必ず禁煙する！ それでもげっぷが出るかどうか試してみようじゃねえか。)

(1-32)　你过生日？你多大了？

管它多大呢，活一天算一天。你要不要喝一杯？给我祝祝寿。

《妻妾成群》

(君，誕生日なの？ 幾つになった？／幾つかなんてどうでもいいじゃない。いつまで生きられるかわからないんだから。あなたも飲まない？ お祝いしてよ。)

(1-33)　甲：吃葡萄？这个月份有葡萄吗？

乙：你管它有没有哪。　　　　　　《中国传统相声大全》

(甲：ブドウを食べるって？ こんな時期にブドウなんてあるのかい？

乙：あるかないかお前の構うことじゃない。)

1.2.4.2 "動詞＋tā＋（数）量詞"型

"管 tā"型が遅くとも宋代に見られるようになったのに対し，"動詞＋tā＋（数）量詞"型は，おそらく元代以降みられるようになり，明代から清代にかけて頻繁に用いられるようになったものと考えられる。この形式にはさらに数量詞（動量詞）のみのものと数量詞の後ろに名詞が続くものとがあり，いずれも未実現のことについて話し手の意思や願望を述べる場合に用いられる。名詞が続く形は用例から数量詞のみのものよりも後にできた形と考えられる。

(1-34)　【双调】【文如锦】…（略）…今夜里弹他几操，博个相逢。

《董解元西厢记・卷4》

(1-35)　可惜我这里没有一个画工，把这荷花画他几枝，也觉有趣。

《儒林外史[注94]・1》

注94　18世紀（清代）半ばに呉敬梓（西暦1701-1754年）によって著されたとされる風刺小説。全55回。例文は，数ある版本の中で最も早期のものである臥閑草堂刊本（西暦1803年）を底本としている。

(1-36) 倒莫如遵着太太的话，睡他一天，倒也是个老正经。

《儿女英雄传[注95]・35》

(1-37) 每月可以得他几钱银子。　　　　　《儒林外史・1》

(1-38) 等者偺多早晚儿置他两张机，几呀纺车子。

《儿女英雄传・33》

(1-39) 咱有了银子咧，治他二亩地，盖他几间房，再买他两只牛咧。

《三侠五义[注96]・80》

　これらの例における"tā"には明確な指示対象がなく，時に，他動詞としてはたらかない動詞の後ろにも使用されることから，現在もその本質が十分に明らかになっているとは言えない[注97]。このような"tā"の前にくる動詞が単音節であることから，呂叔湘（1955）は，古代中国語の"之"と同じく，音節を整えるために用いられるのであろうと述べているが[注98]，後に呂叔湘（1991）で挙げているように，使用される動詞は必ずしも単音節とは限らず，次のような二音節動詞を使用する例が見られることから，この説は成り立たない。

(1-40) 趁着现在年富力强，再拼搏它几年。
　　　（今，年が若くて精力の旺盛なうちにもう何年か一生懸命頑張ろう。）

注95　通俗小説。満洲旗人の文康作。1878年刊行。全41回。
注96　清末の光緒初年に刊行された小説。石玉崑編。全120回。
注97　呂叔湘（1955）は"tā"を"副賓語（準目的語，secondary object / dative object)"，趙元任（1979）は"假賓語（疑似目的語)"，朱德熙（1982）は"虚指賓語（「虚指」目的語)"，呂叔湘（1991）は"形式賓語（形式目的語)"とそれぞれ異なる名称で呼んでいるが，"tā"を代名詞かつ目的語とみなす点で共通する。これに対し，太田辰夫（1958）や力量（1989）は"tā"を代名詞ではなく，すでに動詞の付属語すなわち助詞と化しているとみなしている。伊藤さとみ（1999）はこの"tā"を三人称代名詞とした上で，"tā"はそれに後続する要素が非指示的であることを明確化する機能を果たす，としている。
注98　現代中国語は「単音節」の使用には様々な制限があり，単独で使用できないことから二音節化することが多い。現代中国語と同じように扱うことはできないが，古代中国語でも音節を調整するために，音節の拡張や圧縮（単音節を二音節化または多音節を二音節化）を行っていた（呂叔湘，1963）。

さらに,"動詞＋tā＋(数)量詞"の後ろに形容詞が続く,"吃tā个痛快！"という形式もあるが，この形式の成立はさらに遅く，明代や清代の小説には見られないようであることから[注99]，民国時代に入って一般的になったものではないかと考えられる。

1.3 "tā"の動物や事物を指す用法の発展

1.2.3 では，"tā"が動物や事物等を指示する用法が成立した時期について論じた。ここでは，本用法の現代に至るまでの発展状況について考察することにする。

唐代に見られる用例は極めて少なく，1.2.3 で挙げている用例も例外的に使用されたと考えても不思議ではない。仮に当時，ある地域の方言においてすでに一般的に使用されていたとすれば，同じ作者による作品にもう少し多くの用例がみられてもよいはずだが，実際には，ほとんど用例が見られない。五代の『祖堂集』には人を指示する用法や「虚指」的用法の例は見られるが，事物等を指示していると明言できる用例はなく，北宋の『景徳傳灯録』にも見られない。同じく北宋時代の禅宗語録『碧巌録』には，人を指示する用法は数多く見られるが，事物等を指す用法は，次のように数例見られるのみである。

(1-41) 【本則】举,僧问大隋："劫火洞然,大千俱坏,未审这个坏不坏？"隋云："坏"。僧云："恁么则随他去也。"隋云："随他去。"
《碧岩录・卷3・第29 则》

(1-42) 【评唱】或有学人,应一个清净境,出善知识前。知识辨得是境,把他抛向坑里。
《碧岩录・卷4・第38 则》

事物等が比較的一般的に見られるようになるのは南宋以降である。南宋の口語的作品の代表的なものとして『朱子語類』が挙げられるが，本書には"tā"が事物等を指す例が多く見られる。以下に数例を挙げる。

注99 "tā"が「虚指」ではなく，人等を指す例は見られる。

(1-43) 阴阳是气，五行是质。有这质，所以做得物事出来。五行虽是质，他又有五行之气这物事，方得。　　　　　　《朱子语类・1・理气上》

(1-44) 问："人与物以气禀之偏全而不同，不知草木如何？"曰："草木之气又别，他都无知了。"　　　　　　《朱子语类・4・性理一》

(1-45) 问："形体之动，与心相关否？"曰："岂不相关？自是心使他动。"　　　　　　《朱子语类・5・性理二》

このほか，宋代の例として次のようなものが見られる。

(1-46) 官人道："你认得那小娘子也不？"僧儿道："小娘子寻常不出帘儿外面，有时叫僧儿买馉饳儿，常去，认得。问他做甚么？"
　　　　　　《简帖和尚[注100]》

(1-47) 史弘肇道："村东王保正家有只好大狗子，我们便去对付休。"两个径来王保正门首，一个引那狗子，一个把条棒，等他出来，要一棒捍杀打将去。　　　　　　《史弘肇龙虎君臣会[注101]》

　唐代の用法は，否定文や反語文など，話し手の指示対象に対するいぶかりの気持ちや怒りといった否定的な態度を示すものが多く，また主語の位置に使用されることは極めて稀であったが，宋代以降はこのような制限が薄れてゆく。ただし，人を指示する場合は現代に至るまでにこのような特徴がほとんど消滅しているのに対し，事物等を指示する場合は，このような意味的・統語的特徴をある程度まで保持し続けているようである。

　また，参照するテキストの性質にもよるが，南宋の『朱子語類』に比較的多くみられた事物等を指す例は，元代，明代にはさほど多く現れていないようである。

注100　この作品は明の『清平山堂話本』，『古今小説』に収録されており，これまで北宋の頃にできた話とされ，宋代の作品と考えられてきたが，近年の研究によると，元の人が手を入れて成ったものと見なされる。ただし，多くの点で宋代の言語の特徴を残している。

注101　この小説は南宋の言語を反映した作品とされ，これまでの研究から，南宋の西暦1202年以降に成った作品とされている。『古今小説』に収録されている。

元代の言語を反映している文献としては『元刊雑劇三十種[注102]』が挙げられる。この中では，動物を指示する例がわずかに見られるほか，人を指示する用法とともに「虚指」的な用法が多く見られる。

(1-48) 【門蛤蟆】…（略）…您自量度，匹头上把他标写在凌烟阁，论着雄心力，劣爪牙，今日也合消，合消封妻荫子，禄重官高。
　　　　　　　　　　　　　《尚忠贤・尉迟恭三夺槊杂剧・第二折》
(1-49) 【乔牌儿】背路旁啄绿苔，猛然间那惊怪。元来是七里滩朱顶仙鹤，在碧云间将雪翅开，他直飞到皇宫探我来。
　　　　【挂玉钩】他为什遥闷在栏干外？是不是我的仙鹤？若是我的呵则不宜来。和他那兽果木猿猱也到来，我山野的心常在。…（略）…
　　　　　　　　　　　　　《官大用・严子陵垂钓七里滩杂剧・第四折》

このほか，雑劇の用例として下記のような例が見られる。

(1-50) （色旦云）俺与先生奉一杯酒咱。（正末云）俺道人每从来戒酒，不用他。　　《马致远・西华山陈抟高卧[注103]・第四折》
(1-51) （唐僧云）这马有长力运行吗？（木叉唱）
　　　　【木羊关】他曾到三足金乌窟，四蹄玉兔宫。他有吃天河水草神通。…（略）…　　　　　　　《扬景贤・西游记杂剧[注104]・第七出》

さらに，元末に編まれたと考えられている『老乞大』や『朴通事』等が挙げられるが[注105]，元代のものと認められる『旧本老乞大』にも，人

注102　元代に興った戯曲，元曲（北曲）を集めた現存するもっとも古いテキスト。30種の内13種は明の『元曲選』にも載せられている。他のテキストの多くは後世の人の手が加わっているのに対し，これはほぼ元代の言語の姿をそのまま残しているものと考えられている。
注103　『元刊雑劇三十種』では『泰華山陳搏高臥』という名で載せられているが，引用箇所は見られず，『元曲選』にある。明代の人の手が加えられている可能性もあり，元代の例として扱えるかどうかは不明である。
注104　元末の作品。『揚東来批評「西遊記」本』に拠る。
注105　『老乞大』，『朴通事』は共に当時の朝鮮人が中国語を学ぶために編まれた会話の教

以外のものを指す用例は少なく，先行詞が"tā"の後ろにくる「虚指」的なものは多く見られる[注106]。

(1-52) 您这月尽头到的大都那，到［不］得？
知他？那话怎敢道？天可怜见，身已安乐呵也到。
《旧本老乞大》

(1-53) 伴当，你将料捞出来，冷水里拔着，等马大控一会，慢慢的喂着。初喂时则将料水拌与他，到五更一发都与料吃。那般时，马每分外吃得饱。 《旧本老乞大》

(1-54) 你是高丽人，学他 汉儿文书怎么？ 《旧本老乞大》

明代の例としては，次のようなものがある。

(1-55) 武大呷了一口，说道："大嫂，这药好难吃！"那妇人道："只要他医治得病，管什么难吃。…（略）…" 《水浒传[注107]・25》

(1-56) 所以天地间的物，只除了虎狼性恶，恨他吃人：恶蛇毒蝎，尾能螫人：…（略）…若除此这几种恶物，其余飞禽走兽，鳞介昆虫，无害于人，何故定要把他残害？人看他是异类，天地看来都是一

科書であり，元末（14世紀半ば）に出たと考えられている。1998年，元代版の『老乞大』が韓国で発見され，原本に近いものとして注目を集めている（『旧本老乞大』と呼ばれる）。その後，16世紀はじめに崔世珍により翻訳されて成ったのが『翻訳老乞大』と『翻訳朴通事』であり，各漢字の下にハングルによる注音が施されている。清代に入り，1670年に『老乞大諺解』，1677年には『朴通事諺解』が出されたが，原本とは使用される語彙等に差異が認められる。なお，『翻訳老乞大』及び『翻訳朴通事』には声調を表す傍点が施されており，平声の場合は無点，去声，入声は一点，上声は二点となっている。この規則に従うと陰平声である"tā"には点が施されないはずであるが，実際には一点施されている箇所が多々ある。远藤光晓（1984）は，これを当時の朝鮮語の去声と陰平声が似通った調値であったためと述べている（なお，远藤（1984）は，去声の調値を *45，陰平声の調値を *55 と推定している）。

注106 『旧本老乞大』では，人を指示するものや不定代名詞を含め，"tā"が45箇所に使用され，『老乞大諺解』では48箇所に使用されている。このうち，『旧本』にあって『諺解』にない例は4例，『旧本』になく『諺解』にある例は7例である。一，二人称代名詞がそれぞれ，"俺"から"我"へ，"您"から"你"へと，『旧本』と『諺解』で大きな変化が見られるのに対し，三人称代名詞は，語彙的にも用法的にも変化は見られない。

注107 例文は人民文学出版社1952年版より採った。本書は明末の金圣叹の70回本を底本とする。

样生机。　　　　　　　　　　　　　　　　《醒世姻缘传[注108]》

　元，明代ではさほど多く見られなかった"tā"の人以外のものを指す用法も，清代に入ると比較的多く見られるようになり，事物等を指す用例も増加する。また，これまでに見られなかった新たな用法も見られる。

(1-57) <u>人家送来的诗词歌赋</u>，正眼儿也不看他。　　　　《儒林外史・11》
(1-58) 宝玉笑道："好，好，来把<u>这个花</u>扫起来，撂在那水里。…（略）…"林黛玉道："撂在水里不好。…（略）…那畸角上我有一个花冢，如今把他扫了，装在这绢袋里，那土埋上，日久不过随土化了，岂不干净？"　　　　　　　　　　　　　　　　　《红楼梦[注109]・23》
(1-59) 麝月等笑道："野坟里只有杨树不成？难道就没有松柏？我最嫌的是杨树，<u>那么大笨树</u>，叶子只一点子，没一丝风，他也是乱响。你偏比他，也太下流了。　　　　　　　　　　　　　《红楼梦・51》
(1-60) 宝钗笑道："终不免过于丧败。我想，<u>柳絮</u>原是一件轻薄无根无绊的东西，然依我的主意，偏要把他说好了，才不落套。…（略）…"　　　　　　　　　　　　　　　　　　　　　　《红楼梦・70》
(1-61) 只听一个说道："看他（＝鱼）泆上来泆不上来。"好似李纹的语音。一个笑道："好，下去了。我知道泆不上来的。"这个却是探春的声音。一个又道："是了，姐姐你别动，只管等着。泆横竖上来。"　　　　　　　　　　　　　　　　　　　　　　　《红楼梦・81》
(1-62) "可是的，<u>那块砚台</u>你们大家赚了我会子，又说在这里咧那里咧，此刻忙忙叨叨的，不要再丢下，早些拿出来还人家。"…（略）…姑娘道："你这几天也是忙胡涂了，可又收起他来做甚么呢？
　　　　　　　　　　　　　　　　　　　《儿女英雄传・21》
(1-63) 便见他一只手高高儿的举了<u>一碗熬得透、得到不冷不热、温凉适</u>

注108　明代末期または清代初年に西周生（おそらく蒲松齢）により編まれたとされるが不明。全百回。
注109　例文は『脂硯斎評 紅楼夢』(1994) より採った。前八十回のうち，凡例と第一回は『乾隆庚辰秋月脂硯斎評本（庚辰本）』を，その他は『乾隆甲戌脂硯斎重評本（甲戌本）』を底本とし，後四十回は程甲本を底本とする。

中、可口儿的普洱茶来。只这碗茶他怎的会知道他可口儿，其理却不可解。　　　　　　　　　　　　　　　　　《儿女英雄传・35》

(1-64)　象这种畜生$_i$，他$_i$那张嘴除了水、谷、草三样之外,不进别的脏东西，所以象牙$_j$性最喜洁，只要着点恶气味，他$_j$就裂了；沾点臭汁水儿，他$_j$就黄了。怎禁得起师老爷那张嘴不时价的把他$_j$叼在嘴里呢！注110　　　　　　　　　　　　　　　　　《儿女英雄传・37》

　清代には，"tā"が"把"構文において前置詞注111"把"の目的語となるものや，主語位置に現れる例が多く見られるようになり，また，特別な語気を伴わない例が増加する。

　宋代から清代までの例を通して見ると，南宋の頃には一般的に使用されているかにみえた人以外のもの，特に事物を指示する"tā"は，人を指示する用法と異なり，元代には一旦その影を薄くし注112，明代もさほど増加しない。清代の作品には再び使用頻度が高くなるが，人を指示する場合とは比べようもないほど少なく，先行詞と同じ名詞句を繰り返すか省略するという手段がとられるほうが依然として多い。しかし，用例は少ないながらも，これらの例から，"tā"の事物や動物を指す用法が，決して20世紀の五四運動以降に作られたものではないということは明らかである。確かに五四運動期を経て，西洋言語の影響を受けてできた「欧化語法」によりその使用は増加したが，それを受け入れる基盤は中国語の中にすでにできていたのである。

注110　例文中の"$_i$"や"$_j$"は，ある名詞句と代名詞が同一物指示であることを示す。以下の章では，"$_k$"や"$_l$"も出現するが同様である。
注111　中国語では"介词（介詞）"と呼ぶ。中国語の前置詞句は動詞句の前に置かれ，また前置詞は本来，動詞であったものが多く，動詞が前置詞を兼ねていることも多い。
注112　ただし，『旧本老乞大』を見るに，"tā"の人を指示する用法も決して多いとは言えない。その理由として，元はモンゴル人の治めた国であり，モンゴル語の影響（いわゆる漢児言語）が少なからずあったのではないかと考えられる。モンゴル語は14世紀末頃には本来あった三人称代名詞を使用しなくなっている。また，本来の三人称代名詞には人以外のものを指す用法がない。2.1.2参照。

1.4 まとめ

　以上見たように，通時的に見ると，一，二人称代名詞は古代よりあって複雑な体系を成し，さまざまな変遷を経て現在に至っているが，三人称代名詞は南北朝以降"渠"や"伊"などが現れ，唐代の後半より"tā（他）"が使用されるようになり，宋代以降，より抽象的，文法的にはたらくようになったという比較的，歴史の浅いものである。特に唐代から宋代にかけては話し手の何らかの感情を伴うことが多く，人を指示する用法は時を経るにつれて，このような特別な意味合いが見られなくなったのに対し，人以外のもの，特に事物や事柄を指す用法には，現在でも往々にしてこのような意味合いが見られる。

　また，三人称代名詞と指示詞とは密接な関わりを持ち，三人称代名詞が三人称代名詞として確立する以前には，指示詞が三人称代名詞の代わりとしてはたらいてきた。特に，中国語では，指示対象が人，動物，事物，事柄のいずれにかかわらず，すべて同一の語を用いるため，複数の三人称の事物に言及する時には，特に「有生性（animacy）」の低いものの代名詞化が抑制され，代わりに指示詞が用いられるという現象が現代においても見られる。

　"tā"は三人称代名詞となった後しばらくは人のみを指す用法しか持たなかったと考えられる。動物や事物等を指す用例が比較的多く見られるのは南宋の頃の作品においてである。ただし，元代には一旦，事物等を指す用法が稀にしか見られなくなることから，事物等に三人称代名詞を用いない外国語，特にモンゴル語の影響を多少なりとも受けているのではないかと推測される。あるいは，南宋の都は杭州であり，その当時の南方方言では，"tā"が事物にも比較的多く使用されていたが，北方の方言ではさほど一般的になっておらず，そのために，大都（現在の北京）に都のあった元代には用例が少ないのだという推測も可能であろう。明代から清代にかけて再び白話小説に散見されるようになる。

　また，"tā"の事物や事柄を指す用法と「虚指」用法の間には密接な関係があり，"tā"の指示対象を判定する際に確定が困難になることがあるが，このような「ゆれ」が許されるのは，すなわち，人間がそのど

ちらに解釈しようと然したる問題はないということを表すものである。ある状況とその状況に関わる人物または事物（すなわち当事者）との間には当然ながら深いつながりがあるのであって，袁毓林（2002）も述べているように，中国語にはある事態の当事者で以ってある事柄を表す表現が多く存在する。

　いずれにせよ，"tā"が人のみならず動物や事物等を指すようになったのは，決して「欧化」の影響によるもののみではないということは明らかである。

第2章　現代中国語における三人称代名詞と"它"

第1章では，古代中国語には三人称代名詞が発達しておらず，指示詞が代名詞的な役割を果たしていたこと，その後，次第に代名詞と指示詞の分化が起こり，三人称代名詞が生まれたことを確認した。"tā"は他の三人称代名詞を抑え，唐代以降もっとも勢力が強くなったが，現在に至るまでにさらなる発展を遂げ，20世紀初頭の五四運動期[注1]には，使用される文字や用法がさらに大きく変化した。本章では，主として現代中国語における事物や事柄を指示する"tā"(すなわち"它")の位置づけ及び特徴を考察し，主に「欧化」により中国語に新たにもたらされた用法と「欧化」以前からの用法とを明確に区別し，二つが異なる由来を持つものであることを述べる。それにより，実際には話し言葉において多用されているにもかかわらず，長らく，そして未だに「"它"は話し言葉に使用されることはきわめて少なく，その使用には様々な制限がある」と述べられている原因や，"它"が書き言葉で多用される一方で，極めて口語的な話し言葉の中でも使用される理由を明らかにする。

2.1　共時的にみた三人称代名詞
2.1.1　現代中国語における人称代名詞の体系と三人称代名詞

"它"は，現代中国語においては主として動物，事物，事柄など，人間以外を指示する三人称代名詞としての役割を担っている。ここでは，そのうち，事物や事柄を指示する用法を中心に考察するが，その前に，まず中国語の人称代名詞の体系について確認しておきたい。現代中国語（普通話）において，人称代名詞は以下のような体系をなす。

注1　1918年に提唱された文学革命に伴い，中国では白話文運動が起こり，それまで支配的であった文言文を抑え，白話文で書かれた著作が急激に増加した。同時期には，共通語の普及，漢字の読音を統一しようという動きや，「注音字母（1918年に公布された漢字の表音表記のための音標符号）」が作られるなど，さまざまな言語改革が行われた。西洋言語の影響を受けたいわゆる「欧化語法」はこの時期に多く生まれた。その後，あまりにも行き過ぎた用法はしだいに淘汰されるようになるが，そのまま中国語として定着したものも少なくない。

［表 2-1］ ＝［表 1-1］

	一人称代名詞	二人称代名詞	三人称代名詞
単数	我 wǒ	你　　　您^{注2} 　　　（尊称） nǐ　　　nín	他　　她　　它 （男性）（女性）（中性） tā
複数	我们^{注3}　　咱们 （排除形）（包括形） wǒmen　　zánmen	你们^{注4} nǐmen	他们^{注5}　她们　它们 tāmen

　現代中国語においては，談話の直接参加者でかつ話し手である一人称代名詞"我"や，同じく談話の直接参加者でかつ聞き手である二人称代名詞"你"には，男女による区別が設けられていないのに対し，談話に直接参加していない三人称代名詞には，人を指示対象とする場合に限っ

注2　"您"は高名凱（1946）を代表として，二人称複数形"你们"の縮約形から来たものという説が根強く，比較的新しいものでは谢俊英（1993）がある。複数形が敬称となる例は他言語にもみられ，フランス語では二人称複数が二人称単数の敬称として，イタリア語では三人称単数が二人称単数の敬称として用いられる等，他の人称からの転用も多い。ただし，呂叔湘（1955）や太田辰夫（1958）は，複数形として使用されていた"您"と現在二人称単数として使用される"您"とは由来を異にするものではないかと推測している。王力（1944b）は"您"が"你老"から来たものではないかとしていたが，王力（1958）では"你们"の合成音とみている。张惠英（1991）は，"您"が仏教の経典に見える敬称"仁"に由来するのではないかという仮説を出している。
注3　"我们"は聞き手（読み手）を含まず，"咱们"は聞き手を含む場合に使用されるが，"我们"は時に聞き手を含む場合にも使用されるなど，両者は厳格に区別されているわけではない。また，公の発言の場では，"咱们"の使用が避けられる傾向にあることから，"咱们"はより口語的な語であると考えられる。
注4　男女混合の複数を指す場合，一般的には"他们"が使用される。太田（1958）によると，"您"の類推によって三人称単数の敬称を表す"怹（tān）"がおそらく民国以降に用いられるようになったが，普及はしていない。
注5　書き言葉，特に書簡文では"您们"が"您"の複数として使用されるという指摘が多くあり，"您们"の使用を肯定的に捉える記述も少なくないが（张寿康，1981，吳蒙＝呂叔湘，1982，方若＝呂叔湘，1982，廖斯级，1982，李宇明，1984，邢福义，1996等），現在でも"您们"は一般的な用法とは言いがたい。ただし，李宇明（1984）は"您"の由来はともかく現在は単数形として使用されており，他の複数形による類推から"您们"が生まれ，書き言葉でも話し言葉でも広く使用されていると述べている。

て男女による区別が設けられている。また，一・二人称代名詞は専ら人を指示するのに対し，三人称代名詞には，動物や事物などを指示対象とする用法がある。このようにみると，三人称代名詞は代名詞の体系の中で極めて特殊なものであるかのように見えるが，実際には，それは文字の上での区別であって，"他"，"她"，"它"はいずれも同一の発音（tā）であり，本来は同一の代名詞である。このことは，話し言葉では，これら文字上の区別が何ら意味を持たないことから考えても明らかであろう。

ただし，中国語に限らず他の言語においても，三人称代名詞と一・二人称代名詞との間には決定的な差異がある。小泉保（1990）によると，Benveniste（1956）[注6]は，三人称を，言語伝達の関与者である一人称の話し手や二人称の聞き手とはまったく性格を異にするもので，こうした関与者以外に指示される外界の物象を代用する文法的表現であると述べている。Halliday & Hasan（1976）においても同様の見解が見られ，三人称だけが内在的に結束的であって，照応的にテクストを指示するのに対し，一・二人称は本質的には外界照応的に指示するものである，と述べている。つまり，三人称代名詞と一・二人称代名詞は本質的に異なっているのである。

とはいえ，三者は基本的には文法的ふるまいを同じくするもので，いずれも主語，目的語，連体修飾語，兼語[注7]の位置に立つことが可能である[注8]。また，世界の言語に目を向けてみると，中国語のこのような三人称代名詞の状況は，決して特異なものではないことが分かる。

注6　Benveniste, E. (1956) 'La nature des pronoms' M. Halle compiled' in M. Halle (comp.) *For Roman Jakobson*. The Hague: Mouton.

注7　「V_1 ＋ N ＋ V_2」の形式をとり，V_1 が使役の意味を持っていて，N が V_1 の目的語であると同時に V_2 の主語となっているものを「兼語文」と言い，N を「兼語」と言う。例えば，"我请他去（私は彼に行ってもらう）"のようなもの。心理状態を表す動詞"喜欢，爱，恨，埋怨（好きだ／愛している／恨む／不平を言う）"等を使用した"我喜欢他老实（私は彼が真面目なことが好きだ）"のような文は，研究者によって兼語文とみなす場合があるが，本論ではそれを「主述句」（"他老实"）が動詞（"喜欢"）の目的語となっているとみなし，兼語文とは扱わない。ただし，引用文献等がこれらも含めて"他（它）"を「兼語」と呼んでいる場合があるので注意が必要である。

注8　ただし，"它"や"它们"が事物や事柄を指示する場合，話し言葉では主語の位置に使用できないと述べられることが多い。この点については，第5章で論じる。

2.1.2 世界の言語における三人称代名詞

　現代中国語の三人称代名詞は，話し手と聞き手以外の人間や動物，事物，事柄を同一の語で表している。これは，たとえば英語の三人称代名詞が，"he（人間・男性）"，"she（人間・女性）"，"it（その他・中性）"に分けられていることと比べると，一見，極めて特異なもののように思われるが，その他の言語の状況はどのようであろうか。

　日本語には本来，三人称代名詞はなく，外国語の翻訳のために人工的に造られた「彼」，「彼女」は指示詞からの転用であり，事物などを指示する三人称代名詞はなく，代わりに指示代名詞などが使用される[注9]。「彼」，「彼女」にしても，未だ三人称代名詞として完全に定着しているとは言いがたく，指示詞を用いた「この／その／あの＋人」などといった形式をとることのほうが多いが，それでも人間と人間以外のものとの区別は明確にされている。「彼」，「彼女」は擬人法によるものを除き，人間以外に使用することはできず，また，指示代名詞「これ／それ／あれ」などは，逆に，ふつうは人間に対して使用することができない。ところが，英語もその複数形に目を向けると，三人称は人間も動物，物事もすべて"they"となるように，三人称代名詞の性による区別［±男］や人間・非人間［±人間］の区別を持たないのは決して中国語に限った現象ではない。小泉保（1990）によると，トルコ語も中国語と同じく三人称代名詞は単数・複数共に［±男］，［±人間］という基準による区別はなく，それぞれ"o"，"onlar"となり，ドイツ語の複数形も英語と同様に"sie"に統一される。さらに興味深いことに，現代英語の三人称代名詞は，単数"he（人間・男性）"，"she（人間・女性）"，"it（その他・中性）"，複数"they"という体系をなすが，古代英語においては，現在の"he"，"she"，"they"にあたる語が極めて似通

注9　これまで，「彼」，「彼女」，「それ」は，明治時代に入って，欧文を翻訳する必要に迫られて作られた，と考えられており，実際，初期の頃には「彼女」という語はなく，「彼」が男女の区別なく使用されていた。これに対して，讚井唯允（1994）は異論を唱え，日本語の三人称代名詞は漢文訓読体（一種の翻訳文体）によって日本語に導入されたものであると主張する。

った形であったと推測されている注10。このことから，当時はこれら三人称代名詞に同一の語句を使用していた可能性が生じるが，たとえそうであったとしても，他言語の三人称代名詞の体系から見れば何ら不思議な現象ではない。

中国周辺の言語や中国をかつて統治した民族の言語に目を向けると，現代の朝鮮語やモンゴル語では，三人称代名詞と指示詞の形式は同一，すなわち，厳密な意味での三人称代名詞はなく，指示詞が使用されている。ただし，小沢重男（1997）によると，もともとモンゴル語には，一・二人称と整然とした対応をなす三人称代名詞があったが，14世紀末頃から文語をはじめとするほとんどのモンゴル語系の言語では使用されなくなり，ここに指示代名詞がとって代わったという注11。現代満洲語においても，三人称代名詞の単数と中遠称の指示詞は同形の［tʼələ］であると言われているが注12，これもモンゴル語と同様，もともと人称代名詞は整然たる体系をなしていたにもかかわらず，後に指示代名詞にとって代わられたようである注13。このように，さまざまな言語において，話し手

注10　Bradley(1964, 初版1904)は，古英語における三人称代名詞として以下の屈折表を挙げ，

三人称	単数・男性	単数・女性	単数・中性	複数
主　格	hē	hēo, hīe, hī	hit	hīe, hī
対　格	hine	hīe, hī	hit	hīe, hī
属　格	his	hire	his	heora
与　格	him	hire	him	heom

"he"，"she"，"they"にあたる語形が類似しており，しかも，中英語の南部方言では，すべて同一の"he"となること，今日でも，イングランド南西部の方言には"he"を男性だけでなく女性にも使用していることを指摘している（ただし，現在の使用状況については不明）。また，中英語の三人称複数に使用されていた"they"，"their"，"them"などは古ノルド語の指示代名詞からの借用と考えられている。

注11　郭錫良（1980）の聞き取り調査によると，モンゴルの首都ウランバートルでは，現在，三人称代名詞と指示代名詞に分化現象が見られ，三人称代名詞として使用する時は，多く「指示詞＋人」のような形式をとり指示代名詞と区別するという。

注12　赵杰（1989）参照。

注13　李樹蘭他（1984）によると，満洲語と系統を同じくする錫伯（シボ）語も，書き言葉においては，今もなお三人称代名詞を使用しているが，話し言葉では，ほとんど使用されなくなっており，近称または遠称の指示代名詞を借用しているという。また，複数形の場合，指示対象は必ず人であり，動物や事物等に使用されることはないという。

や聞き手以外のものを表す三人称代名詞と指示詞との関係はきわめて密接なものであると言える。

さらに、三人称代名詞にのみ普通形と憎悪形を有するという特徴をもつ言語がある。中国、チベット自治区の東南部にある墨脱県、林芝県からインド北部、アルナチャル・プラデーシュの西部地域にかけて分布しているツァンロ・モンパ語である注14。同辞典によると、ツァンロ・モンパ語の人称代名詞には単数形、双数形、複数形があり、三人称代名詞のみ普通形と憎悪形があるという。単数形を例にとると、一人称代名詞が［tɕaŋ¹³］、二人称代名詞が［nan¹³］であるのに対し、三人称代名詞は普通形の［roʔ¹³］と憎悪形［tan¹³］に分かれている注15。中国語の"他／她"と"它"の差異を考える上で、大変興味深い。

中国語と同じシナ・チベット語族に属し、中国語と深いつながりを持つチベット・ビルマ語系の言語では、一人称、二人称代名詞に古代（上古）中国語と音韻的対応関係がみられるのに対し、三人称代名詞には対応関係がみられず、中国語と由来を異にすること、言語それぞれで別々に形成されたとみられることなどが報告されている（李永燧, 1985）。

2.1.3　中国語の方言における三人称代名詞

現代中国語（普通話）に見られる"我"、"你"、"他／她／它（以下、特に性の区別が必要ない場合、"他"で代表させる）"からなる人称代名詞の体系は、主に北方方言に見られるものであるが、一・二人称代名詞"我"、"你"、またはこれらと音韻的に同系統と考えられるものは、北方方言に限らず比較的多くの方言において使用されている注16。たとえ異なる系統の語彙を使用していたにしても、一・二人称代名詞のない方言は

注14　『言語学大辞典（第二巻）世界言語編（中）』（1989、三省堂）参照。本項目は西田龍雄氏が執筆。

注15　ただし、この二種類の三人称代名詞が、動物や事物に対しても使用されうるかどうか等については記載がなく、不明である。

注16　中国語の方言区をいくつ立てるかについては、いまだ一致した見解が見られないが、比較的多くみられるのは北方方言（官話）、呉方言、湘方言、贛方言、客家方言、閩方言、粤方言の7種類に分類する方法であり、これにさらに、晋方言や徽方言等を加えるものや、閩方言を閩北方言と閩南方言に分けるものもみられる。袁家驊他（1983）等参照。

まずないと言ってよい。差異が見られるのは，多くの場合，三人称代名詞においてであり，中国語には大きく分けて三種類の三人称代名詞がある。普通話をはじめ，北方方言で広く使用されている"他"のほか，閩方言に多くみられる"伊"，粤方言や客家方言等に多くみられる"渠（佢）"である。"渠（佢）"は，近年の研究では古代中国語の指示詞であった"其"より分化したものとみなされている[注17]。呉方言の多くは，"渠（佢）"または"渠侬"に由来する語が使用されているが[注18]，上海，嘉定，嘉興，紹興，海寧等の地域では"伊[注19]"が三人称代名詞として使用されている。これらは一見すると閩方言との共通性を持つように見え，実際そのようにみなされて来たのであるが，游汝杰（1995）や陈忠敏・潘悟云（1999）は，周辺の呉方言の音韻的特徴との関わりから，呉方言で使用されている"伊"の多くは魚韻群母の"其"すなわち"渠（佢）"に由来するものであり（dzi > ɦi），脂韻影母である閩方言の"伊"に由来するものではないとしている。"伊"，"渠（佢）"は，元来，指示詞であり，南北朝時代に三人称代名詞として確立したものと考えられている（郭锡良，1980，志村良治，1984 等）。また，"他"は元来，「その他」の意味を表す不定代名詞であり，第 1 章で見たように，唐代になってよう

注17　郭锡良（1980）によると，章炳麟は『新方言・釋詞』で"渠"を"居"に由来するものと考えているが，吕叔湘（1955）は，六朝時代の属格でない"其"は話し言葉における"渠"を写したものであろうと述べている。郭锡良（1980）は吕叔湘（1955）の説が正しければ，"其"は六朝に至って文白異読が生じ，文言音は之部のその他の読音と同様に音韻変化したが，三人称代名詞として用いられる白話音は音韻変化せず，古音を保存したため，魚部に由来する"渠"の読音と近くなった或いは同音となったのではないか，と考えることができる，としている。以下は，郭锡良（1980）の推定する音韻変化である。

　　　　其　　　*gʻĭə　　→（文言音）　　gʻi
　　　　　　　　　　　　→（白話音）　　gʻĭo
　　　　渠　　　*gʻĭa　─→

　ただし，梅祖麟（1986）は吕叔湘（1955）の説に疑問を呈する。古代中国語の人称代名詞，"吾（一人称）"，"汝（二人称）"，"渠（三人称）"はいずれも魚部に属しており整合のとれた体系をなしていることや，"渠"はおそらく上古以前から存在していて南方の方言に残されていた可能性があることなどを挙げ，"其"と"渠"に継承関係はないとみる。

注18　呉方言の三人称代名詞は地域によって差異が激しく，"他"，"渠"，"伊"の三種類が見られることで有名である。

注19　呉方言で使用される"伊"は"夷"と表記されていることもある。赵元任（1928）は［ʔ］類の発音であるものを"伊"，［ɦ］類の発音であるものを"夷"と表記を分けている。

やく三人称代名詞としても使用されるようになったものである。唐代以後，北方方言では，"他"の勢力が増し，"伊"，"渠（佢）"が使用されなくなったのに対し，南方の一部の方言では，これらの三人称代名詞が残され，現在に至っているものと考えられている。

　一方，日本語のように，厳密な意味での三人称代名詞を持たず，指示詞がその穴を補っている，あるいは三人称名詞と指示代名詞を併用する方言も少なくない[注20]。晋方言に属する山西方言には，遠称の指示詞と三人称代名詞に同一の語を使用するものが多く見られ，遠称の指示詞に"兀"を使用する方言は，三人称代名詞にも"兀"または"兀家"（字義は「あの人」）といった語を使用し，遠称の指示詞に"那（乃）"を使用する方言は，三人称代名詞にも"那"または"那家"といった語を使用している（张惠英，1997）。山西省文水方言では"他"を使用するものの，先行コンテクストにおいて持ち出された人物に言及するのに，多くの場合,指示詞を用いた"兀家"が使用される（胡双宝，1983）。さらに，北方方言に属する陝西省西安方言においては，"他"と共に話し言葉においては遠称の指示詞"咊"［uo⁵³］が三人称代名詞として使用されている（黄伯荣主编，1996）。甘粛省蘭州方言でも，三人称代名詞に"他"と遠称の指示代名詞である"那"の二系統が使用されており，"那"は夫婦など親しい間柄である場合に限られるが，現在は普通話が普及していることが影響してか，"他"のほうが多用されるという（兰大中文语言研究小组，1963）。

　二種類の三人称代名詞を併用している方言もある。贛方言に属する湖南省平江の長寿方言では，"渠"（［kʻe⁶］または［he⁶］）及び"他"（文言音［tʻa¹］，白話音［la¹］）が三人称代名詞として使用されており，両者にはその役割に分業が見られ，"渠"は指示対象が談話の場に存在す

注20　山西省臨汾方言では，三人称代名詞に"那"が使用されていて，強調したい場合や指示対象に対する不満や親しみなどの感情を表したい場合には，"那那"のように重ね型をとることができるが（田希诚,1981），現在の臨汾方言の指示詞は，近称"这"，遠称"兀"からなっており，指示詞に"那"は使用されていない。これについて，张惠英（1997）は，山西方言では"那"が遠称の指示詞として広く使われていることから，臨汾方言で三人称代名詞として使用されている"那"が遠称の指示詞に由来することは疑いない，としている。

る場合に用いられるのに対し,"他"は指示対象が談話の場に存在しない場合に使用されるという（汪平他, 1988）。

このほか，三人称代名詞に人を指示する用法しかない方言，すなわち，人を指示する場合には専用の三人称代名詞を使用し，動物や事物，事柄を指示する場合には指示詞を使用するという方言や（胡明揚, 1957），人と動物，事物，事柄で同じ語を用いているものの，発音に区別が設けられているといった方言などもあり[注21]，方言における三人称代名詞はきわめて複雑な様相を呈していると言える[注22]。

2.2 「欧化」と白話文運動

20世紀初頭に起こった五四運動期の前後には,さまざまな「欧化語法」が生み出されている。本節では，主として，「欧化」及び文言文から白話文への移行が，三人称代名詞，とりわけ"它"に対して，如何なる影響を及ぼしたのかについて考察する。

2.2.1 文字の区別

現在,普通話においては,三人称代名詞"tā"をその指示対象の性によっ

注21 楊増武（1982）によると，山西省山陰方言では，"它"には発音が一種類[tʻɑʔ⁴]しかないが，人を指示する"他（她）"の場合には，[tʻɑ³¹³]と[tʻɑʔ⁴]の二種類あり，人を指示する場合に[tʻɑʔ⁴]を用いると，指示対象に対する不満や軽蔑などといった話し手の強い感情が加わることになるという。

注22 普通話を代表とする北方方言の人称代名詞は，普通，一人称"我（上声）"，"你（上声）"，"他（陰平声）"であるが，ここに類推作用がはたらき，三人称が上声に発音される方言が各地に散見される。この現象は三人称に"渠（佢）"を用いる粤方言や呉方言にも見られ，粤方言に属する広州方言では，"我（陽上声）"，"你（陽上声）"からの類推により，本来陽平声であるはずの"渠（佢）"が陽上声に変調している。呉方言については游汝杰（1995）に詳しい。李栄（1965）は，このような現象を"感染作用"と呼んでいる。一部の贛方言や客家方言の人称代名詞においても同調に変化する現象が見られるが，他の方言とは多少異なり，三人称の"渠（陰平声または陽平声）"からの類推作用により，一人称，二人称代名詞も陰平声または陽平声に読まれると言われている。贛方言に属する安義方言については万波（1996）に，客家方言に属する連城（新泉）方言については項夢冰（1992a）に詳しい。しかし，三人称代名詞が一・二人称代名詞にはたらきかけて変調したということにはやや疑問が残る。一つが他の二つに影響を及ぼすということ，しかも，談話に直接参加していない人間を表す語が談話の直接参加者である一・二人称を表す語の発音を果たして本当に変えることができるものなのか，この点については議論の余地があるように思われる。

て,"他(人・男性)","她(人・女性)","它(人以外・中性)"と三種類に書き分けをしている。このような文字上の区別は,いわゆる「欧化語法」によるもので,五四運動前後に始まる[注23]。それ以前は性による区別はなく,すべて"他"と書き表されていたが,五四運動期に広く活躍した文学者であり言語学者でもある劉半農が"她"という文字を女性を指す語として,また,"它"という文字を人間以外のものを指す語として使用することを提唱したと言われている(刘又辛・鲍廷毅,1984,凌远征,1989)[注24]。ただし,この提案に対しては強い反対意見が数多く出ている[注25]。黎锦熙(1924)が《新著国語文法》に挙げる三人称代名詞には,男性"他",女性"(伊或她)",中性"(它或牠)"とあり,通性(common gender)は空欄になっている。これは当時,三人称代名詞の文字体系がまだ定まっていなかったことを表している。その後,南方方言において使用されている三人称代名詞"伊"を女性専用の三人称代名詞として使用しようという意見が次第に勢力を増していったものの,最終的には"她[注26]"が採用された(凌远征,1989)。

中性の代名詞についても,劉半農が"它"を使用することを主張したが,その後"牠"を採用するものや,"它"と"牠"の両方を採用し,"它"

注23 王力氏は,《中国現代语法》(1944a)においては「およそ1918年以降」としているが,《中国語法理論》(1944b)では「およそ1917年以降」としている

注24 劉半農が使用を提唱した"她","它"や"牠"という文字自体は古来よりあるもので,劉半農が創造した文字ではない。"她","牠"には指示詞や代名詞としての意味はなく,読音も異なるが,"她"は『玉篇』(宋代に重修された『大広益会玉篇』)や『集韻』に,"牠"は『切韻(唐写本残巻)』に見える(黎锦熙,1924)。"它"は"他"の本字。

注25 刘・鲍(1984),凌远征(1989)によると,劉半農の主張を採り入れ,初めて女性専用の三人称代名詞を使用しようとしたのは周作人であったという。ただし,印刷文字に"她"がなく,新たに作るのも難しいため,周作人は"他_女"という表記を用いた。銭玄同は"她"や"他_女"という表記を使用することに反対し,新たに"妠"という文字を造るか,日本語の「彼女」に倣い"他女"と書くことも提案したが,英語あるいはエスペラントの三人称代名詞をそのまま借用することが望ましいと考えていた。

注26 "她"はその後,「欧化」により,人間・女性だけでなく,祖国や故郷,党,国旗をはじめ,黄河,花や書籍に至るまで,その事物に対して話し手(書き手)が敬愛の情や賛美,愛おしいという気持ちを表す,または美しい事物を指示する場合に使用されるようになった。宁源声(1982),彭逯(1983)参照。ただし,彭逯(1983)によると,事物の悲壮,厳粛さ等を描写する場合には"她"を使用することはできず,"它"を用いなくてはならず,また,ある事物の特徴により人間の不撓不屈,正直,厳粛等の精神を象徴させる場合にも普通は"它"を用いるという。

を無生物に，"牠"を動物に使用したもの，"它"に代わり，文言におい
て使用されていた"彼"を使用するものなどもみられたが，1950年代
に発布された『第一批異体字整理表[注27]』において"牠"の使用停止が定
められ，"它"に統一された（凌远征, 1989）[注28]。

　この時期にはまた，文字上の区別とともに，発音上にも区別を設ける
ことを提唱する意見も数多く出たが，言語事実に合わないために成功せ
ず[注29]，最終的には，すべて本来の読音（白話音）である"tā"に統一された。

2.2.2　"它们"の誕生

　"他"は「欧化」により"他 / 她 / 它"と文字表記が分かれたが，こ
の時期，もう一つ注目すべきことがある。三人称代名詞の単数形が"他
/ 她 / 它"となったのを受け，複数形も"他们 / 她们 / 它们"と書き分
けられるようになったが[注30]，その中で"它们"は，文字ばかりではなく
用法の上でも新たに造られたものであるということである。それ以前は，
動物または事物を指す複数形"tāmen"は存在しなかった。中国語はい
まだに「数」の区別に対して敏感ではなく，特に，話し言葉で動物や物，
事を表す名詞に対して，人専用の複数のマーカー（接尾辞）[注31]である"们"

注27　1955年12月22日，中華人民共和国文化部，中国文字改革委員会発布。
注28　この他，男性を表す三人称代名詞にも，"她"に対して"牠"が造られたり，通性を
表すのに南方方言，特に粤方言で多く使用されている三人称代名詞"佢（渠）"を使用した
りするなど，外国語の三人称代名詞の体系に中国語を強引に合致させようとした結果，中
国語には本来，不必要な区別が次々に生み出された（凌远征, 1989）。
注29　発音面でもさまざまな論議が巻き起こり，"他 / 她 / 它"にそれぞれ英語の"he / she
/ it"の読みを当てるもの等もあった。1932年に公布された『国音常用字匯』（国民政府教
育部公布・出版，国語籌備委員会編纂・校訂）では，1922年に赵元任氏が商務印書館より
出した『国語留声片課本』で採られている読み方を採用し，法定の標準発音を"他"はtā,"她"
はyī，"它"はtuō またはtō と定めた。yī という音は，現在も南方方言において三人称代名
詞として使用されている"伊"の音を，tuō，tō は，"他"の文言音をそれぞれ採用したも
のである。しかし，これも言語事実を反映したものではないということから多くの反対に
あい，最終的にはtā に統一された（凌远征, 1989）。
注30　英語では，三人称代名詞の複数形は性の別によらず全て"they"であり，「欧化」と
は言いながらも，実際には英語等の言語よりもさらに細かい分類となっている。
注31　"们"は西欧語のような複数形とは異なり，多くの研究者が"collective marker"と呼
ぶように，「群」や「集団」を表すもので，数量詞とは共起せず，厳密な意味では「複数」
を表すものではない。

を使用することは，まずないと言ってよい[注32]。つまり，"们"が人専用の複数マーカーであったにもかかわらず，代名詞に限って例外が設けられ，"它们"という語が造られたことになる。ただし，このような経緯もあり，その使用は当時，書き言葉にかぎられ（呂叔湘主編，1980，申仲菜，1982），現在も，「書き言葉以外では用いない」，「目的語の位置には置かれない」等と言われる。Chao（1968，赵元任，1979[注33]）では，

> 宾语位置上的"他[注34]"可以指物，任何位置上的"他们"都不指物。说到不止一个事物的时候，代名词仍然是"他"，主要用在宾语位置，间或在修饰语位置。
>   这些梨烂了，把他扔了吧。
> 有一本初级汉语课本里的句子，"这两个字你不细细儿的看，你就要把他们念错了"，显然是欧化的汉语。真正说汉语的人在这里还是说"他"。

（目的語の位置にある"他"は物を指すことができるが，"他们"はいかなる位置においても物を指すことはない。一つにとどまらない事物に言及する場合も，代名詞はやはり"他"で，主として目的語の位置に使用

注32　ただし，近代中国語や現代の方言において，動物や事物に"们"が使用されるケースがある。元代に朝鮮で中国語を学習するために使用されていた教材『老乞大』，『朴通事』には，動物を指す名詞の後に"们"が使用されている例が確認されており，（呂叔湘，1985，1987）。『老乞大』には，さらに指示詞に"们"がついた"这们"，"那们"なども見られる（呂叔湘，1985，1987，柳応久，1993）。なお，呂叔湘（1985，1987），柳応久（1993）は，『翻訳老乞大』，『翻訳朴通事』を参照しているが，1998年に韓国で発見された『旧本老乞大』には"们"ではなく"每"が使用される。このほか，元の人の手によって著された書物の中には，事物を指す例も見える（陈治文，1988，孙锡信，1990）。孙锡信（1990）は，これをモンゴル語の影響とし，モンゴル語の中国語訳が一部の方言や書き言葉に残っているものと考えている。梅祖麟（1986）も，アルタイ語系の言語はすべての名詞の後に複数の接尾辞をつけることができることから，これはアルタイ語系言語の影響であり，中国語本来の用法ではないとしている。なお，元元（1981）によると，朝鮮語においても，"们"に相当する"들［til］"は人間に限らず，動物や非生命物の複数を表すのに使用されるという。北方方言に属する河北省中部の藁城方言（杨耐思・沈士英，1958）や甘粛省蘭州方言（兰大中文语言研究小组，1963）では，複数の動物や植物，事物を指す名詞に"们"を使用することができるという。
注33　呂叔湘によるChao（1968）の抄訳。
注34　原文の儘引用。特に人間と動物，事物などを区別する必要がない場合には，多くこのように書かれる。

され，時に修飾語の位置にも使用される。例：「これらの梨は腐ってしまった。コレ（＝"他"）を捨ててしまえ」。ある初級中国語の教科書に「この二文字は注意深く見なければ，コレラ（＝"他们"）を読み間違ってしまう」という文があった。これは明らかに「欧化」による中国語であり，本当に中国語を話す人はこの場合，やはり"他"を用いる。）

と述べられている。このような記述は現在においても見られるが，ごく早い時期に"它们"について肯定的な見解を述べたものに，李一毅・王了一（1955）があり[注35]，王了一（＝王力）氏は，李一毅氏が挙げた，一般の会話の中で時折耳にする"这群羊真可恶，把我的菜吃了。你把它们赶走。"（この羊たちは憎たらしいったらありゃしない。俺の野菜を食いやがった。コイツ等（＝它们）を追い払ってくれ）という用法について，個人的にはこれを誤りとみなすべきではなく，むしろ，この新用法は提唱するに値すると考えていると回答している。

しかし，その後このような主張は重視されず，"它们"肯定論が再度，日の目を見るのはそれから25年も後のことである。邢福义（1980）[注36]は人称代名詞の複数形について言及する中で，事物を指す"它"に"们"をつけるのは既に一般的になっていて特殊な用法ではないと述べている。

さらに，李宇明（1984）も，"们"が類推変化を強く促し，また複数形式として広く有効であることいいから，複数を表すのに往々にして"它们"を用い，またそれにより"它"は単数を表す傾向にあると述べ，"它们"は，解放（1949年）前後には，まだその使用に多くの制限があったが，現在（＝1980年代）は既に一般的になっていると述べている。

Chan（1985，陈宁萍，1986）[注37]も，中国語に関する著作で"ta 们"と

注35 《语文学习》1955年第1期に掲載された〈语文知识（十六），（三）常用虚词，一．我，你，他，这，那，等等〉において，"它们"の解説に対して異議を唱えた李一毅氏の手紙に，王了一（＝王力）氏が答えたもの。
注36 《现代汉语语法知识》における記述であるが，同名の書で1972年の华中师范大学中文系现代汉语教研组の編によるものにはこの記載がない。
注37 张惠英によるChan（1985）の抄訳。ただし，"tām"という発音は「普通話」とは言い難い。

いう表現が否定される要因として,実際の話し言葉では縮約形の"tam"と発音されるのに,"它们"と書いた場合,"ta+men"という二つの完全な字音を読まなくてはならないと考えてしまうからではないかと述べている。

ただし,21世紀に入った現在においても,依然,中国語として事物を指す"它们"を認めない記述は多く,"它们"はまさに変化の途中にあることが伺える。先に挙げた文献は,主に書き言葉における状況で,話し言葉に限って述べたものは少なく,また,動物と事物の区別もされていないため,実際の話し言葉における使用状況が如何なるものかは,これらの先行文献からは定かではない。

その後,施光亨(1995)が9名の北方出身者を対象に話し言葉の調査をおこなったところ,一名を除いて皆,動物を指す際に"它们"を使用したことから,"它们"の使用は動物以外の事物や事柄を指す場合には書き言葉に限られるとしている。ただし,事物を指す"它们"に関して,施光亨(1995)は具体的調査もないまま書き言葉に限っており,"它"に関しても,話し言葉・書き言葉両方に用いるが,書き言葉での使用が中心的用法である,という見方は依然として変えていない。

日本では,竹島永貢子(1991)が,"它"と"它们"の違いについて,次のように述べている。

> 擬人化という修辞法とは別に"它们"を用いることの可能性は,人間への近さ――例えば身体の様子であるとか,顔付きであるとかが,人間に似ているといったこと――とか或は「この猿は愛嬌があるが,あの猿は生意気そうだ」というように一匹一匹を区別できるといったようなことに大きく関わっている。つまり,どれだけ個別的に考えられるかということが"它"と"它们"の使い分けを左右していると考えられるのである。

「どれだけ個別的に考えられるか」という点には本論も同意するが,「擬人化という修辞法とは別に」と断りがされているものの,結局,竹島

(1991) は,最後まで「擬人化」から離れきれないでいるように思われる。そういった意味での「人間への近さ」という条件については疑問が残る。

このように,「欧化」によって"它们"という語が創造され,その使用は当時,ほぼ書き言葉に限られており,その使用は義務的なものでもなかったが,複数の動物や事物,事柄を表すのに"它们"が使用されるようになり,次第に一般的になったものと考えられる。ただし,上述のとおり,中国語においては未だ事物に対する数の区別に敏感ではないため,複数の事物に対して"它"を使用するか"它们"を使用するかは,あくまで,話し手(書き手)が指示対象をどのように認識するか,という主観的な判断によるところが大きい[注38]。実際の運用の様相については2.3.3.2で分析することにする。

2.2.3 "它"の新たな用法

"它"の用法の中で,新たに「欧化」によって中国語に入ったものにはどのようなものがあるのであろうか。人以外のものを指す「中性」の"它/它们"の用法について,王力(1944a)は,中国語においてはもともと極めて少なく,机を"它"と呼ぶような状況は今ではもうほとんど見られず[注39],特に,ある無形のものを"它"と呼ぶことは極めてまれであることから,"他","她"の二字は,文字上の「欧化」ではあるものの中国語本来の習慣に合致するものであるが,"它"については,新しく造られた代名詞と言っても過言ではなく,その用法の多くは中国にももともとあったものではない,と述べている。そして,清代の白話小説『紅

注38 人間を指す名詞の例についてではあるが,張谊生(2001)に,時には指示対象が特定的なものであっても,主語の位置に来る場合には"们"をつけ,目的語の位置に来る場合には"们"をつけない傾向があるという指摘がある。

　　大人们忙忙碌碌。顾不上孩子了,孩子们自由了。《老喜丧》
　　(大人たちはあくせくとしていた。子どもの面倒など見ていられなかったので,子どもたちは自由になった。)
　　可是他回头看看战士,战士们低着头,满身是汗……《火光在前》
　　(しかし彼は振り返って戦士を見やると,戦士たちは頭を垂れて,体中汗まみれだった……)

注39 王力(1944a)は,"它"の使用が「減っていった」と捉えているようであるが,そのことを示す積極的な根拠はどこにもない。

楼夢』の例を中心に数例挙げ、「欧化語法」によれば、次の例のように三人称代名詞を補う必要があるが、省略できるところは極力省略するのが本来の中国語の習慣であり、使用しなくてもよい箇所には使用しないのが望ましいと述べる。

(2-1) 这是什么？（它）有煞用处呢？　　　　　《红楼梦・6》
(これは何？（ソレ[注40]には）どんな使い道があるの？)
(2-2) 原来是个小匣子，（它）装着四副银模子。　《红楼梦・35》
(なんとそれは小さな箱で，（ソレには）銀製の型が四組入っていた。)

さらに，王力（1944a）は，英語は目的語を空位にできないが，中国語はこれまで当該位置に"它"を使用することがなかったことから，「欧化」しようがない場合があり，その場合，省略されるか同名詞句を繰り返すのが本来の中国語であるとしている[注41]。

(2-3) 凤姐道："过来！我还有话呢。"兴儿赶忙垂手敬听（??它）。
　　　　　　　　　　　　　　　　　　　　　　　《红楼梦・67》
(熙鳳は言った。「おいで！まだ話があるのよ。」興児は急いで手を垂れ，（??ソレを）謹んで聴いた。)
(2-4) 他脸上有一个小黑痣，我早已注意到（??它）了。
(彼の顔には小さなほくろが一つあり，私は前々から（??ソレに）気づいていた。)
(2-5) 我每天看报，我受报纸（⇒??它）的影响最深。
(私は毎日，新聞を読んでいる。新聞(⇒??ソレ)の影響は最も大きい。)

王力（1944a）の述べるように，「欧化」以前の中国語は，人間，事物を問わず，省略できるところは省略し，省略不可能な場合には同一名詞

注40 以下，例文等において三人称代名詞の"它"や"它们"を日本語訳する場合に指示代名詞を使用する時は，便宜上，カタカナ表記（例：コレ）とし，指示詞の日本語訳（例：これ）と区別する。和訳はもともと附されているものを除き，原則として筆者による。
注41 しかし，これら"??"の付けられた"它"も現在では容認度が高くなっている。

句を繰り返すなどの手段が採られ，特にそれは事物を指す場合に顕著であった。「欧化」以前に，動物や事物を指示する"它"の用法がなかったわけではないが，その使用は，「欧化」により特に書き言葉において劇的に増加した。

"它"の使用の増加は「欧化」を推進した白話文運動と大きく関わりがある。文章が文言文から白話文に移行していったのと同時に，文言文において活躍していた指示詞でかつ代名詞的役割をも果たしていた"之"や"其"が次第に排除されていったからである。現在，"之"はほとんど指示詞，代名詞としては用いられず，"其"にしても，すでに生産性を失いつつあり，ほとんどが，"其実（実は）"，"其他（そのほか）"，"其中（そのうち）"等，熟語的な表現の中で使用されている。そこで，"之"や"其"に代わって，書き言葉で活躍するようになったのが"它"ではないか，と考えることができる。「欧化」以前には，"tā"は事物を指す場合も含めて，きわめて口語的な代名詞で，書き言葉で"它"を使用することは，当初，非常にはばかられたのではないかと考えられる。ところが，"之"や"其"の減少と同時に，「欧化語法」により，文成分の空白となっている部分を補う必要が生まれたことが，書き言葉において"它"の使用が増加する要因となったものと思われる。

2.2.4 基本的文体の変容

"它"が多用されるようになった背景には，「欧化語法」，「白話文体」に関連した中国語の基本的な文体の変容があると考えられる。ここでは，特に近代中国語における白話文体との比較の中で，具体的にどのような変化が見られるのかについて整理してみたい。

朱徳熙（1987a）は，古代中国語から現代中国語に至るまで中国語の文には主語がなくともよかったことを例を挙げて説明し，中国語の無主語文について，以下の5タイプに分けている。

(1) 主語を補いようがない文：φ 打閃了（稲妻がピカッと光った） ｜ φ 轮到你请客了（お前がご馳走をする番だ）

(2) 陳述の対象がすでに文内に現れているが，主語の位置ではないため，形式上は主語がないもの：φ 热得我满头大汗（暑くて顔中汗まみれであった）｜φ 有个国王有三个儿子（三人の息子を持つ国王がいた）
(3) 汎称：φ 学而时习之,不亦说乎？『論語』（学びて時に之を習う，また悦しからずや。）
(4) 話し手が話し手自身または話し相手について語る時：φ 打算写本书（本を書くつもりだ）｜φ 哪天回来的？（何日に帰ってきたんだ？）
(5) 関連する対象が前文（文内もしくは文外）において触れられたことがある，あるいは前文で持ち出されていなくとも，話し手・聞き手ともに誰または何について話しているか分かるもの。：（後者の例）甲和乙刚从电影院出来,甲问："φ 怎么样？"乙回答说："φ 还不错。"（甲と乙は映画館から出てきたばかりで，甲が乙に「どうだった？」と尋ねたのに対し，乙が「なかなかよかった。」と答える。）

朱德熙（1987a）はまた，中国語はこのように主語が顕現していなくともよいために，時には次のような例まで見られると指摘している。

(2-6) 老王有<u>个儿子</u>在东北,（<u>他</u>）是个工程师。（我）昨天已经打电报去了。（<u>他</u>）明天准能赶到。
（王さんには東北に<u>息子が一人</u>いて，（<u>彼</u>）は技師をしている。（俺は）昨日もう電報を打ちに行ったから，（<u>彼</u>）明日にはきっと駆けつけて来るだろう。）

さらに，朱德熙（1987a）は，中国語の文に主語がなくともよいというのは，現代中国語の話し言葉及び五四運動期以前の（文言，白話を含めた）書き言葉を指して述べたものであるとし[注42]，白話文運動が活発に

注42 中国語のこのような主語の特徴について，何乐士（1988）は古代中国語から続くも

なって次第に形成された現在の書き言葉は，絶えず西洋言語の直接的，間接的影響を受けており，その結果できた「欧化語法」が，さらに文体にもはたらきかけ，書き言葉において文に主語を要求する傾向がみられるようになったと述べている。このような文体の変化は，おそらく，現在の話し言葉，特に知識人の話す言葉にも少なからず影響を与えていると考えられるが，少なくとも現在の書き言葉には明らかに主語が増加しており，朱徳熙（1987a）は主語の位置のみに限って述べているものの，同様のことが目的語等の位置についても言えるのではないかと思われる[注43]。そして，この変化が"它"の使用に大きな影響を及ぼし，その普及につながったのだと考えられる。

2.3 二種類の"它"

2.2 では，いわゆる「欧化語法」によって生み出された"它"の用法について考察し，「欧化」以前の中国語の文体や三人称代名詞の体系についても少し触れたが，本節では，中国語本来の三人称代名詞，特に人間以外のものを指示する用法について，「欧化」以前の三人称代名詞の用法，方言における三人称代名詞の用法，主に話し言葉において多用される三人称代名詞の用法をヒントに再確認し，「欧化」以降に現れた用法との差異を明確にしたい。

2.3.1 中国語本来の"它"

ここでは，近代中国語における"它"の用法，および現代の方言における三人称代名詞の用法，話し言葉において多用される"它"の用法を観察することで，中国語本来の"它"の用法を探ってみたい。なお，「欧化」以前は，"它"と書き表されていなかったため，例文で"他"を使用す

のであると述べ，何乐士（1992）では敦煌変文における構文（述語）ごとの主語の出現状況を考察している。

注43　2.2.3 で挙げた王力（1944a）は，このような「欧化語法」による"它"の使用を容認しておらず，1940年代には，おそらくまだ中国語として確立していなかったものと思われる。

ることもあるが[注44]，原則として"它"でもって三人称代名詞"tā"の動物や事物等を指示する用法を指すものとする。また，場合によっては，"它"と同様，三人称代名詞として方言等で使用されている"渠（佢）"や"伊"についても触れる。

2.3.1.1　近代中国語における"它"

　近代中国語における三人称代名詞が動物や事物等を指す場合，どのような特徴があったのであろうか。第1章でも述べたとおり，"tā"が三人称代名詞として確立した時代についてはさまざまな説があるが，少なくとも盛唐以降には，明らかに三人称代名詞となっていると考えられる例がみられる。動物や事物等を指す用法ができた時代については，人間を指示する用法よりも後にできたという見方が圧倒的に多い。

　唐代もしくはその後に使用されはじめ，南宋の頃にようやく比較的多くの例がみられるようになる"它"は，特に白話体あるいは白話体に近い文体で書かれた書物に多く見られるため，当時は主として話し言葉において使用されていた語であったであろうと考えられる。ただし，事物等を指す例は非常に少ないため，特に多用されていたわけではないようである。太田辰夫（1958）は以下のような例を挙げ，"它"は目的語として使用されることが多いが，主語に使用されることもあると述べている。

(2-7)　俺道人毎从来戒酒，不用他。　　　　　　　　＝(1-50)
　　　（われら道人たちはこれまでも酒を断っておりますから，ソレは要りません。）
(2-8)　好好儿的衣服，为什么熏他？　　　　　　《红楼梦・8》
　　　（せっかくの着物を，どうしてソレに香をたきこめるのです。）
(2-9)　他是第几根，就是第几韵。　　　　　　　《红楼梦・76》
　　　（ソレ（＝欄干の柱）が何番目かみて，その順番の韻にしましょう。）

注44　ただし,先秦時代及び宋代以降は,性による区別とは関係なく,"他"の代わりに"它"または"佗"の文字が使用されていることもある。

また，呂叔湘（1985）においても，有生のもの無生のもの，有形のもの無形のもの，などさまざまな例が挙げられている。

(2-10) 可贵天然物，独一无伴侣，觅他不可见，出入无门户。 ＝ (1-17)
(尊ぶべし天然物。独一にして伴侶無し。カレを覓むるも見るべからず。出入に門戸なし。)
(2-11) 最讨人嫌的是杨树……没一点风儿他也是乱响。《红楼梦・51》
(一番嫌なのはヤナギの木。……ちっとも風が吹いていなくても，(コレは) ザワザワと音を立てているんですもの。)
(2-12) 所以象牙性最喜洁，只要着点恶气味，他就裂了；沾点臭汁水儿，他就黄了。 ＝ (1-64)
(だから象牙は最も清潔を好み，ほんの少し悪い匂いに触れただけで，ソレは割れてしまうし，ほんの少し汚い汁が付こうものなら，ソレは黄色くなってしまう。)

また，王力（1958）では，宋代の例として次の例が挙げられている。

(2-13) ……此等诗如何肯放过！只是看得无意思，不见他好处。
《朱子语类辑略・5》
((眼識のある人間であれば) これらの詩を見逃すことがあろうか！ (しかし公は) 読んでも面白みを感じず，ソレの長所も分からない。)
(2-14) 读书之法，既先识得他外面一个皮壳了，又须识得他里面骨髓。
《朱子语类辑略・5》
(読書の仕方はまずソレの外っ面を知るべきであり，ソレの内っ側をも知っていなくてはならない。)

呂叔湘（1985）には唐代から清代にかけての用例も挙げられているが，特に清代に書かれた白話小説『紅楼夢』『児女英雄伝』では，それ以前にはない新たな用法が見られる。それまでの"它"は，多くの場合，否定文，否定の命令文，反語文等に使用されており，平叙文に使用される

ことは少ない。また多くは，目的語か従属節の主語，目的語位置における主述句の主語，あるいは兼語として使用されている。それが清代になると，その特徴を受け継ぎながらも，主語の位置に使用されることが多くなる。(2-9)のように，特別な感情も持たずに使用される例もしばしばみられるが，基本的には，指示対象に対する何らかの感情を伴っている。1.2.1で言及したように，俞光中・植田均（1999）は，『敦煌変文集』を対象に簡単な統計を取り，人を指示する用法について，多く話し手が対象に対してマイナスの待遇をする場合，または敬意を表す必要がないような場合に限り"tā"を用いるが，このような特徴は以後次第に弱まってゆく，と述べている。だとすれば，この特徴は，動物や事物を指す場合には消失せず，清代，そして現在に至るまで保持され続けているのではないかと考えられる。なぜならこの特徴は，現在の話し言葉における"它"にもみられるからである。また，否定を表す文に多用されるという特徴は，かなり薄れてはきているものの，現在の話し言葉においても同様に見られるものである。否定を表す文に多用されるというのは，"他"の「虚指」用法とどこかでつながっているようにも思われる。同じく唐代以降に見られる「虚指」用法の一種で，"任他（かまうものか）"，"管他（かまうものか）"のように使用されるものは，話し手の無関心の語気，否定的態度を表すものとして知られているが，この用法と事物等を指す用法は密接な関連を持ちつつ発展したものと考えられる。事実，"他"が「虚指」なのか，具体的な事物等を指示しているのかの判断に悩む例は枚挙に暇がない。

　このように，近代中国語においては，"他"が人間以外のものを指す場合には，話し手の不満，軽蔑，憤怒といった強い感情を伴うことが多く，また目的語に使用されることが多かったのが，時代とともに主語の位置にも使用されるようになっている。ただし，主語の位置に"它"が使用されている例が多くみられる『紅楼夢』と『児女英雄伝』はいずれも清代の小説で，北京方言で書かれたものと言われている。主語の位置に"它"が使用される用法は北京方言においてのみであった可能性も残る。ただし，"它"が目的語位置の主述句の主語となる例は比較的古くから見える。

2.3.1.2　方言における"它"

　現代中国語の方言において，人間以外のものを指示する三人称代名詞がどのように用いられているかを知ることは容易なことではない。方言の三人称代名詞について記述があるものは，特に断りはないものの，ほとんど人間を指示する用法に言及するにとどまっており，それに動物や事物を指示する用法があるのか，ある場合，動物や事物を指示する場合と人間を指示する場合とで用法にどのような差異があるのか等について明らかにすることは非常に困難である[注45]。また，方言における三人称代名詞は非常に複雑な様相を呈している。そのため，用法が比較的明らかとなっているいくつかの方言の特徴を挙げて，大まかな特徴をつかむことにしたい。

　普通話との境界線があいまいである北京方言については比較的多くの記述がみられる。徐丹（1989a）は話し言葉においても"它"が主語の位置に使用されていると述べており，相声や小品[注46]などから用例を挙げている。

(2-15)　<u>你这沙发</u>质量太差啦。——质量差<u>它</u>也叫沙发呀！（郎德沣, 1983）
　　　　（<u>あんたのこのソファ</u>，質が悪すぎるよ。——質が悪かろうが<u>コイツ</u>はソファっていうのさ！）

(2-16)　<u>我这个戏</u>呀，<u>他</u>是夏天的戏。　　　　（陈佩斯・朱时茂, 1985）
　　　　（<u>私のこの劇</u>はですね，<u>コイツ</u>は夏の劇です。）

　徐丹（1989a）はまた"它"が多くの場合，主題と共起し，"［主題］＋語気詞(啊)[注47], 它……"という形式をとることを指摘している。また，张伯江・方梅（1996）は，次のような主語の位置にある"他"を，"实

注45　「三人称代名詞の用法は普通話（"他／她／它"）とほぼ同じである」という説明が多いが，挙げられている用例には，動物や事物を指す例がないなど，"它"の用法の特に人を指す場合との差異については，普通話においても方言においても，また近代中国語においても関心が低いようである。
注46　相声は日本の落語・漫才のような演芸で，小品は笑いを目的とした寸劇を指す。
注47　日本語で間投助詞あるいは終助詞などと呼ばれる「ね」「さ」などに似た働きをするもの。

无所指（実際に指すところがない）"とする。

(2-17) 您瞧我这小辫儿不顺眼，他我还不顺心呢！
(この辮髪が気にくわないって，私にも気に入らないことがありますぜ！)

(2-18) 我为什么不去？他不去自有不去的道理。
(私がなんで行かないかだって？ 行かないには行かないだけの理由があるのよ。)

张・方（1996）は，この形式は，まずある事柄の一面を述べ，次に"他"を用いてまた別の一面についてのコメントを引き出すもので，ここでの"他"のはたらきは，前の一面と相反する或いは相対する話題を持ち出すことにある，と述べている。

さらに，周一民（1998）も，話し言葉において，動物や事物を指す"它"が主語の位置に使用されることは極めて自然で普遍的な用法と述べ，次のような例を挙げている。

(2-19) 这臭豆腐闻起来臭，他吃起来香！
(この臭豆腐，嗅いでみると臭いけど，（コイツは）食べてみるとおいしいよ！)

(2-20) 这口猪我明儿就宰了他！
(この豚，明日になったら（コイツを）殺してしまおう！)

周一民（1998）は，人間を指さない場合には，逆に目的語の位置の使用に制限があり，普通は"把"構文，命令文，反語文，意志文に使用されると述べている。また，「虚指」用法として次のような例を挙げている。

(2-21) 他我还真不信了，今儿我就跳不过去。
(いやあ，今俺が跳べないなんてことは信じられん。)

このように，北京方言においては，主語の位置に"它"が使用されることは一般的で自然な用法であり，また，北京方言の「虚指」用法は，近代中国語でみた「虚指」用法や，後にみる他の方言に見られる「虚指」用法と同様のものもあるが，それらとはかなり異なった用法もみられることがわかる。

同じく北方方言に属する山東省牟平方言では，三人称代名詞に使用される"他（它）"に「虚指」用法があり，"把"構文の中で前置詞"把"の目的語となっているものを承けて，さらに動詞の目的語の位置に"他（它）"を使用することができると言う（黄伯栄主編，1996）。例えば，

(2-22)　叫俺大爷把那个狗子领儿撂儿它吧。（普：让你伯父把那条狗领出去扔吧。）
　　　　（おじさんにあの犬を連れ出して捨ててもらいなさい。）

というものである。さらに，普通は目的語を取れない動詞に"他（它）"を付ける例もみられるが，その場合には，実際に"他（它）"が指示するものはないという。

(2-23)　你下劲儿吃，吃饱儿他。
　　　　（しっかりお食べ，おなかを一杯にするんだよ。）
(2-24)　（我）活着遭这个罪，还不如早些死儿他。
　　　　（生きていたってこんな苦しい目に遭うんだから，早いこと死んでしまったほうがましだ。）

本章注21に述べているように，晋方言に属する山西省山陰方言では，事物等を指す"它"には発音が一種類 [tʻəʔ⁴] しかないが，人を指示する"他（她）"の場合には，[tʻɑ³¹³]，[tʻəʔ⁴] の二種類があり，人を指示する場合に"它"と同じ発音，すなわち [tʻəʔ⁴] を用いると，指示対象に対する不満や軽蔑などの強い感情が加わるという特異な現象が見られ

る（杨増武, 1982）[注48]。杨（1982）によると，例えば，"他今儿个才回来。"という文の"他"を [tʰɑ³¹³] と発音した場合は「彼は今日になってようやく帰ってきた」という事実を単に述べているだけであるが，[tʰəʔ⁴] と発音した場合には，「あの人ったら，とっくに帰っているべきなのに，今日になってやっと帰ってくるなんて。」という不満の態度を表すものとなる。同じ山西方言やその他の中国語の方言で，これと同様の報告がなされたものはないようであるが，きわめて興味深い現象である。

同じ山西省の汾陽方言（宋秀令, 1992）と太原婁煩方言（郭校珍, 1997）には，三人称代名詞"他"に事物等を指す用法があるかどうかについては不明であるものの，"他"には普通話と同じく「虚指」用法があるという。

(2-25) 管他的咧，俺不愿意去末。［汾陽方言］　　　（宋秀令, 1992）
　　　（普：你管不着，我不愿意去嘛。）
　　　（かまわないでよ。私は行きたくないんだってば。）
(2-26) 随他的吧，去上他一回吧。［汾陽方言］　　　（宋秀令, 1992）
　　　（普：不管了，去上一次吧。）
　　　（かまやしない。一度行ってこよう。）
(2-27) 管他的勒，我甚不甚吃佬他三大碗。［婁煩方言］（郭校珍, 1997）
　　　（普：管他的呢，不管三七二十一，我吃了三大碗。）
　　　（何にもかまうもんか，俺は茶碗に三杯も食べてやったぜ。[注49]）

徐烈炯・刘丹青（1998）によると，呉方言に属する上海方言で三人称代名詞として使用されている"伊"は人間にも，動物，事物に対しても使用することができるが，事物を指す場合にはふつう，目的語の位置に限られ，また複数のものでも複数のマーカーを付した"伊拉"を使用せ

注48　"他/它"は本来陰平声であり，入声音ではないにもかかわらず，[tʰəʔ⁴] と声門閉鎖音で発音されるのは一見，異様に思われるが，郑张尚芳（1995）によると，舒声の「促化現象」は，呉方言，江淮方言，（山西方言を中心とする）晋方言，贛方言，閩方言，湘方言等の白話音において多く見られる現象であるという。
注49　この一例のみではわからないが，普通話では，已然の事柄を表す文に"他"を使用することができないため，普通話とはやや用法に差異がある可能性がある。

ず，単数形の"伊"を用いることが多いという。徐・刘（1998）は，上海方言の主題化構文の一つに"伊"が主題を複指するものがあるとして，以下のような例を挙げている。

(2-28) 搿杯酒侬总归要吃脱伊。（普：这杯酒你总得喝了［它］。）
　　　（この酒は，何が何でも（コイツを）飲んでもらうぜ。）
(2-29) 老王我去年碰着过伊个。（普：老王我去年碰到过［他］的。）
　　　（王さんなら僕は去年（彼に）ばったり会ったことがある。）

　徐・刘（1998）はこのように使用される"伊"を専用の複指代名詞（proform）と呼び，一般に使われる人称代名詞とは同じ形式であるが，同等に扱うべきではないとしている。なお，このような複指形式が最もよく使用されるのは，命令文や意志文等であり，このような構文は，普通話と比べ，上海方言では多用されるとしている[注50]。

(2-30) 地板侬去拖拖伊。（普：你去拖一下地板。／地板你去拖一下。／
　　　 ?地板你去拖拖它。）
　　　（床板，おまえ（コイツを）拭いておくれ。）
(2-31) 老酒拿伊吃脱。（普：把酒喝了。／ ?酒把它喝了。）
　　　（老酒，（コイツを）飲んでしまえ。）

　石汝杰（1999）も蘇州方言の三人称代名詞"俚"について，上海方言と同様，通常は目的語の位置に用いられ，指示対象が複数であっても複数形を使用することはできないとしている。

(2-32) 搿点苹果烂脱了，丢脱俚吧。（普：这些苹果烂了，丢了它吧。）
　　　（このリンゴはみな腐ってしまった。（コイツを）捨ててしまえ。）

注50　徐・刘（1998）は，上海方言に対応する普通話で"它"を使用した例文を自然な表現とは考えていないようであるが，話し言葉では，普通話でもこのような構文は比較的多く使用されていると思われる。

石汝杰（1999）によると，"俚"には上海方言と同様の「虚指」用法があり，主に強調の作用をもつという。

(2-33) 有空末，地扫扫俚！（普：有空的话，把地扫一下！）
(時間があったら，床を掃いてちょうだい！)

また，普通話でみられる"走他一趟（ひとっ走りしてこよう）"のような「虚指」用法はほとんどみられないが，"管他（かまうものか）"に対応する"管俚"のほか，"还俚"という表現があり，ある動作に対する話し手の不満や意外に思う気持ちを表す。

(2-34) 日脚丈难过，叫啥还唱还俚曲子来。
（普：日子这么难过，他居然还唱小曲呢。）
(暮らしがこんなに苦しいっていうのに，あの人ったら小唄なんて歌っちゃって。)

同じく呉方言に属する浙江省の海塩通園方言では，三人称代名詞は人専用であり，動物や事物を指す場合には，指示詞（＋量詞）を使用するという（胡明扬, 1957）。
さらに，戴耀晶（1999）によると，贛方言に属する泰和方言の三人称代名詞"渠"は，動物や事物を指示することができるが，はじめに指示対象に言及する時には"渠"は使用できず，通常は目的語の位置にのみに限られる。ただし，人間を指示する場合にはこれらの制限はない。

(2-35) 你把格碗饭吃刮渠。
（あんた，この茶碗のご飯，（コレを）食べてしまいなさい。)
(2-36) 我养矣三只鸽子，日日早辰要喂渠禾。[注51]

注51　戴耀晶（1999）は述べていないが，この例では，指示対象が複数であるにもかかわらず，代名詞に複数のマーカーがついておらず，おそらく，泰和方言では動物や事物には複数のマーカーは適用されないものと思われる。

(うちは鳩を三羽飼っているんだが，毎朝ソイツに餌をやらなきゃいけない。)

　閩方言に属する汕頭方言の三人称代名詞については，施其生（1993, 1999）に詳しい。汕頭方言の三人称代名詞"伊 [i³³]"は，人間とともに動物や事物を指すこともできるが，動物や事物を指す場合には，直示的用法はなく照応的用法のみであり，そのため，"伊"が主語または主語の連体修飾語となる場合は人間以外のものを指すことはできず[注52]，その他の位置にある場合に限って動物や事物を指すことができるという。

(2-37)　者茶你未食着做呢就知伊孬食？（普：这茶你还没喝怎么就知道它不好？）
　　　（このお茶，あんたまだ飲んでもいないのに，何でソレがまずいって分かるのよ。）

　さらに，"伊"には「虚指」用法がある。

(2-38)　打理伊流□ [ti³⁵] 啊是流洘,去了正来！（普：管他涨潮还是退潮,去了再说！）
　　　（満ち潮だって引き潮だって構うものですか。行ってから考えましょ！）

　施其生（1993, 1999）によれば，例文中の"伊"の指すものは後続する事柄を指しており，「虚指」であるため省略することも可能で，この種の"伊"は少数の熟語性の高い"打理伊","待伊","随伊（"由他"の意）"等，"動詞＋伊"の形式でのみ使用されるという。さらに，このような「虚指」用法により"伊"には機能語としての役割が生まれ，次のような例文の中で"佮伊"という形式が副詞として使用されるという。

注52　例文を見る限り，少なくとも，主節以外の主語には使用できるようである。

(2-39) 対伊佮伊卖掉去。(把它给卖掉了。)
　　　(アイツを売ってしまった。)

"佮伊"は普通話の前置詞句"把他（它）"に相当するものであるが，その前にある"対伊"も同じく"把他（它）"を表すものであり，"佮伊"はここでは余剰成分となって，ただ，「どうこうする」という部分を強調する作用を持つのみであること，前にどのような人称が来ようと"伊"を用いることが指摘されている。

項梦冰（1992a）によると，客家方言に属する連城（新泉）方言には三人称代名詞"佢[注53]"に「虚指」用法があり，普通話でも使用される「動詞＋三人称代名詞＋数量詞」の形式で，

(2-40) 尔也唱佢一首！（普：你也唱他一首！）
　　　(お前も一曲歌えよ！)
(2-41) 咱也食佢一个！（普：咱也吃他一个！）
　　　(私たちも一つ食べましょうよ！)

のように使用され，実際の指示機能は持たないものの，それにより，生き生きとしてあか抜けた文になるという。

さらに，香港で話される粤方言の三人称代名詞"佢"についてみると（张双庆，1999），"佢"の用法は，普通話の"他／她／它"とほぼ同じであるが，命令文の文末について，命令の語気を表すという特殊用法を有する。この用法による三人称代名詞は，普通は目的語を繰り返すものであり，繰り返すことにより語気を強める作用が生まれるという。

(2-42) 唔该你锁埋度门 佢。（普：麻烦你把门给锁上吧。）
　　　(すみませんが，ドアに鍵をかけてください。)

このように，方言によって動物，事物等を指示する三人称代名詞の用

注53　方言字。"渠"に同じ。

82

法は異なるが，共通する点も多くある。以上に挙げた方言の特徴を簡潔にまとめると，次のような傾向がみられる。

(1) 北京方言には，主語の位置に使用される例が多く見られ，「虚指」と解釈される用法にも主語の位置に来る例が見られる。その他の方言では，主語の位置に使用されることは稀で，多くの場合，目的語の位置に使用される。ただし，従属節の主語や，目的語位置で主述句の主語となる例は比較的多く見られる。
(2) 多くの場合，命令文，反語文に使用される。
(3) 多くの場合，文の主題，"把"などの前置詞の目的語を先行詞とする。命令文に使用される場合には，命令の語気を強めるはたらきをする。ただし，この用法は「虚指」用法と解釈される場合もある。
(4) 指示対象が複数の場合でも，複数のマーカーをつけないことが多い。
(5) どの方言にも「虚指」と解釈される用法が見られる。その形式には以下のようなものがあり，この場合，絶対に複数のマーカーをつけない。
　1. "管它［他／伊／渠］！（かまうものか！）"に代表される熟語的表現。
　2. "動詞＋它［他／伊／渠］＋数量詞……"の形式をとり，「やってやろうじゃないか！」といった話し手の意気込みを表す。
　3. "動詞＋了（方言によっては"掉"，"脱"，"刮"等）＋它［他／伊／渠］！（……してしまえ！）"の形式をとり，忠告や命令等に使用され，ある動作の完了を促すことを表す。

2.3.2　話し言葉にみられる"它"

　現在，話し言葉においてみられる"它"の用法には，「欧化」により中国語にもたらされた用法と，中国語本来の用法が混在していると考えられる。ここでは，話し言葉における特徴を中心に観察し，2.3.1でみた近代中国語や諸方言における特徴とを併せみることにより，中国語に

おける"它"の本来的な用法を明らかにしたい。

2.3.2.1　話し言葉とは

　本論で述べる話し言葉とは，基本的には普通話として認識される話し言葉のことを言うが，実際にはこれは非常に曖昧な定義であり，また，"汉语口语（中国語の話し言葉）"というと，それはすなわち北京方言を指す，と考えられることが多い。赵元任（1979）の《汉语口语语法》では，"本书书名中的'汉语口语'指的是二十世纪中叶的北京方言，用非正式发言的那种风格说出来的。（本書の書名にある「漢語口語」とは 20 世紀中葉の北京方言で且つ正式でない発言というスタイルで話されるものを指す。）"と述べられており，また，陈建民（1984）の著した《汉语口语》でも，"这里说的汉语口语是指二十世纪八十年代的北京口语，而排除其中过时的俚俗成分。（ここでいう「漢語口語」とは 20 世紀 80 年代の北京方言の話し言葉を指すが，その中のすでに使用されない俗語は除く。）"と述べられている。人工的に作られた普通話にそもそも話し言葉というものは存在しないという考えは現在もあり，実際に普通話と北京方言には重なる部分が多いため，両者を区別することは難しいものの，現在は普通話が中国全域にかなり普及していること，国民がある特定の地域に固定されず比較的自由に移動することが可能になりつつあること[注54]，マスメディアが著しく発展したこと等を考えると，普通話における話し言葉も存在すると考えてよいであろう。したがって，本論でいう「話し言葉（口語）」とは，基本的には「普通話における話し言葉」を指し，普通話の話し言葉における動物や事物等を指す三人称代名詞"它"の特徴について観察することにする。ただし北京方言の特徴として述べられているものでも，普通話の特徴としても容認されるものについては，普通話と同様に扱うことにする。

　では，なぜ書き言葉ではなく話し言葉について述べるのか。なぜ書き

注 54　現在は地方から都市部への人口移動が激しく，特に都市部の言語は，他方言との接触により，短期間で大きく変化を起こしている。また，さまざまな方言を話す人間が流入してきたことが，都市部での普通話の普及を促進したものと考えられる。

言葉と話し言葉を分けて論じなければならないのか。

　従前の"它"に関する記述では，多くの場合，話し言葉と書き言葉との差異が考慮に入れられていなかった。確かに，"它"に関して，話し言葉における用法と書き言葉における用法とを完全に分離させて論じることは困難である。話し言葉と書き言葉との関係は，特に現代においては，両者の歩み寄りの結果，非常に密接なものとなっている。陈建民（1984）は，両者の関係について次のように述べている。

> 口语就是人们在现想现说的情况下，借助各种辅助手段的口头语言，基本上是用非正式讲话的风格说出来的话；它包括口语本身（指零零碎碎的话），也包括口语表达（指连贯的话）。口语是书面语的基础，书面语是口语的加工形式，它们各自按照不同的规律发展下去，成为既相同又不相同，既接近又不接近的两种言语的功能体系。
> （話し言葉（口語）はその場で考え話すという状況の下，各種の補助的手段を借りた口頭言語であり，基本的には正式ではない話し方で話された言葉である。それには口語そのもの（まとまりのない話）が含まれ，また口語表現（つながりのある話）も含まれる。話し言葉は書き言葉の基礎で，書き言葉は話し言葉を加工した形式である。両者はそれぞれ異なった法則により発展し，同じであって同じでない，近くて近くないという二種類の言葉の機能的体系である。）

　このように，話し言葉と書き言葉は密接な関係を持ち，一つの連続体（continuum）をなすものであるが，先にも述べたように，「欧化語法」は基本的に書き言葉に大きくはたらきかけたものであり，話し言葉に与えた影響は比較的少ない。したがって，主として話し言葉を観察することにより，中国語本来の用法がより明確になると思われる。

2.3.2.2　話し言葉の特徴と"它"の使用

　"它"は「欧化」と解釈される用法を除き，話し言葉に用いられることは稀である，というのがこれまでの比較的一致した考えである。しか

し，実際の談話等を観察したり，用例を収集して分析してみたりすると，話し言葉における"它"の使用頻度が書き言葉よりも低いという事実は認められず，また実際には，話し言葉における"它"の用法は書き言葉よりも多く複雑であることがわかる。

特に受け手がNP_1の位置にくるような主述述語文[注55]について，呂叔湘（1986）は，おそらく，ある事物（人を含む）がまず頭に浮かぶと思わず口に出してしまい，その後の言葉をどのように組むかを考えることになる。本構文の語順は基本的にこのような人間の思想のプロセスを反映したものである，と述べている。马贝加（1988）も，会話では，まずある語が思いつき，それをふと口にしてしまったために，話しながらその後の話を組み立てる，という可能性はきわめて高いと呂氏に同調したうえで，文章の場合はほとんどが何度も修正が加えられており，その語順は必ずしも「思想のプロセス」を反映したものではないと述べている。

陈建民（1984）は，話し言葉（口語）の統語的特徴について述べており，そのうち"它"と関わるものについては次の二点が挙げられる。一つは，話し言葉は一文一文が比較的短いこと，もう一つは，話し言葉の文には間（ポーズ）や"啊，吧"等の語気詞が多用されることである。一つ目の特徴について，陈建民（1984）は，"以上这些新兴的书面语格式的势力正在扩展（以上のこれら新興の文語体の勢力はまさに拡大しているところである）"という文を例に挙げ，会話の場合，一文内に続けて"的"があると，"以上这些新兴的书面语格式，它的势力正在扩展（以上のこれら新興の文語体，ソレの勢力はまさに拡大しているところである）"のように，普通，二つ目の"的"を落とし，人称代名詞"它"を前の語の複指要素（照応詞）として使用して，複指要素（照応詞）と被複指要素（先行詞）との間にはポーズが置かれる，このようにやや長い一文を二つに分けるのは会話の文体に合ったものである，と述べている。また，二つ目の特徴についても，会話ではポーズが多く，「ポーズ」を

注55　日本語の「彼女は目が大きい」「私は猫が好きだ」「あの絵は私が描いた」のように「NP_1はNP_2が～」の形式をとるものを，中国語では主述句が述語になっていると捉え，主述述語文（"主谓谓语句"）と呼ぶ。ただし，この構文のNP_1の解釈をめぐっては日本語でも中国語でも議論が続いている。

表す語気詞"啊，吧"等はポーズのあるところに入り込むこと，日常の会話では「語気詞＋ポーズ（啊［吧］，……）」の形はよくみられるが，加工の施された口語体の作品においては，句読点を用いるだけで，ポーズを表す語気詞は通常，削除されてしまうことを指摘している。この二つの特徴は特に"它"に関して述べられているものではないものの，"它"の使用と密接に関わっている。"它"の使用とポーズとの間には非常に密接な関係があるのである。陈建民（1984）の指摘をもとに次の2例を挙げる。

(2-43) 警察：咱们这个岗亭子 ， 它也不是说咱们专门为了设卡子来这个刁难老百姓的岗楼，是不是？ 咱们站这儿的目的就一个，疏导交通，对吧？　　　　　　　　　《编辑部的故事》
(この立硝ボックス ， コイツだってわざわざ検問所を設けて一般市民に難癖つけようとする見張り台じゃないだろ？ 我々がここに立つ目的は一つ，交通整理，そうだろ？)

(2-44) 刚才说的是曲调。唱腔 呢， 它是以徽调的'二黄'和汉调的'西皮'为主。过去人们管京剧叫'皮黄'，你知道吗？…（略）…
　　　　　　　　　　　　　　　　　　　　　　　　　《北京爷》
(さっき話したのはメロディについてだ。節回しは な， コイツは徽調の「二黄」と漢調の「西皮」を中心としているんだ。以前はみんな京劇のことを「皮黄」って呼んでたんだ。知ってるか？)

このように，話し言葉においては"［主題］＋語気詞（啊），它……"という形式が比較的多用されているが，もし"岗亭子（立硝ボックス）"や"唱腔（節回し）"の後にポーズがなければ，"它"は必ずしも用いる必要はない。また，この種の"它"はポーズを表す語気詞とともに，書き言葉においては通常削除されてしまうため，たとえ口語体で書かれた小説であったとしても，この種の"它"が現れることは稀である[注56]。と

注56 施光亨（1995）は，口語体で書かれた小説と文語体で書かれた小説とを比較し，"它"は文語体で書かれた小説により多く用いられる，と述べているが，この例からも明らかなように，そのような比較は必ずしも有効なものとは言えない。

いうことは，実際の談話がどのようになされていたかを文章を通してしか窺い知ることのできない近代中国語においても，このような"它"が使用されていた可能性があり，近代中国語に用例が少ない，または見られないからと言って，現在みられる"它"の用法は近代中国語には見られなかったと断言することはできない。

2.3.2.3　話し言葉におけるその他の"它"

"它"は上記に挙げた例のほか，主として次のような構文に多用されている。

(1) 命令文等において目的語の位置に使用される。

(2-45)　周倩如：你还吃着橄榄！
　　　　黄碧华：（不愿放弃）我……我……
　　　　周倩如：吐了它，吐了它！　　　　　　　　　《银星梦》
　　　　（周：あんたまだオリーブ食べてるの！　黄：(捨てたくなくて) 私…私……。周：(ソレ)を吐き出しなさい！吐き出しなさいよ！）
(2-46)　炊事班长又指住碗道："下糖的，喝完它。"　　　《第三只眼》
　　　　（炊事班の班長はまた碗を指さして言った。「砂糖を入れた。(コイツ)を飲んじまえ！」）

通常の用法であれば，通常，明示的な先行詞を必要とするが，この用法は，必ずしも先行詞を必要とせず，研究者によって「虚指」用法とも言われる。先行詞が明示的である場合は，文の主題の位置に来ることが多く，"它"は主として主題に照応する。この点では，上述の"[主題]＋語気詞（啊），它……"と似通ったものといえる。このような構文は通常の命令文に比べ，より強い口調となることが特徴である。また，同じように命令文に使用されるが，次の例のように一風変わったものもある。

(2-47)　珍珍：爸爸，让娟老师住我们家吧。她一个人住幼儿园，夜里会
　　　　　　害怕的。
　　　　秀娟：珍珍，老师不会害怕的。
　　　　戴寻：<u>这</u>是我家门上的钥匙，请你收下<u>它</u>。…（略）…
　　　　　　　　　　　　　　　　　　　　　　　　《听力篇（下）》
　　　　（珍：パパ，娟先生にうちの家に泊まってもらいましょうよ。先生一
　　　　人で幼稚園に泊まるなんて，夜きっとこわいに違いないわ。　秀：
　　　　珍珍，先生は怖くないわよ。　戴：<u>これ</u>はうちの家の鍵です。<u>コレ</u>
　　　　をお受け取り下さい。）

　この例では，"它"をゼロ代名詞に置き換える，つまり省略することも可能であり，実際にはゼロ照応のほうがより一般的な表現であるが，"它"を付したほうがより丁寧でフォーマルな表現となる。ここでは，"它"が付されることにより話し手の受け取ってほしいという積極的な気持ちが強められ，結果的に，相手に対する敬意を表すものとなると考えられる（第3章で詳述する）。

　（2）反語文や否定の命令文で目的語の位置に使用される。

(2-48)　母亲：我当初跟你爸爸结婚的时候，都是把娘家的味道渐渐变成
　　　　　　你爸爸家的。
　　　　父亲：<u>这些话</u>还提<u>它</u>干什么？现在是什么时代了？
　　　　　　　　　　　　　　　　　　　　　　　　『NHK中国語会話』
　　　　（母：私はねお父さんと結婚した当初，実家の味付けを全部，徐々に
　　　　お父さんの家の味に変えていったのよ。　父：そんな事今頃（<u>ソイ</u>
　　　　<u>ツ</u>を）持ち出してどうする気だ？今どんな時代だと思ってるんだ？）
(2-49)　公公：闺女，过来，我跟你说句话。
　　　　媳妇：爸，<u>这事儿</u>都了了，您，您就别老提<u>它</u>了。
　　　　　　　　　　　　　　　　　　　　　　　　《编辑部的故事》
　　　　（舅：娘や，おいで，おまえに話しがある。　嫁：お父さん，<u>あの事</u>

はもう終わったことなんですから，もうソンナコトを持ち出さないで下さいよ。)

　これらの用法も,「虚指」用法との境界線を引きにくいものであるが，きわめて口語的な話し言葉で多用されており，話し手の指示対象に対する否定的態度が強く前面に現われる。"它"を使用することにより，これらの構文は話し手の強い感情を帯びるのである。

　(3) "就是它"の形式で現われる。
　この種の"它"は，特定の形式,すなわち"就是它"の形式での現われ，ある具体的事物または概念や抽象物を指示するように思われるが，実際には，話し手の信念の世界にあるものを指示対象とする。

(2-50)　趙　力：请问，你们发现了一块手表吗？
　　　　营业员：你丢哪儿了？
　　　　趙　力：可能就掉在柜台周围了。
　　　　营业员：你的表是什么牌子的？
　　　　趙　力：西铁城的。
　　　　营业员：你看看，这块是不是你的？
　　　　趙　力：啊，就是它。　　　　　　　　　　　《口语篇》
　　　　(趙：すみません，腕時計は落ちていませんでしたか？　店員：どこでなくしたのですか？　趙：たぶんカウンターの辺りだと思います。店員：時計はどちらのメーカーのですか？　趙：シチズンのです。店員：ご覧下さい。これ，お客様のではございませんか？　趙：あー，コイツです。)

　詳しくは第4章で述べるが，ここでは，趙力が捜していた自分の腕時計が見つかった時に"就是它"が使われている。ここで，指示詞を用いて"就是这块"ということも可能であるが，その場合，"它"と指示対象が異なり，"它"が話し手の信念世界に存在する自分の腕時計を指す

のに対し,"这块"は,談話の場にある腕時計を指示することになる。"它"の指示対象は話し手しか知り得ず、また，往々にして話し手が必死に捜し求めていたものが得られたときに発せられるもので，内言の延長上にあるものと考えられる。それだけに話し手の指示対象に対する特別な感情を表すことになる。次の例も同様である。

(2-51)　爷爷：噢，我说错了，人家是叫小说，小说是叫这个《春》…《春》…哎哟，你瞧我把名字又给忘了。《春》…《春》…，反正，反正是和睡觉有点关系。这个《春》…《春》什么？
　　　　戈玲：《春梦》。
　　　　爷爷：噢，对对对，没错，就是它。　　　《编辑部的故事》
　　　　(爺：ああ言い間違った。あの人は確か小説と言ってた。小説はええっと『春』…『春』…あれまあ,わしゃまた名前を忘れちまったよ。『春』…『春』…，と,とにかく寝ることと何か関係があったんだ。ええっと『春』…『春』何だったかな？　戈玲：『春夢』。　爺：ああ,そうだそうだ，間違いない。ソイツだよ。)

(4) 主に主語の位置に使用され，話し手の腹立たしい気持ち等を表す。
　上記以外に，話し言葉には，主として話し手の腹立たしい気持ちや困惑を表す用法がある。この場合の指示対象は多くの場合，具体的事物であり，抽象的事物ではない。

(2-52)　A：您这个录音机怎么了？
　　　　B：您看，昨天我听录音听了半截儿，它就突然不动了，不知是怎么回事。　　　　　　　　　　　　《听力篇（上）》
　　　　(A：このテープレコーダーどうしたんですか？　B：見てください。昨日僕がテープレコーダーをかけていて半分ほど聞いた頃に，コイツったら急に動かなくなってしまったんです。どうしちゃったんでしょう。)

ここで"它"を省略，すなわちゼロ代名詞に置き換えても差し支えないが，置き換えることにより，上述の強い感情が薄れることになる。
以上見たように，話し言葉において多用される用法は，多くの場合，何らかの強い感情を伴う。このほか，「虚指」用法とも解釈されることのある[注57]"動詞＋它＋（数）量詞"（"睡它一覚"，"吃它个痛快"）や"管他！"等きわめて口語的な話し言葉において用いられ，書き言葉には通常使用されない。

2.3.3　「欧化」以降の"它"
2.3.3.1　「欧化」以降の"它"の用法

　2.3.1，2.3.2 で観察したように，近代中国語，現代中国語の普通話や各方言の話し言葉などにおいて多く見られる"它"の用法には共通する点が多い。"它"は多く，命令文，反語文，否定文等に使用され，主題となっている名詞句などを先行詞として照応する場合を除き，平叙文に使用されることが少なく，また，話し手の何らかの強い感情を表すという共通点であるが，これがすなわち中国語本来の"它"の姿であろうと考えられる。もちろん，現在，話し言葉においても「欧化」による影響以外に新たな用法が生まれており，それ自身が発展をしつづけているという事実を無視することはできないが，動物，事物等を指す用法は，基本的には近代中国語において使用されていたものをそのまま受け継いでいると考えてよい。
　「欧化」以降に多用されるようになった用法については，大きく二種類に分けることが可能である。一つは，中国語が本来有していた用法であるものの話し言葉以外では多用されなかったもの，もう一つは，「欧化」によってできたものである。まず，前者については，"把"構文におい

注57　何を「虚指」用法と見るかについては，研究者によって意見が異なる。第１章で述べたように，"管他！"や"動詞＋它＋（数）量詞"の形式をとるものは，ほぼ一致して「虚指」とされるが，主題に来る名詞句などに照応する用法"[主題] ＋語気詞,它……"や"[主題]＋動詞＋了（"完"，"掉"等）＋"它"における"它"については,文の余剰成分であるため「虚指」とみられることもある。本論では，後者を「虚指」とはみなさず一定の指示機能を持つと考え，また，"管他！"のような形式をとるものについても，多くの場合，指示機能を持つものとみなす。

て前置詞"把"の目的語となる例がもっとも多くみられる。この用法は「欧化」以前より存在するもので，呂叔湘（1985）は清代の例として次の例を挙げている。

(2-53) 你拿此票到興隆鎮把他（＝衣裳）贖回来。　　《三俠五義・34》
(この券を持って興隆鎮に行き，アレ（＝質入れした服）を請け出してくるんだ。)

同じく清代の小説『紅楼夢』にも"把"構文に使用される例が見られる。

(2-54) 宝玉笑道："好,好,来把这个花扫起来,撂在那水里。…（略）…"林黛玉道："撂在水里不好。你看这里的水干净,只一流出去,有人家的地方脏的臭的混倒,仍旧把花遭蹋了。那畸角上我有一个花冢,如今把他扫了,装在这绢袋里,拿土埋上,日久不过随土化了,岂不干净？"　　　　　　　　　　　　　　　　＝(1-58)
(宝玉は笑って言った。「さあさあ，この花びらを掃き集めてあの水の中に投げ入れてください。…（略）…」林黛玉が言った。「水の中はだめよ。ここの水はきれいだけど，それが流れていって人家のあるところに行くと汚いものや臭いものがいっぱい。やっぱり花を踏みにじることになります。あそこの隅のほうに私，花塚を作ったんです。これからコレを掃き集めて，この絹の袋に入れてあそこに埋めることにしましょうよ。日が経てばいつか土に還るでしょう。そのほうがきれいじゃなくて？」)

ただし，「欧化」以前の用例はさほど多くなく，「欧化」以後，急激に使用頻度が高まったものと思われる。現代の例としては次のようなものがある。

(2-55) 韩湘子：云$_i$在天上，我可以把它$_i$移来移去；日$_j$在东方，我能把它$_j$掇到西边，这就叫移云掇日。　　《八仙外传》

(雲ⱼは空にあるが，俺はアイツⱼを自由に動かすことができる。旦ⱼは東にあるが，俺はアイツⱼを西に動かすことができる。これを移雲撥日という。)

このほか，「～であれば…である」や「～でもって…する」といった意味合いを持つ複文の中で"它"が使用される例も「欧化」以前よりあるものの，さほど多用されておらず，それまではもとの名詞句やゼロ代名詞等を使用するのが通常であったのが，「欧化」以降は代名詞"它"を使用する傾向が強くなっている。

(2-56) 宝玉扎手笑道："从来没听见有个什么'金刚丸'。若有了'金刚丸'，自然有'菩萨散'了！"说的满屋里人都笑了。　　《红楼梦・28》
(宝玉は手を広げて笑いながら言った。「今まで『金剛丸』なんていうのがあるなんて聞いたこともございません。もしも『金剛丸』があるなら，当然『菩薩散』ってのもあるでしょう！」と言ったものだから部屋中の者が一同に笑った。)

(2-57) 布朗先生一边翻着报纸，一边跟小李说，"最近出版的《中国日报》是很受欢迎的，特别是对不能阅读中文报纸的人，有了它就可以及时地知道中国的消息了。"　　　　　《实用汉语课本Ⅲ》
(ブラウン氏は新聞をめくりながらシャオリーに言った。「最近出版された『中国日報』はとても評判がいいよ。特に中国語の新聞が読めない人にとっては，コレがあればタイムリーに中国の情報を知ることができるからね。」)

(2-58) 余德利：李冬宝，你不是喜欢照相吗？　我好好给你置备一套目前世界上最先进的照相机。
李冬宝：哎哟。
余德利：哎，你背着它绕世界转去，啊，只要读者喜欢的，甭管多远，买张飞机票，去。　　　《编辑部的故事》
(余：李冬宝，君は写真を撮るのが好きじゃなかったか？俺がちゃ

んと君のために今,世界最先端のカメラを一式用意してやるよ。 李:おやまあ。 余:いいか,ソレを肩にかけて世界中を駆け巡るんだ。読者に受けるものだったら,どんなに遠かろうと飛行機のチケットを買って,行くんだ。)

　"它"が従属節等の主語の位置に現われる例もやはり唐代よりみられるが,用例の少なさからみて,さほど多用されていなかったようである(ただし,前述したように,きわめて口語的な表現であったために書き言葉になると省略されてしまった可能性もある)。これも「欧化」以降には比較的多くみられるようになる。

(2-59)　娜　如:(闻粥)哟! 这是什么米哇?
　　　　阿　南:这是我们向来用的米,十二块钱一包的呀!
　　　　娜　如:这个米糠味太大了,再说煮粥也要用一点儿好米,鲍家的米煮出粥来,一粒一粒都有豆芽菜那么长!
　　　　马金川:什么豆芽菜豆芽菜,我们并不觉得它有什么糠味。
　　　　　　　　　　　　　　　　　　　　　　　　　《天罗地网》[注58]
(娜:(お粥の匂いをかいで)まあ! これは何て米よ? 阿:これはうちでずっと食べてる米じゃないか,一袋12元の。 娜:このお米,ぬかの匂いがきつすぎるわ。それに,お粥を作るにしたってもっといいお米を使わなきゃ。鮑さんの家のお米なんてね,お粥にすると一粒一粒がモヤシみたいに長いのよ! 馬:何がモヤシモヤシだ。わしらはコイツに何のぬかの臭いも感じないぞ。)

(2-60)　"废话,香蕉皮儿本来是黄色的,现在它成黑的了。人们当然要怀疑它是烂的。你买香蕉,是不是也得看皮儿呀?"凤琴瞪了他

注58 《天罗地网》は英国の作家 Jeffrey Dell の "Payment Deferred" を翻訳,改編したものであり,本作品において主語の位置に"它"が比較的多用されているのは,翻訳の影響も少なからず考えうる。本作品が収められている《中国沦陷区文学大系 戏剧卷》(1998,朱伟华选编)は,主として第二次世界大戦中に日本占領した地域で生まれた戯曲を集めているが,《天罗地网》を除き,主語の位置に"它"が使用される例はほとんどない。当時は,特に話し言葉において,主語の位置に"它"を使用することがまだ多くなかったものと考えられる。

一眼。　　　　　　　　　　　　　　　　　　　　《北京爷》
(「何言ってんのよ。バナナの皮はもともと黄色なのに，コレは黒くなっちゃったのよ。当然みんなコレは腐ってるんじゃないかと思うじゃない。あんたがバナナを買う時だって皮を見るんじゃないの？」鳳琴は彼をにらみつけた。)

　では，「欧化」によって生まれた用法にはどのようなものがあるのであろうか。"它"が従属節などの主語となる例は上述の通り，「欧化」以前，早くは唐代にすでに見られるが，主節の主語の位置にくる例は「欧化」以前にはほとんどみられず，2.2.3で挙げたとおり，これは「欧化」による影響が大きい。北京方言においてみられる主語の位置の"它"は2.3.1.2でみたように，多くの場合，複文中に現われ，前の句と後の句をつなぐ連接機能を持つが，「欧化」によるものは，そのような制限はない。また，「欧化」以前の"它"は，単純疑問文，平叙文に使用されることは極めて少なかったのに対し，「欧化」以降，中国語の文体の変容に伴って書き言葉においても多用されるようになり，単純疑問文や平叙文の主語，目的語の位置にも使用されており，近年，話し言葉においても次第に容認度が高まっている。そして何よりも，「欧化」以前の"它"には，多くの場合，話し手の何らかの強い感情が付与されるのに対し，「欧化」以降の"它"は話し言葉における一部の用法を除いて，そういった感情を伴わない，という点で，両者は大きく異なっている。

　"它"が"的"を伴って連体修飾語となる形式は，話し言葉では現在でも使用されることが少ないが，1.2.3で述べた"tā"の不定代名詞としての用法が形式化（熟語化）したことから，三人称代名詞との拮抗関係が崩れてきたこと，また，2.2.3で述べたように，"之"や"其"の書き言葉での使用が激減したことに伴い，"它的"が書き言葉において次第に多用されるようになったのではないかと考えられる。

　「欧化」以降，"它"の使用頻度は，書き言葉においても話し言葉においても明らかに増加している。これは，この数十年のうちに抽象的概念を表す語や科学技術用語等が大量に生み出されている，すなわち中国語

の名詞クラスの成員が急速に増えていることとも少なからぬ関係があるように思われる。なぜなら"它"は基本的に名詞句を先行詞としてそれを承けることを職としている語であり，承ける対象が増えれば，必然的に"它"の使用も増えるからである。

2.3.3.2　"它们"の書き言葉と話し言葉における用法の差異

2.2.2 では，"它"の複数形"它们"の成立と発展の状況について考察した。ここでは，"它们"が現在，実際にどのように運用されているかについて，書き言葉と話し言葉それぞれの特徴を考察することにする。

従来，「欧化」によって造られた"它们"は主に書き言葉のみに使用され，話し言葉においては用いられず，特に目的語の位置には決して使用されない，と言われて来た。この語が造られた当初は，中国語はまだ「数（number）」の区別に関してさほど或いは全く敏感ではなかったために，その使用は書き言葉に限られていたのであろう[注59]。しかし，それから約80年を経た現在，実際の発話の中で"它们"を用いることは決して少なくはなく，目的語の位置にも用いられている。それは，中国語が「数」の区別に関して次第に敏感になっていることを示すものであり，また，"它们"の使用に関する様々な制限も次第に緩んでいることを表す。

"它"と"它们"は現在も未分化の状態にあるものの，指示対象が明らかに複数と分かっているにもかかわらず"它们"を用いないと，かえって不自然であったり，甚だしくは誤用ともなる。次の例は，小説の会話部分からの引用である。

(2-61)　他抖出了一张名片："我叫杨哭，是乔可的好朋友。我是来看<u>你</u>的画的。它们（它）在哪里？"　　　　　　　　　　　《手上的星光》

注59　日本語にも同様の現象が見られる。書き言葉，話し言葉において，人を指示する場合には必ず複数のマーカーをつけなくてはならならず，二人の子どもを指して，「この子たち（*この子）を連れて行きなさい。」のように言うのに対し，事物等を指す場合には，話し言葉においては複数のマーカーをつけず，例えば二冊の本を指して，「{これ／この本}を持って行きなさい。」と言い，「{?? これら／?? これらの本}を持って行きなさい。」というのはやや不自然である。このような現象は，日本語が，「有生性」の低いものの数の区別に対して敏感でないことを表している。

(彼は名刺を一枚取り出して言った。「僕，楊哭。喬可の親友さ。君の絵を見に来たんだけど，(ソレは) どこにあるの？」)

この例は，楊哭がある画家の家を訪ねた際に言った台詞であるが，画家の書いた絵が一枚に限らないことを知っているため，ここで"它"を用いることはできない。また，すぐ前に"你的画(君の絵)"があるために，再度"你的画"あるいは"画"と言うと，冗長な表現となる[注60]。つまり，この位置には"它们"を用いることが最も自然となる。更に，

(2-62) 我笑了，春红的孩子气十分可爱。"你这跟百万英镑的差距未免大了点。"我摸了摸两张钞票说，"我敢打赌，你用这买东西，所有的小商小贩对它们（＞它）珍惜的程度都不会超过对待一捧烂杏。""那我就自己拿着玩。""你可别把它们（＞它）折旧了。"

《伪币制造者》

(僕は笑った。春紅の子どもっぽさがとても可愛く思えた。「君のこれと百万ポンドじゃ月とスッポンだよ。」僕はその2枚の紙幣を撫でながら言った。「君がこれで買い物をするとするだろ，どんな商売人にだって，(ソイツを) 絶対無下に扱うに決まってるよ。」「それじゃ，私，自分で持っておくわ。」「でも，ソレを折るんじゃないよ。」)

ここでの指示対象は，春紅の大切にしている2枚の50元の新札であり，確実に複数であることが分かっているため"它们"を用いているが，(2-61)と比べると，やや"它"を用いることの許容度が高まる。それでも，やはり"它们"を用いるのがより自然な言い方となる。ただし，ここでは，指示対象が春紅の大切にしているものであるために愛着を込めて"它们"を用いている，というわけではなく，あくまでも，話し手が指示対象をどのように認識しているかによっている。更にもう一つ例を追加する。

注60　ただし，"画"は，"它"と発音する場合と発音の労力が変わらないためか，"你的画"に比べ許容度が高い。

(2-63) 老師：比如说费亚丽，她的汉语听力就不错。她在预习生词的时候，不是像有的学生那样，听一遍、看一遍就完了，而是先弄懂每一个生词的意思，然后请中国朋友说几个带有这些生词的句子，并把它们（≧它）录下音来，反复听好几遍。
《听力篇（上）》
(例えばフェアリー，彼女の中国語のヒアリング能力はすばらしい。新出単語を予習する時には，一回聴いただけ見ただけで終わり，という学生と違って，先ず，一つ一つの単語の意味を理解してから，中国人の友人に幾つかその単語を使った文を言ってもらって，ソレを録音して何度も何度も聴くんだ。)

(2-63)では，「中国人の友人に頼んで読んでもらった，新出単語を用いた幾つかの文」が指示対象となっている。ここでは，"它们"と共に"它"の使用も十分に可能となるが，"它们"を用いる方が依然として優勢である。

このような"它们"の用法は，どれも従来の説によれば容認されないはずであるが，ここでは全てごく自然に用いられている。では，この3例の中で用いられる"它们"と"它"との使用の選択はどのようにして決まるのであろうか。これには「有生性(animacy)」と「顕著性(saliency)」が関わってくるものと考えられる。つまり，話し言葉においては，より具体的なもの，形のあるもの，つまり「有生性」の高いものほど，そして，主語や目的語の位置などの「顕著性」の高い位置ほど，複数の標識を必要とするということである。次の例ではこの点が顕著に現れている。

(2-64) 世上没有无缘无故的爱，也没有无缘无故的恨。爱与恨，这是一对反义词。①它们（*它）既是对立的，又是统一的。在这个充满矛盾的世界上，人们究竟是怎样来对待②它（≧它们），又是怎样生活的呢？　　　　　　　　　　　《听力篇（下）》
(世の中には何のいわれもない愛もなければ，何のいわれもない憎しみもない。愛と憎しみ，これは一つの対義語である。①ソレラは対立

99

するものでもあり，一つのものでもある。この矛盾に満ちた世界で，人々は一体，どのように②ソレに向き合い，生活しているのであろうか。）

　(2-64)は口語的な表現とは言えないものの，「顕著性」の差を明確に表すものである。①も②も同じ先行詞，同じ指示対象である。にもかかわらず各々選択された形が異なるのは，やはり「顕著性」の差，つまり，①が主語という目立つ位置にあり，②が目的語の位置にある，ということ，それに加えて，指示対象に対して"対立的（対立するもの）"且つ"统一的（一つのもの）"と述べているように，一つの概念なのか二つの異なる概念なのか曖昧であるということも手伝って，このような選択がされていると考える。それでは何故，これまで話し言葉における"它们"は容認されてこなかったのであろうか。実際の言語事実を無視して述べられてきたのであろうか。

　これについては，中国語において「有生性」に変化が生じているためであろうという推測が可能であろう。ただし，現在も変化の途中にあり，英語等のように厳密に単数・複数の区別が行われているわけではない。例えば，人を指す場合にも，指示対象が特定の人でなく，概念的に捉えられる場合には，必ずしも複数の標識"们"を必要としない（一方，日本語では複数の標識がないと不自然である）。次の例を見てみよう。

(2-65)　警察：不过，有时候我们这些人哪，他也不是说想冲着人撒邪火儿，当然个别的时候，心里边儿不痛快，话有点儿横着出来。
　　　　　　　　　　　　　　　　　　　　　　　《编辑部的故事》
　　　（だけど，時には我々警察だって，（カレ（ラ）は）人に八つ当たりをしようと思ってる訳じゃないが，時には，機嫌が悪いと言葉がちょっとばかりきつくなってしまうこともある。）

(2-66)　戈玲：我觉得老陈说挺有道理的。有些读者你就不能迁就他，买本儿杂志急着忙火地翻开，他从来不从第一页读，专挑那跟黄色沾边儿的。　　　　　　　　　　　《编辑部的故事》

　　　　（私は陳さんの言ってることは筋が通ってると思うわ。一部の読者は，
　　　　あなたアンナ人（タチ）に妥協しちゃだめよ。雑誌を買ったら大急
　　　　ぎでページをめくって，一度も一ページ目から読もうとしないで，
　　　　ああいういやらしいページだけを見るのよ。）

　このように，単数と複数の関係の曖昧さは人を指す場合にもあり，"它"
と"它们"に限ったことではない。いずれにせよ，上記の"它们"の例
は，擬人化された或いはそれに準じるようなものではなく，ごく自然な
用法として事物や概念等を指し示しているのである。
　次に，書き言葉と話し言葉それぞれの"它们"の使用状況について考
察する。これまで両者における具体的な運用の差異については考察され
てこなかったが，"它们"には書き言葉と話し言葉で少なからぬ差異が
見受けられる。書き言葉と話し言葉の定義をめぐっては様々な問題があ
るが，ここではひとまず，便宜上，小説の会話部分と地の文の対立とし
て考察する。書き言葉における"它们"は，抽象的な事物や概念等，あ
る個体として認識されないものを指示対象としていることが多い。

(2-67)　鳴鳳痴痴地望着他，半晌不说话，忽然眼里淌下泪来，她也不去
　　　　揩它们，却把心一横，十分坚决地答道。　　　　《家》
　　　　（鳴鳳はぼんやりと彼のほうに目をやり，長い時間黙っていたが，突
　　　　然，目から涙が流れ落ちた。彼女はソレラを拭おうともせず，意を
　　　　決してきっぱりと答えた。）
(2-68)　他们生活在这样黑暗的社会里面，他们的责任重大，他们应该把
　　　　全部社会问题放在自己的肩头上，去一一地解决它们。　《家》
　　　　（彼らはこのような暗黒の社会に生きているがために，責任は重く，
　　　　全ての社会問題を自分の肩に担いで，一つ一つソレラを解決しなく
　　　　てはならない。）
(2-69)　每听到这样一件可歌可泣的故事，他便兴奋得不能安睡。在半夜
　　　　里，他会点上灯，把它们记下来。　　　　　《四世同堂》
　　　　（毎回このような感動的なエピソードを聞くたび，彼は興奮して静か

に眠ることができず，真夜中に明かりを灯しては，ソレラを書き留める。)

(2-70) 直到天黑三哥才缓缓地向山下走去，他的脚步是那么的沉重和孤独。它们一声声敲打着地心仿佛告诉这山头所有的朋友，他累极了累极了。　　　　　　　　　　　　　　　　　　　　　《风景》
(暗くなってからようやく三兄は下山を始めたが，彼の足取りは非常に重くまた孤独であった。ソレラの一つ一つは地の底まで打鳴らすほどで，まるでこの山の全ての友に告げているかのようであった。彼は疲れてへとへとだ，へとへとだと。)

(2-71) 这种坏感觉旺旺还没有学会用一句完整的话把它们说出来。旺旺就不说。　　　　　　　　　　　　　　　　　《哺乳期的女人》
(この種のろくでもない感覚（はソレラ）を旺旺はまだ完全な一言で言い表すことができないので，口に出さなかった。)

(2-67)では「涙」，(2-68)では「社会問題」，(2-69)では「エピソード」，(2-70)では「足音」，(2-71)では「感覚」がそれぞれ指示対象となっているが，いずれも具体的な事物ではない。これは，書き言葉，特に，文学作品等では，何かの描写が中心となることが多いためとも考え得るが，具体的な事物を指示対象として"它们"を用いる例は，抽象的なものを指示対象とするものほど多くはない。一方，話し言葉においては，すでに述べたように，「有生性」の高いものほど，つまり，より具体的な事物であるほど，複数の標識を必要として"它们"が用いられることになるが，逆に，「有生性」の低い，抽象的なものは，必ずしも"它们"が用いられない。つまり，話し言葉において"它们"と言われるものの指示対象は，現実世界に存在するより具体的な事物である，と言える。さらに例を追加する。

(2-72) "这可是专家写的。"姚鹏皱着眉头说。
"专家？　专家就写这些东西？"他把这些书往地上一摔，对姚鹏笑道："让它们玩去！　搞广告策划，你还是看我的吧！"

《北京爷》
(「これは専門家が書いたものですよ。」姚鵬は眉をひそめて言った。「専門家？ 専門家がこんなものを書くのか？」彼はそれらの本を床に投げ捨てると姚鵬に笑って言った。コンナモノほうっておけ！ 広告の企画なら俺に任せろ！)

(2-73) 你就当我是个石头_j，是那个地堡_j，是那串弹洞_k，面对它们_{i+j+k}，你不会没话说吧？ 随便谈。　　　　　　　　　《第三只眼》
(わしのことを石ころ_jだとか，あのトーチカ_jだとか，あそこに続いている銃弾の跡_kだとか思えばいい。アレ(ラ)_{i+j+k}に向かって，お前さんが何も言わないということはあるまい。何でもいいから適当に話してくれればいいんだ。)

辞書などの"它们"の記述には，「多く抽象的な事物を指す」とされていることが多いが，これを「書き言葉においては，多く抽象的な事物を指し，話し言葉においては，多く具体的な事物を指す」のように改めるべきである。書き言葉と話し言葉における"它们"の使用状況は，このように大きく異なるものであるということは注目に値する。

2.3.3.3　指示対象の増加

"它"の使用頻度がこの数十年のうちに飛躍的に増加したことは事実であるが，その要因の一つとして，"它"の指示対象そのものの数が増加したということが挙げられるであろう。それは特に科学技術用語や抽象概念等，抽象名詞の増加を指す。"它"が抽象的な事物を指す場合には，特に話し手の強い感情を表さず，語用論的な制約も少ないことと，抽象物を表す成員（名詞）が増加したことが"它"の使用をより一層増加させたのではないかと考えられる。

さらに，もう一つ注目すべきことは，現在はいまだ話し言葉での使用にとどまっているものの，名詞化節（nominalized clause）[注61]が中国語に受け入れられつつあることである。名詞化節とは，"父亲的回来（父の

注61　陈宁萍（1987）参照。

帰り)"，"儿子的顺从（息子の従順さ)"等，次の形式をとるものを指す。

［図 2-1］

動作動詞の中で体言性の高いものほどこのフレームの動詞のスロットに使用されるが，"的"を取って，それぞれ"父亲回来（父が帰ってくる)"，"儿子顺从（息子はおとなしく従う)"とすることが可能である[注62]。後者であれば"它"の先行詞とはなりにくいが，名詞句の形式をとる前者であれば，"它"の先行詞となる可能性がより強まる。このような名詞類の増加は，原則として名詞句に照応する"它"の使用に，今後，少なからず影響を与えるものと思われる。

2.4 まとめ

本章では，部分的，断片的にではあるものの，「欧化」以前に使用されていた"它"と「欧化」以降にできた"它"の用法の最も相違する点に注目し，本来的な用法がどのようなものであったかを明らかにするために，近代中国語，現代中国語（普通話および方言の主に話し言葉）における使用状況を観察した。"它"は本来，主に口語色の強い話し言葉において使用されていたものとみられ，その用法は現在の話し言葉にも受け継がれているが，書き言葉ではほとんど使用されない。一方，「欧化」の影響を受けてできた新たな用法は，主に書き言葉にはたらきかけたために，同じく"它"であるにもかかわらず，書き言葉と話し言葉でその用法，使用状況等に大きな差異が生じていた。両者の差異について，簡単にその傾向をまとめると以下のようになる。

注62　陈宁萍（1987）は，主語の位置では"的"がなくともよいが，目的語の位置で"的"を取り去ると，容認度が下がると述べている。

[表 2-2]

	「欧化」以前	「欧化」以後
話し手の感情	有	無
主要文型	否定文，反語文，命令文	否定文，反語文，命令文，(平叙文，疑問文)
常用位置	目的語，主述句や従属節の主語	"把"など前置詞の目的語や動詞の目的語，主語
"它的"の使用	きわめて少ない	常用（話し言葉ではやや少ない）
"它们"の使用	無	やや少ない

　"它"の本来的な用法は，常に話し手の何らかの強い感情を伴い，指示対象に対して，多くの場合，否定的な評価を加えるものであったと考えられる。したがって，「欧化」以前であれば，平叙文や一般疑問文には使用されず，疑問文の形式をとれば反語文に理解されるといった傾向がみられたが，「欧化」により，無色の用法が生じ，また，"它"自身も，談話において機能する三人称代名詞としてより一層の発展をしたため，現在，特に書き言葉においては，文型にとらわれることなく，比較的自由に"它"を使用することができるようになった。話し言葉においては，本来的な用法がいまだに力強い勢力を保っていることもあり，"它"の現れる文型にはやや制限があるが，北京方言等の影響も大きく，書き言葉における用法に徐々に近づいており，書き言葉と話し言葉両者ともに歩み寄りが見られるため，現在のこのような差異は今後ますます解消されてゆくものと思われる。

第3章　照応の構造と結束性

　三人称代名詞の指示について考えた場合，"tā"には大きく分けて「直示的(deictic)用法」と「照応的(anaphoric)用法」の二種類が考えられる。人を指す"他／她"（以下"他"）は，この両方の用法をあわせ持つのに対し，事物等を指す"它"には直示的用法がなく，照応的用法しか持たないと言われており，同じ三人称代名詞であっても，その内部の状況は複雑である。

　本章では，さまざまなレベルで捉えられる照応について概観した後，照応が結果的に談話にもたらす「結束性」という機能に重点を置き，"它"に関連する現象をそれぞれ追うことにする。

3.1　照応とは

　ある代名詞の指示対象を確定しようとするならば，まず，ある別の要素を参照しなくてはならない。このことを「照応(anaphora)」といい，代名詞と当該要素とが「照応関係(anaphoric relation)」にあるという。この時，参照されるものが言語的コンテクストにある場合と状況的コンテクストにある場合が考えられる[注1]。言語的コンテクストにおいて参照される要素のことを普通，「先行詞(anaphora)[注2]」と呼び，先行詞と照応して自らの指示対象を特定するものを「照応詞(anaphor)[注3]」と呼ぶ。また，言語的コンテクストにおいて，先行詞が照応詞の前にあることを

[注1]　しかし，指示対象を特定するのに，言語的コンテクストを参照することを「照応」，状況的コンテクストを参照することを「直示」と呼ぶことのほうが一般的なようであるので，本論でもこの意味で「照応」と「直示」という語を使用することにする。ただし，図3-1に示すように，「照応」という用語が異なる2つのレベルで使用されていることには注意が必要である。
[注2]　参照されるべき要素が照応詞よりも後に現れる場合にも「先行詞」と呼ぶことには問題があるが，本論では，慣例にしたがい，特に支障のない限り，照応詞が参照する要素を指すのにこの語を用いる。
[注3]　Chomskyの一連の統率・束縛理論(Gorvernment and Binding Theory)の中で言及される照応詞(anaphor)とは，再帰代名詞(reflective pronoun)や名詞句の痕跡(Np-trace)等を指し，代名詞は，代名詞類(pronominal)の中に入れられている。

「前方照応（anaphora）^注4」と呼び，先行詞が照応詞の後ろにあることを「後方照応（cataphora）」と呼ぶ。

［図 3-1］

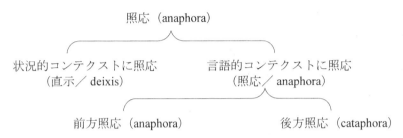

Halliday & Hasan（1976）はこの関係を異なる用語を用いて以下のように表している。

［図 3-2］

Halliday & Hasan（1976）は，これらを「指示」の下位分類とし，「外界照応」と「文脈照応」という用語を使用しているが，基本的には，図 3-1 と 3-2 はほぼ同様のものを表していると考えてよい。ただし，Halliday & Hasan（1976）は"endophora（文脈照応）"を「照応詞が先行

注4 "anaphora" を「順行照応」，"cataphora" を "backward anaphora" として，「逆行照応」と訳す場合もある。また，"anaphora" に「逆行照応」，"cataphora" に「順行照応」という正反対の日本語訳が当てられることもあるが，これはどの角度から述べるかという差異によるものである。

詞を指示する」と捉えているが，本論は，「先行詞と照応詞が同一の指示対象を指示する」と捉えている点で異なる。照応詞は先行詞に照応することで自らの指示対象を確定するのである。

先行詞と照応詞の指示の同一性について考えると，先行詞と照応詞が同一の指示対象を指すという同一物指示（co-reference）の場合と，先行詞と照応詞の同一性の判断に一種の推論（inference）のプロセスを介する場合等の二種類が考えられる[注5]。山梨正明（1992）は，前者を「直接的照応」，後者を「間接的照応」と呼んでいる。

さらに，先行詞と照応詞の位置関係について見れば，先行詞と照応詞が一文内に共起していることを「文内照応（intra-sentential anaphora）」，先行詞と照応詞が文を越えて，談話内で照応することを「文間照応（extra-sentential anaphora または inter-sentential anaphora）」と呼ぶ[注6]。

このようにさまざまなレベルで「照応」という語が使用されるが，ここでは，次の四つのペアについて考察することにする。

  3.2 直示 / 照応
  3.3 前方照応 / 後方照応
  3.4 直接的照応 / 間接的照応
  3.5 文内照応 / 文間照応

さらに，3.6で照応の交差現象及び先行詞と照応詞との照応の曖昧性について，3.7で"它"と競合しうる他の照応詞について，3.8では照応現象が生み出す"它"の「結束性」について考察する。

注5 今西典子・浅野一郎（1990）は，先行詞と照応詞は「何らかの点で」同一性条件を満たしていなければならないとし，形式上の同一性（formal identity）と意味上の同一性（semantic identity）を次のように分類している。
  形式上の同一性 a. 形態の同一性（morphological identity）
        b. 連鎖の同一性（string identity）
        c. 構造の同一性（structural identity）
  意味上の同一性 a. 指示の同一性（referential identity）
        b. 意味の同一性（sense identity）
        c. 論理形式の同一性（logical form identity）
注6 ここでいう「文」には節（clause）を含める。

3.2 直示と照応
3.2.1 三人称代名詞の基本的用法

　直示（deixis / deictic）とは，一般に，ある言語形式の表す意味を十分に理解するには，その言語形式に関連した状況的コンテクストを参照しなくてはならないことを指す。直示の機能を持つものには，日本語を例にとると，「わたし」や「あなた」などの人称代名詞のほか,「これ」「それ」「あれ」などの指示詞,「昨日―今日―明日」などの時間詞,「来る―行く」，「あげる―もらう」などの動詞，敬語表現等さまざまなものがある。

　一方，照応（anaphora）とは，3.1 で述べたように，ある言語形式の表す意味を理解するには，言語的コンテクストを参照しなくてはならないことを指す。

　中国語の人称代名詞について考えてみると，一人称代名詞"我"や二人称代名詞"你"は，談話の場において，話し手と話し手が話しかけている人物（聞き手）が誰であるか知らなければ，その指示対象を特定することはできず，また，誰の発話かにより，"我"や"你"の指示対象も目まぐるしく変化する。この点で，一・二人称代名詞は常に直示的に機能する語ということができる。一方，三人称代名詞は，人を指示する"他"は直示的用法，照応的用法のどちらにも使用されるが，"它"には直示的用法はなく照応的用法しかない。一般に次のように述べられる。

> 第一次说到一个物件时只能用'这、那'，不能用'它'。我们可以指着一个人问：'他是谁？'但指着一样东西只能问：'这是什么？'或'那是什么？' 　　　　　　　　　（《现代汉语八百词》，1980）
> （ある事物に初めて言及する場合には，"这，那（これ・それ・あれ）"などの指示詞を用い，"它"を使用することはできない。ある人物を指して"他是谁？（あの人だれ？）"と問うことはできるが，ある事物を指す場合には，（指示詞を用いて）"这是什么？（これなに？）"あるいは"那是什么？（あれはなに？）"という問いかけしかできない。）

　すなわち，"它"は事物や事柄を談話の中に話題としてとり入れる役

割を果たさないものと考えられる。以下の差異に注目されたい。

(3-1)　（談話の場にいる人を指さして）他是谁？
　　　　（アノ人（彼）誰？）
(3-2)　（談話の場にいる人を指さして）*它是什么？
　　　　(*アイツ何？)

　三人称代名詞の状況的コンテクストに照応するという意味での直示(deixis / deictic) 注7と，言語的コンテクストに照応するという意味で使用される照応(anaphora / anaphoric)について，談話という角度からみるならば，直示は談話の場にあるものを談話に新規に導入すること，すなわち新情報を提示することを意味し，照応はすでに談話の中に導入されたもの，すなわち旧情報，話題（topic）注8に再度言及すること，と言い換えることが可能であろう。

　直示は新情報を提示することから，談話の中に新たな話題を導入または再導入するのに使用される。それに対して，照応は旧情報を提示する，すなわちすでに出された話題を再度，談話の中に導入するという役割を担う。さらに聞き手の存在を考慮に入れるならば，照応は，談話において，聞き手の意識の中にすでにある，聞き手はそれを話題とみなしている，と話し手が推測する情報を指示すること，と言い換えることができる注9。つまり，先行コンテクストの中で注目度の最も高いものが最も代

注7　"deictic"と"anaphora"に対して「現場指示」と「文脈指示」という日本語訳が与えられることがある。しかし，両者の指す範囲は微妙に異なっており，現場にあるものを指示する場合にも照応的（文脈指示的）に指示されることがあるため，本論ではこの訳語を使用せず，「直示」と「照応」という訳を採用する。
注8　ここでいう話題とは談話の話題（discourse topic）のことであり，必ずしも文の主題（sentence topic）とは一致しない。
注9　直示と照応の定義は，基本的に守屋三千代（1992）に拠っている。守屋（1992）は，主に指示詞について，「直示」を，「話し手が指示対象を初出のものとして談話やテクスト中に持ち込むことをいい，この点で直示とは新情報の指示である」とし，「S（話し手）が指示対象に選んだR（指示対象）に視点を向け言語化し，その結果H（聞き手）の視点をR（指示対象）に移動させ，談話を進める上でのよりどころを作る行為」と捉えており，「照応」を，

名詞化しやすいのである[注10]。

　人の場合は，一応は"他"を用いて談話に初出の人物を指すことが可能であるが，事物の場合にはそれができず，指示詞等を使用しなくてはならない。ここで人を指示する場合を「一応」としたのは，実際には，人を指す場合でも，指示対象に対して話し手，聞き手ともにそれまで注目していたとか，その場に第三人者が一人しかいないといったコンテクストが存在しない場合，いきなり三人称代名詞を用いて対象を示すことは困難であるためである。人を紹介する場合など，ある対象を談話に導入する場合には，事物等を指す場合と同じく，まず指示詞を用いるのが最も一般的である。田窪行則・木村英樹（1992）による次の例を見ると分かりやすいであろう。道で出会った相手に，自分の連れの人物を初めて紹介する場合である。

(3-3)　甲：喂，老李，去哪儿？
　　　　乙：我去买菜。
　　　　甲：喔，去买菜。这是我的表弟，叫王明。
　　　（甲：やあ，李さん，どちらへ？　乙：ちょっと買物に。　甲：ああ，
　　　　買物ですか。これ，ぼくの従弟で，王明っていいます。）

　指示対象に談話以前から注目しており，相手もそのことに気がついているという状況も含めて，指示対象が談話の中に導入されていなければ，

「一度談話，テクスト中に持ち込まれた指示対象を指示し言語化すること」とし，「その結果，談話のよりどころである焦点が文脈中で維持されていることをH（聞き手）に示すという，焦点を維持する行為」と捉えている。

注10　山崎直樹（1990, 1993）でも，人を指示対象とする"他"について同様のことが述べられている。なお，この点はこれまでの"它"の研究において，久野暲（1978）の「共感度（empathy）」という概念で説明されることが多かった（竹島永實子，1991，森宏子，1997）。しかし，「共感度」とは，ある文において話し手の心理的な視点がどこにあり，どこから出来事を描写するのか，誰（何）寄りの角度から語るのかを問題にするものであり，"它"という代名詞の使用にさほど関係するものとは思われない。ここではやはり，話し手及び聞き手の注目度（話し手の注目度と話し手の推測する「聞き手の注目度」）の高低が代名詞化と大きく関わると考えるのがよいであろう。

人を指示する場合でも，直示的に使用することはできないのである。ただし，一旦，談話に導入され，その対象が注目されていれば，さらに次のように続けることが可能であるという。

(3-4)　甲：喔，去买菜。这是我的表弟，王明。他在北京图书馆工作。
　　　　乙：喔，他也在北京图书馆。那，他跟我弟弟同事。
　　　（甲：ああ，買物ですか。これ，ぼくの従弟で，王明っていいます。（彼は）北京図書館で働いています。　乙：ああ，（??彼も）北京図書館ですか。じゃ（??彼は）僕の弟と同じだ。）

このように，実際には"他"の基本的用法も"它"と同じく照応的用法であり，直示的用法はいわば二次的な用法であると考えられる。では，なぜ"他"の場合には，一見，直示的に使用されているように見えるのか。また，"它"には本当に直示的用法はないのであろうか。以下，照応の二つの種類について考察する。

3.2.2　言語的コンテクストに照応

先に三人称代名詞"它"は照応的用法しか持たないことを述べた。"它"を用いるには，まず，先行コンテクストにおいてその対象が提示されていなければならない。すなわち，その対象についての言及，先行詞が必要である。この先行コンテクストには言語的コンテクストと状況的コンテクストの二種類が考えられるが，"它"は原則として言語的コンテクスト中の先行詞に照応して自らの指示対象を確定する。"它"は自らの指示対象を確定するために先行詞を探す必要があることから，"它"の指示対象の唯一性及び特定性は，言語的コンテクスト，すなわち先行詞が提示された段階で保証されることになる。

(3-5)　小红：如果你的视线能看到窗外天空的话，你会看到在满天的星星中，有一个还没有长圆的月亮，明天早晨当它消失在晨曦的时候，我也消失了。　　　　　　　《编辑部的故事》

(もしあなたのところから窓の外の空が見えるなら，空いっぱいの星の中にまだ真ん丸になっていないお月様が見えるでしょ。明日の朝，アレが朝日の中に消える時，私も消えてしまうの。)

(3-6) 临走的时候对他们说道："好好看住这些货物。这张骆驼皮，也不可使它潮湿！"　　　　　　　　　　《百喻经故事》
(家を出る前に弟子達に言いつけた。「この品物をよーく見ているんだぞ。この駱駝の皮，コイツも濡らしちゃいかんぞ。」)

(3-7) 这个收音机是一个朋友送给我的，我很喜欢它，可是最近坏了，你说怎么办？　　　　　　　　　　《实用汉语课本Ⅲ》
(このラジオはある友人がプレゼントしてくれたものなの。コレがとても気に入っていたのに，最近壊れてしまって。どうしたらいい？)

　(3-5)，(3-6)，(3-7)はそれぞれ，「月」と「駱駝の皮」，「ラジオ」が，まず"一个还没有长圆的月亮"，"这张骆驼皮"，"这个收音机"という形式で談話の中に話題として導入され，その後，"它"で承けられている。この3例はともに，指示対象が談話の場あるいはそれに準じる場にあるが，次のように談話の場に存在しない事物や，抽象物，総称的に捉えられた事物等が指示対象となることもある。

(3-8) A：听说苏州那个城市比较小。
　　　B：你别看它小，风景可是闻名世界呢！　　《实用汉语课本Ⅲ》
(A：蘇州という都市は比較的小さな都市だと聞きました。　B：アノ都市は確かに小さいけれど，風景は世界に名が轟いているんだよ。)

(3-9) A：咖啡的刺激性很强，而且需要加糖，加牛奶等等，这可以说明咖啡本身的味道比较单调。
　　　B：其实不然，很多人喝咖啡不加任何东西，享受它的原味儿，味道并不单调。　　　　　　　　　　『NHK中国語会話』
(A：コーヒーの刺激は強く，それに砂糖やミルク等を加えなくてはいけません。つまりそれは，コーヒーそのものの味がかなり単調だということです。　B：実際にはそんなことはありませんよ。何も

加えないでコーヒーを飲み，ソレ本来の味わいを楽しむ人も多くいます。味は単調なんかではありません。)

(3-10) 詩有時能给您带来激情，带来灵感，带来愉悦和美感。可是，它却不能当饭吃当酒喝当衣穿。　　　　　　　　　《北京爷》
(詩は時としてほとばしる感情やインスピレーションをもたらしてくれ，喜びや美的感覚をもたらしてくれる。しかし，ソレはご飯にもならなければ，酒にもならず，着るものにもならない。)

このように，"它"は原則として言語的コンテクストに照応し，その先行詞は，照応詞である"它"に近いコンテクストに位置するのが一般的である。また，その指示対象は，通常，先行詞が提示された段階で談話の話題（discourse topic）となっている。談話の話題が一人称や二人称の人である場合には，それ以外，すなわち三人称の人または事物の中で，最も顕著性（saliency）の高いものが代名詞化しやすい注11。

3.2.3　状況的コンテクストに照応

"它"の使用は，原則として言語的コンテクストに依存するため，先行詞を必要とする。しかし，先行詞が見られない例も少ないながら存在する。ここでは，やや変則的な用法であるが，"它"が状況的コンテクストに照応し，直示的に使用されているようにみえる例について考察することにする。これらは一見，状況的コンテクストにあるモノを直示的に指示しているように思われるが，実際には，言語化されなかった先行詞がそこに存在するものである。

次の例は，いずれも言語的コンテクストに明確な先行詞を持たない例である注12。

注11　例えば，先行コンテクストにおいて，目立つ統語的位置にその語が使用されている，その語に強勢が置かれている，取り立てのマーカーが付いているなどといった場合である。
注12　英語にも同様の現象が見られる。次の例は Gundel（1980）の挙げる例である。
　　(Phone rings, speaker sees someone getting up to answer it and says) I'll get it.
　　([電話が鳴る。話し手は誰かが電話に出ようとしているのに気づき言う。] 私が（ソレに）出ます。)
　　電話に誰も出ようとしていない場合には"it"は使えず，指示詞"this"を使用しなくて

(3-11) 李冬宝：（电话响）是她！
戈　玲：她还活着呢。哎，冬宝，等它响两下你再接啊。
李冬宝：知道了。　　　　　　　　　　《编辑部的故事》
((電話が鳴る) 李：あの娘だ！　戈：あの娘まだ生きているわ。ねえ冬宝，(ソレ（＝電話の呼び鈴）が) 2, 3 回鳴ってから出てね。)

(3-12) "你裤袋里放什么东西？　老碰我大腿。"…(略)…
噗，南琥珀把熄灭的烟头吐掉。从裤袋里掏出只鹅蛋大的铜龟，托在掌中："喔——"…(略)…
南琥珀把铜龟举到与夕阳同高："我探家时，带回来的。……二姐出事后，家里想把它当废铜卖掉。那能卖几个钱？我偏偏喜欢这丑东西。我拿来了。"　　　　　　　　　《第三只眼》
(ズボンのポケットに何が入っているんですか？　何度も私の太ももに当たるんですが。…(略)…ふーっと南琥珀は火の消えたタバコの吸殻を口から放り出した。ズボンのポケットの中からガチョウの卵ほどの大きさをした銅製の亀を取り出して，手のひらにのせた。「ああ。」…(略)…南琥珀が銅製の亀を夕日と同じ高さに挙げ，「帰省した時に持って帰ってきたんだ。……次姉が事故に遭った後，家ではコイツ（＝銅製の亀）を銅屑として売ってしまいたがっていたんだが，いくらにもなりはせんだろう。俺はなぜかこういう不細工な物が好きだから，持って来たのさ。」)

(3-13) "不走？　好，你不走！"凤琴说着，一时性起，拉开窗户，把手里的那束鲜花扔了出去。…(略)…"哎，你……？　你怎么能把它扔了呢？　这是我的心呀！"　　　　　　　　《北京爷》
(「帰らないの？　いいわ。帰らないのね！」鳳琴はそう言うと，急にかっとなって，窓を開けて手に持っていたあの花束を投げ捨てた。…(略)…「あっ, 君……なんでアレ（＝あの花束）を捨てられるんだ。あれは俺の心だったんだぞ！」)

はならない。Gundel（1980）は先行詞の提示されていないこの種の代名詞"it"は，すでに確立された話題に結び付けられていると述べている。

さらに，竹島永貢子（1991）では，次の例が挙げられている。

(3-14)　陶月明：你们看，（指胸前证章）往日我一出去，就摘下它来，唯恐人家看见，有失体面！　现在，我要作个好售货员，把它挂在中间，叫所有的人都看见，都叫我一声同志。
《女店员》
（見て，（胸のバッチを指し）以前私は出かけるとコレ（＝胸のバッチ）をはずして人に見られないようにしたわ，はずかしかったもの。今私は立派な店員としてコレを真ん中につけ，皆に見てもらって同志と声をかけてもらうわ。）

以上の 3 例には共通点がある。それは，先行詞が言語形式で現われていないものの，指示対象は談話の場にあり，何らかの手段により指示対象がすでに談話の話題となっている，聞き手が指示対象にすでに注目しているという点である。(3-11) は，「自殺する」と編集社に電話をかけてきた少女からの二度目の電話を待っている場面で，新たに指示対象を談話に導入するまでもなく，談話の場にいる者はみな互いに電話に注目していることを知っており，ここには「電話はまだか。」という言語化されていないセンテンスが存在するものと考えられる。(3-12) は，"你裤袋里放什么东西？（ズボンのポケットに何が入っているんですか？）"という疑問が投げかけられていることからも分かるとおり，聞き手はポケットの中に入っているものに多大な関心を払っており，指示対象はすでに先行コンテクストにおいて話題となっている。そのため，話し手はその答えとして指示詞等を用いるのではなく，"我探家时，（φ）带回来的。"とゼロ代名詞を使用しているのである[注13]。また，(3-13) は，たった今相手のした行為に大きくかかわる事物に対して"它"が使用されており，話し手も聞き手も十分に指示対象に注目していることは互いに了

注13　ゼロ代名詞について，詳しくは 3.7.2 を参照。例文で括弧内にφがあるものは（φ）そこに名詞句または三人称代名詞を補う場合には前置詞等，他の成分も補う必要があることを示すか，もしくは名詞句または三人称代名詞を補うと不自然な表現となることを示す。以下，同様。

解済みである。(3-14) は，"它"を用いて対象を指し示す前に，"你们看（見て）"という語と指さしという動作がみられる。このような言葉や動作により聞き手は指示対象へと視線を向け，その指示対象に関わる事柄が語られるのを待っている。以上の例のように，"你看！（ほら！）"などの発話や，視線，指さし等，言語以外の手段を助けとして，話し手が聞き手に指示対象に注目することを促す場合や，聞き手の顔色や視線等が，「これは一体なんだ？」，「どうしてこれが……」と物語っていると話し手が解釈する場合には，必ずしも言語的コンテクストに明確な先行詞を必要とせず，"它"を用いることが可能である。それは，話し手が，「聞き手はすでに指示対象に注意を向けている＝話題と認識している」と判断，推測しているからであり，通常，このように"它"が話し手の特別な感情を表すことはなく，明確な先行詞が提示されているのと同等に扱ってよいであろう。Grice (1975) は，会話の「協調の原理（The Cooperative Principle）」の一つに「量の格率（The Maxim of Quantity）[注14]」を挙げているが，上に挙げた例においては，この原則が守られていると言える。

しかし，先行詞を用いないで"它"が使用されているものに，上記の例とは異なる次のような例も見られる。

(3-15) 游戏机老板走了过来，他是一个大胖子，身体像只垃圾桶，他恼怒地拍了一下机器，"妈的，今天它是怎么了？"《手上的星光》
（ゲーム機の店主がやってきた。店主はすごいデブで，ゴミ樽のような体つきだった。店主はかっとなって，ゲーム機をバンッと叩いた。「くそっ，今日はコイツどうしちまったんだ？」）

(3-16) 丹平：我是问你想不想成名？

注14 量の格率（The Maxim of Quantity）：
a. Make your contribution as informative as is required (for the current purposes of the exchange). （（目下の会話の目的に沿うため）必要とされる情報をできるだけ多く提供せよ。）
b. Do not make your contribution more informative than is required. （必要とされる以上の情報を提供するな。）
ここでは，特にa. が大きく関わる。

韋青：我想，想。
丹平：（把一个剧本向韦青掷过去）演它吧！ 不过，这是你我
　　　之间的秘密，不准对任何人说。　　　　　《夜半歌声》
（丹：お前は有名になりたいのかと尋ねているのだ。　韋：な，なり
たいです。　丹：（台本を韋青の方に投げ）コイツを上演しろ！ た
だし，これは二人だけの秘密だ。誰にも言うな。）

　さらに，森宏子（1997）でも次の例が挙げられている。

(3-17)　罗母：来，快把它喝了！（さあ，はやくコレを飲んで！）
　　　　杨杨：这是什么？（これ何？）　　　　　　《秋天里的春天》

　これらの例においては，聞き手がいまだ指示対象に注目していないに
もかかわらず，指示対象が"它"で示されており，いずれも強い感情を
帯びている。
　(3-15)は独言であり，聞き手の存在を特に考慮する必要はなく，話
し手が発話前から対象に注目してさえいればよいようにも見えるが，こ
こでは"它"を使用することにより，話し手の指示対象に対する腹立た
しい感情を表しているのである。ここで指示詞を用いた表現"这个机器
（このマシン）"等に置き換えが可能であるが，置き換えることにより腹
立たしいというニュアンスが薄れる[注15]。(3-16)では，突然投げてよこ
された指示対象（台本）に聞き手が注意を向ける間もなく,話し手は"它"
を用いている。ここでは，話し手が"它"を用いることにより，聞き手
は否が応でもその指示対象に注意を寄せることになる。また,話し手は，
本来ならすでに話題になっていることを表すはずの"它"を使用するこ
とにより，聞き手に出した命令が有無を言わさぬものであることを聞き
手に暗に示しているのである。ここでも，"它"は指示詞"这个（これ）"
等に置き換えが可能であるが，置き換えることにより，この「有無を言

注15　指示詞等を用いて，そのような特別なニュアンスを持たせようとするなら，語気（口
　　調）や語彙に頼るほかはない。

わさぬ」というニュアンスが薄れることになる。(3-17) も同様で，"它"の代わりに指示詞を用いることも可能であるが，指示詞は一般に談話の中に話題を導入するのに使用されるものであり，正規の手段をとっているわけであるから，先行詞なしで"它"を用いるほどの強制的，感情的な意味合いは有していない。

　以上の3例は話し手の腹立ちや怒り，聞き手の意向を考慮しない強制的な意味合いを持っていたが，次のように，指示対象に対する親近感やいつくしみの気持ちを表すものもある。

(3-18)　"哥儿们，告你一个爆炸性的新闻，它出生啦，出生啦！"

《北京爷》

　　　（きょうだい，お前に衝撃のニュースを教えてやるよ。アイツが生まれたんだよ！生まれたんだよ！）

　(3-18) において，"它"の指示対象は話し手の書き上げた叙事詩であるが，先行コンテクストにその指示対象に対する言及もなく，談話の場にも存在していない。"它"の述語に"出生（生まれる）"という動詞が使用されており，いくぶん擬人法的な感じがするものの，このようなニュアンスは，話し手が喜び，興奮のあまり，聞き手に指示対象に関する必要な情報を与える義務を怠っていることから出るものと考えることができる。

　これらはいずれも Grice (1975) の「量の格率」に反するものであるが，この格率に故意に，半ば意図的に違反することにより[注16]，上述のような特別な意味合いを生み出していると考えられる。

　このように三人称代名詞を使用することにより，話し手の特別な感情を表す，そのようなニュアンスが付け加わるという現象は，事物等を指す場合に限らず，人を指示する場合にも見られる。

(3-19)　韩茜：飞飞，发生什么事了？

注16　必ずしも故意に違反しているわけではない場合もある。

飞飞：气死我了，<u>①他</u>算什么东西！注17
韩茜：谁？
飞飞：饭店的主任。从第一天上工开始，<u>②他</u>就跟我过不去。今天又借题发挥！　　　　　　　　　　『NHK 中国語会話』
(韓：飛飛，何かあったの？　飛：ほんと腹が立つわ。<u>アイツ</u>何様よ！
韓：誰のこと？　飛：レストランの主任よ。働きはじめたその日から，<u>アノ人</u>私に難癖をつけてくるのよ。今日だって事あるごとにぐだぐだと！)

　(3-19)においては，話し手が聞き手に指示対象が誰かを明かさないまま，すなわち話し手と聞き手の間でいまだ話題となっていない指示対象について三人称代名詞"他"①を使用しているため，聞き手は指示対象が特定できず，そのままではその指示対象を話題として談話を続けていくことができない。その時生じる聞き手の一種の疎外感は，まさにこの"他"によってもたらされるのである。ただし，指示対象が誰なのかを明らかにした後に話し手が再度使用する"他"②には，"他"①ほどのニュアンスがない。というのは，"他"①は「量の格率」に違反しているが，二度目に使用される"他"②は，すでに聞き手に必要な情報を提供しているわけであり，違反とはみなされないからである。
　以上，先行詞を提示することなく"它"を使用するのには，次のように，大きく二種類の状況が考えられることを述べた。一つは，"你看！(見て！)"などの発話や，視線，指さし等の非言語的手段が，言語化されなかった先行詞の属するコンテクストの存在を暗示する場合であり，通常は，話し手の特別な感情的を帯びていないものである。もう一つは，「量の格率」に違反し，聞き手に指示対象に対する必要な情報を与えないことから生み出されるニュアンスで，往々にして，話し手の特別な感情を表すものである。

注17　"他"を"这个老头子(あのくそじじい)"等の表現に置き換えることが可能であるが，話し手の腹立たしさや怒りといった感情を表す場合，談話の場にいない人に言及する場合でも，指示詞は遠称"那"ではなく，近称"这"が使用されるのが一般的である。讃井唯允（1988）参照。

先行詞を提示することなく"它"を使用する例については，先行研究にも言及がある。ここでは，本論で提出した意見をもとに，先行研究の妥当性について考察することにする。

　竹島永貢子（1991）は，談話の場にあるものに対して先行詞なしで最初から"它"を用いるのは，指示対象を単なる「物」に止まらず，より人間に近いものとして意識していることを表すと述べている。田窪行則・木村英樹（1992）は，例えば，食堂で隣に美人の女子学生が腰掛けて食事をしているとし，見知らぬ学生だがどうも気になっている時に，同僚がやってきて，その学生と親しく話し出す場面で，中国語では，"欸，你認識她？（おや，きみ，（??彼女）知ってるの？）"といきなり"她"を用いて女子学生を指すことが可能であると述べ，ここで重要なことは，話し手が対象に発話以前から注目しているという事実であり，"她"によってその人物を直接指し示しているわけではなく，先程から意識されている話し手の頭の中の人物を対象として照応的に用いられている，と説明している。竹島（1991）は，これと同様のことが事物等を指す場合にも言えるようであるとし，先行詞のない"它"の例は，話し手が"它"が代行する「物」に対して並々ならぬ親近感を持っていて，"它"と発声する前後に「取り出し」なり「指さし」なりの相手の注意を引きつける動作を伴っていることから，これらの非言語的なものが先行詞的な役割を果たしている，と指摘している。森宏子（1997）も，竹島（1991）に同意し，このような"它"は"这个"に置き換えることができるが，置き換えることにより，「話者が発話以前から対象物を了解している，という独特なニュアンスが消えてしまう」と述べている。

　竹島（1991）も森（1997）も，本論で分けた先行詞を持たない二種類の"它"の用法を一つのものとして扱っており，これでは，その本質を明らかにすることはできない。この二種類の用法は，その動機が根本的に異なっているからである。両用法を合わせ持つような例もあるが，例えば，(3-15) や (3-16) における"它"に話し手の親近感といった特別な感情を見出すことは困難であるし，(3-18) のように，指さしや視線など非言語的な要素が伴わないこともある。また，竹島（1991），森

(1997) ともに, 指さし等の非言語的なものが先行詞的な役割を果たしている, すなわち「先行詞の代役」と考えているが, 本論では, これら非言語的なものが,「明示されなかった(言語化されなかった)先行詞の存在を暗示するもの」と捉えている点で異なっている。さらに, 田窪・木村 (1992) は, 以前から注目している人に対して, 先行詞なしで用いられる"tā"を,「先程から意識されている『私』の頭の中の人物を対象として照応的に用いられている」, としているが, 本論では, "tā"は, 話し手が言語化していない「この学生, 美人だなあ」といった台詞の中の「この学生」という先行詞に照応することにより, 指示対象である談話の場にいた女子学生を指し示している, と捉えている。ここで先行詞を提示することなく"她"を用いて, 聞き手が指示対象を特定することができるのは, 聞き手もその学生と話をしている時に「俺はこの学生と知り合いなんだぜ。いいだろう。」といったような, その学生と知り合いであることを特別に思っているように感じられる状況においてであろう。さもなくば, 話し手が"欸, 你认识她?(おや, きみ, (" 彼女) 知ってるの?)"といきなり"她"を用いても, 聞き手は指示対象の特定に一瞬戸惑うことになるであろう。

さらに付け加えると, 指さしや視線などといった非言語的要素は, 指示詞"这/那(个)"を用いる以上に対象に直接的にはたらきかけ, 談話の中に話題を導入するのに大きく活躍する要素と言える。というのは, 呂叔湘 (1990) も述べるように, 指示詞"这/那(个)"は結局のところ, 指さしなど他の条件を伴って初めてはじめて「指示」という機能を持つのであって, 指示詞のみでは談話の場にある対象を指し示すという責務を十分に果たすことはできないからである。このように考えると, 談話の場にある対象に対しては, 言語化された表現よりも, むしろ, 非言語的要素のほうがより大きなはたらきを担っており,「量の格率」に違反することなく, 聞き手に必要な情報を提供することができると考えられる。

いずれにせよ, 一見, 状況的コンテクストに照応し, 直示的に指示対象を指し示しているかにみえる以上の例はいずれも, 実際には言語化さ

れなかった先行詞があり，"它"自身が直示的に対象を指し示しているわけではないのである。

3.3 前方照応と後方照応

これまでに見た用例から明らかなように，三人称代名詞"tā"は，前方照応（anaphora），すなわち，先行コンテクストにある先行詞に照応することにより，自らの指示対象を確定し指し示すのが最も一般的な用法である。では，中国語に後方照応（cataphora），すなわち，代名詞が先行詞に先行する現象は存在しないのであろうか。

3.3.1 英語における後方照応

人称代名詞による後方照応については，中国語ばかりでなく，様々な言語においても議論されてきたが，その存否についてはいまだに主張の分かれるところである。英語においては，後方照応が認められており[注18]，代名詞の用いられる句や節が，先行詞の用いられる節に対してより従属性が高い場合に用いられることが多い。次のような例である。

(3-20)　a. Near him$_i$, Dan$_i$ saw a snake.
　　　　　（彼$_i$の近くで，ダン$_i$はへびを見た。）
　　　　b. *Near Dan$_i$, he$_i$ saw a snake.　　　　(Reinhart, 1983)
　　　　　（*ダン$_i$の近くで，彼$_i$はへびを見た。）
(3-21)　She$_i$ was told that if she wanted to get anywhere in this dog-eat-dog world, Mary$_i$ was going to have to start stepping on some people.
　　　　　　　　　　　　　　　　　　　　　　　　　　　(McCray, 1980[注19])

注18　しかし，Kuno（1975）をはじめとする一部の研究者は，英語に後方照応を認めない。Kuno（1975）は，一見，後方照応に見える例も，先行コンテクストにすでに先行詞が現われている場合や，談話の場にあるものを指さしながら発話するなど指示対象の予測，特定が可能な場合，もしくは，文学的手法として使用される場合であり，例外的なものと主張している。

注19　McCray（1980）は，「意味的頂点（semantic peak）」という仮説を提案し，先行詞が文の意味的頂点を表す場合には後方照応が可能であると述べている。これに対し，Ariel（1990）は，先行詞と人称代名詞との距離（distance）の違いも，このような例の容認度に

(この激しい競争世界において成功したいなら，メアリー$_i$は他人を踏み台にしなくてはならないと（彼女$_i$）は言われた。）

(3-22)　a. *He$_i$ lied to me and John$_i$ was my friend.
(*彼$_i$は私にうそをついたが，ジョン$_i$は私の友達だった。)

b. He$_i$ lied to me, and John$_i$ was my friend!　　(Bolinger, 1979[注20])
(彼$_i$は私にうそをついた。ジョン$_i$は私の友達にもかかわらず！)

また，事物等が指示対象となっている例も，指示対象を指さしながら等の状況下で，わずかながら見られる。次は Kuno（1975）の挙げる例である（本章注 18 参照）。

(3-23)　If you can lift it$_i$, would you please move this rock$_i$?
（もしも（ソレ$_i$を）持ち上げられるなら，この岩$_i$を動かしてもらえませんか？）

(3-24)　If you can reach it$_i$, would you please get that box$_i$ on the third shelf down for me?
（もしも（ソレ$_i$に）届くなら，三番目の棚にあるあの箱$_i$を取ってもらえませんか？）

影響を与えると述べている。さらに Ariel（1990）は，後方照応は二種類に分けることができるとし，先行詞が新（new）である場合，代名詞のあるユニットの先行詞のあるユニットに対する従属性（dependency）が高く，代名詞は先行詞に照応することにより理解されるが，先行詞が旧（old）である場合，先行詞と代名詞との距離及び結束性の低さがポイントとなり，代名詞のあるユニットの先行詞のあるユニットへの従属性は低い，と述べている。
　McCray（1980）の「意味的頂点」の制約
　　The Backward Anaphora Constraint can be violated in precisely those cases where the full NP (antecedent) appears in the semantic peak of the sentence; where the 'semantic peak' is defined as the most climactic, important, or dominant part of the sentence.（先行詞である名詞句が文の意味的頂点に現れ，その「意味的頂点」というのが文の最も重要で優勢な部分であると定義される場合には，逆行照応の制約に違反することができる。）
注 20　Bolinger（1979）は，a. と b. の容認度の差異は先行詞のある節と照応詞のある節との等位性の差によるもので，基本的には二つの節が等位接続で結ばれる場合には後方照応は成り立たないが，意味的な重点が先行詞のある節に置かれる場合には成り立つとしている。

さらに，DeCarrico（1983）でも，次の例が挙げられる[注21]。

(3-25) If you agree to cook it$_i$, I will buy a turkey$_i$ for Thanks-giving.
　　　（もし（ソレ$_i$を）料理するのに賛成してくれるなら，私が感謝祭用の七面鳥$_i$を買います。）

(3-26) If you order it$_i$, an amazing magic kit$_i$ could be yours for only $1.98!
　　　（今（ソレ$_i$を）注文すれば，驚くべき手品道具一式$_i$が1ドル98セントであなたのものに！）

　上記の例はいずれも仮定節に"it"が現われる例であるが，Halliday & Hasan（1976）では，"it"がテキスト指示（text reference）の場合に後方照応が起こることがあるとし，以下の例を挙げている。

(3-27) I would never have believed it$_i$. They've accepted the whole scheme$_i$.
　　　（とても（ソレ$_i$を）信じられない思いでしたが，先方は計画を全部受け入れたのです$_{i \circ}$）

　また，Bolinger（1979）も次の様な例を挙げている[注22]。

(3-28) a. *I rented it$_i$ to John when I bought the house$_i$.
　　　b. When I bought it$_i$, I rented the house$_i$ to John.
　　　（私がソレ$_i$を買った時，その家$_i$をジョンに貸した。）

注21　Kuno（1975）は不定名詞句が代名詞の先行詞となることはできないと述べているが，この例に示されるように，実際には可能である。DeCarrico（1983）は"Semantic Contradiction Constraint（SCC／意味的矛盾の制約）"という制約を定め，"An intended anaphor / antecedent relation is blocked if semantic contradiction is present.（意味的に矛盾が生じていれば照応詞と先行詞の照応関係は阻止される）"と述べている。DeCarrico（1983）の挙げる例は意味的矛盾が生じていないため容認される。
注22　Bolinger（1979）は，a. と b. の容認度の差は，Wh-節等の従属節と主節とのつながり（connection）の強さの差に起因するとしている。このような例は人を指示対象にする場合にも見られる。

英語においては，指示対象が人である場合，に後方照応が認められているが，指示対象が事物等の場合には，その使用に人よりも制限が多いようである。また，指示対象が人である場合と事物等である場合共に，方言による容認度の差異も認められる[注23]。

3.3.2 日本語における後方照応

日本語には原則として後方照応は存在しないと考えられている。ただし，神崎高明（1994）は例外的に後方照応が存在すると考えられる例があるとして，次のような例を挙げている。

(3-29) 彼$_i$の家の門口へ駆けこんだ時，良平$_i$はとうとう大声に，わっと泣き出さずにはいられなかった。（芥川龍之介『トロッコ』）
(3-30) その$_i$校歌作りし県立高校$_i$のだぶだぶ風俗みればかなしも
(馬場あき子『朝日新聞』連載「折々のうた」より)
(3-31) 太郎が彼女$_i$の新しい先生を花子$_i$に紹介した。
(Kuno, 1986[注24])
(3-32) 彼$_i$の奥さんがジョン$_i$を養っているらしい。
(Whitman, 1987[注25])

（3-29）は小説の中で使用される例であり，(3-30) の短歌は，関係詞節の中の再述代名詞（resumptive pronoun）として使用されている。神崎（1994）はこれらの例を挙げて，日本語にも後方照応があることを認

注23 Lakoff（1968，1976）は Stanley Peters の私信より，テキサス方言において次のような例は文法的であると紹介している。
　　It bothered him$_i$ that John$_i$ was sick.
　　（ジョン$_i$は病気であるということが彼$_i$を悩ませた。）
　また，次のタイプの文は，神崎高明（1994）によれば，言語学者の判断もさまざまであるという。
　　(?) His$_i$ mother loves John$_i$．（彼$_i$の母親はジョン$_i$のことを愛している。）
注24 Kuno, Susumu (1986) 'Anaphora in Japanese' Working Papers from the First SDF Workshop in Japanese Syntax, 11-70.
注25 Whitman J. (1987) 'Configurationality Parameters' in Takashi, Imai & Mamoru Saito (eds.), *Issues in Japanese linguistics*, 351-374. Dordrecht: Foris Publications.

めている。しかし，実際には，小説や短歌に見られる例のほか (3-31) も，ごく自然な表現とは考えられず，幾分ぎこちない感じがする。書き言葉では使用されたとしても，話し言葉ではまず使用されないといってよい。また，(3-32) の例も，ジョンのことを話題にしているなど，相応の先行コンテクストがあってはじめて容認されるものである。これらは，Kuno (1975) の述べるように，代名詞の指示対象が先行コンテクストから確定可能 (determinable) であってはじめてこのような表現が可能になるものと考えられる[注26]。(3-30) のような形式をとるものには，このほか，次のような例が挙げられる（馬場俊臣, 1992[注27]）。

(3-33) <u>ソノ</u>$_i$復旧に一週間もかかった<u>冠水事故</u>$_i$。
(3-34) 意味を知らないで<u>ソレ</u>$_i$を使うと，<u>俗語</u>$_i$は誤解を招くことがある。
(3-35) 当時はまだ<u>ソウ</u>$_i$言い切れるほどではなかったが，<u>この20年間に読者は単に情報の受け手になった</u>$_i$。

以上のような例は極めて少なく，またいずれも容認度が決して高いとはいえないものであることから，日本語において後方照応は，指示対象が人の場合も事物等の場合も例外的なものであることが分かる[注28]。

3.3.3 中国語における後方照応

では，中国語についてはどうであろうか。Tai (1973) は，関係詞節

[注26] Kuno (1975) は以下のような例を挙げ，先行コンテクスト，ここでは話し手 A の問いかけがなければ，話し手 B の文は容認されないことを説明している。
　　Speaker A : Who is visiting <u>John</u>$_i$?（誰が<u>ジョン</u>$_i$を訪ねる予定なの？）
　　Speaker B : <u>His</u>$_i$ brother is visiting <u>John</u>$_i$.（<u>彼</u>$_i$の弟が<u>ジョン</u>$_i$を訪ねる予定だ。）
[注27] 馬場 (1992) は，このようなソ系の後方照応を，「後続する指示内容を言わば先取りして，その語句や節の『代用』として用いられていると言える」と述べている。また，ソ系よりも使用される範囲の広いコ系による後方照応は，「言述直示性」という性質と関連があると述べている。
[注28] 田中望 (1981) は，日本語の指示詞において後方照応の用法をもつのは「ソ」のみであるとし，その「ソ」による後方照応も日本語に本来あったものであるかどうかは疑わしい，と述べている。

中の代名詞化を除いて中国語の代名詞には後方照応は存在しない，と述べているが[注29]，Huang (1982) は，代名詞が，深く埋め込まれた (embedded) 節内の名詞の所有格 (possessive) として使用されている場合や，関係詞節の再述代名詞として使用されている場合など限られた範囲ではあるものの後方照応が存在すると述べ，以下のような例を挙げている[注30]。

(3-36) a. *[[打了他_i的] 那个人] 对张三_i很不客气。
(*彼_iを殴ったあの人は张三_iに対してふてぶてしい態度をとった。)
b. [[打了 [他_i的妈妈] 的] 那个人] 对张三_i很不客气。
(彼_iの母親を殴ったあの人は张三_iに対してふてぶてしい態度をとった。)

(3-37) a. *[他_i能不能来] 对张三_i没关系。
(*彼_iが来られるかどうかなど张三_iには関係がなかった。)
b. [[他_i的妈妈] 能不能来] 对张三_i没关系。
(彼_iの母親が来られるかどうかなど张三_iには関係がなかった。)

(3-38) [[我送了他_i一本书的] 那个人_i]
(私が本を一冊 (彼_iに) 送ったあの人_i)

(3-39) [[我把他_i打了一顿的] 那个人_i]
(私が (彼_iを) 一発殴ったあの人_i)

Huang (1982) は，(3-36) や (3-37) において，各例文中のa. はいずれも成り立たないが，より埋め込まれた場所に位置する b. (所有格) の場合は容認可能とし，(3-38)，(3-39) では，関係詞節中に再述代名詞として使用されていることから容認可能と述べる。しかしこれらも，きわめて自然な例とは言いがたく，実際にはゼロ代名詞が使用される ((3-39) は前置詞"把"も省略する) か，あるいは他の表現を用いることの

注29 関係詞節が主要部名詞 (head noun) の前にある場合に限る。
注30 原文の例文はピンイン (ローマ字) 表記であるが，本論では便宜上，漢字 (簡体字) で記す。また，原文とは例文の列挙の仕方が異なる。

ほうが多い。Xu（1986）は，節を越えて照応関係が成り立つ場合の後方照応における三人称代名詞とゼロ代名詞の選択について，次の例を挙げている（例文中の e は空位 φ であることを示す）。

(3-40)　a. *他_i看了电影儿，约翰_i又读了小说。
　　　　　（*彼_iは映画をみ，ジョン_iは小説も読んだ。）
　　　b. e_i看了电影儿，约翰_i又读了小说。
　　　　　（e_i 映画をみ，ジョン_iは小説も読んだ。）
(3-41)　a. *他_i一进门，约翰_i就叫了。
　　　　　（*彼_iが門をくぐるや否や，ジョン_iは叫んだ。）
　　　b. e_i一进门，约翰_i就叫了。
　　　　　（e_i 門をくぐるや否や，ジョン_iは叫んだ。）

　(3-40)，(3-41) 共に，三人称代名詞は使用できないが，ゼロ代名詞の場合は容認されることを表している[注31]。
　さらに，徐赳赳（1990）は，修辞的な手段として後方照応がみられる例を挙げ，分析のために収集した 85 篇の陳述文のうち，後方照応の形式によって主要な人物を談話に導入する手段を採っているものは 9 篇で，全体の 10.59％を占めていると報告している。

(3-42)　他倒下了。不是倒在他眷恋的祖国，而是倒在异国的土地上。
　　　　一年前的 11 月 22 日下午，南斯拉夫首都贝尔格莱阴雨霏霏。中国驻南斯拉夫大使政务参赞李文祥正是利用这个星期天赶写年终总结。　　　　　　　　　《人民日报》(1988.12.9)
　　　　（彼は倒れた。彼の思いを馳せていた祖国ではなく，異国の土地で倒

注31　なお，ゼロ代名詞については，後方照応のみならず前方照応の場合にも統語的に許されるならば優先的に選択される。Li & Thompson（1979）は，中国語の物語文においてゼロ代名詞が広く使用されていること，また，ゼロ代名詞と三人称代名詞の選択は，結合度（conjoinablity）が重要な要素の一つとなっていること等を述べている。文と文または節と節の結合度が低ければ低いほど三人称代名詞が使用される率が高くなり，結合度が高ければ高いほどゼロ代名詞が使用される傾向にあると述べている。

れた。一年前の 11 月 22 日午後，南スラブの首都ベオグラードは長雨が降り続いていた。中国駐南スラブ政務参事官，<u>李文祥</u>はちょうどこの日曜日を利用して，急いで年次報告書の執筆に取りかかっていた。)

以上は指示対象が人の場合であったが，指示対象が事物の場合にも後方照応は見られるのであろうか。第1章で考察した"管 tā 我多大！（私が幾つかなんてどうでもいいでしょ！）"や"睡 tā 一覚（一眠りしてやろう）"等，いわゆる"tā"の「虚指」用法を，"tā"がその後ろに続く言葉に照応していると考えれば，三人称代名詞が先行詞よりも前に現われていることになるため，後方照応とみなせないこともない。しかし，これらは後ろに続くものと同格関係にあるとも考えられ，典型的な例とは言えない。「虚指」的用法のほか，照応詞である三人称代名詞と先行詞が同格関係にあり，なおかつ三人称代名詞が先に現われる例としては，次のようなものがあり，話し言葉で比較的多く見られる。

(3-43) 余德利：<u>它</u>过去的事，您就让它过去得了。　　《编辑部的故事》
  ((<u>ソンナモノ</u>）過去のことなんて，ソンナノもういいじゃないですか。)
(3-44) 我们到了那个闸口儿的时候儿，<u>ta</u>那个闸门儿有一个闸门儿坏了。
  　　　　　　　　　　　　　　　　　(Chan, 1985，陈宁萍，1986)
  (私たちがあの入口に着いた頃，<u>アレ</u>あの門が，入口の門の一つが壊れたのよ。)

これらは，計画されていない談話の中で，話し手が聞き手に指示対象を提示することなく"它"を用いてしまったために，すぐ後で先行詞を補っているものと考えられる。
　さらに，説明書やマニュアルなどの書き言葉にみられるが，ごく自然な表現とは言いがたい例がある[注32]。

注32　中国語母語話者の中には，このような例は話し言葉であれば許されるが，書き言葉

(3-45) ?用过它的人都知道Freehand有个致命弱点，就是无法输入中文的。
(?ソレを使ったことのある人はみな知っていることだが，Freehandには致命的な弱点がある。それは中国語が入力できないということだ。)

(3-46) ?购买它的人都希望减肥食品能带有一定的效果。
(?ソレを購入する人々はみなダイエット食品に一定の効果がみられることを望んでいる。)

(3-47) ?它的好处，学过太极拳的人都知道。
(?ソレの利点は，太極拳を習ったことのある人なら誰でも知っている。)

(3-48) ?它的滋味，没有经历过失恋的人不会知道的。
(?ソレの味は，失恋をしたことのない人には分かるはずがない。)

このような例では"它"はいずれも顕著性の低い位置に現われ，先行コンテクストにおいてすでに指示対象が導入されている場合には，話し言葉，書き言葉ともに容認度が高くなるが，そうでない場合には，容認度が相対的に低くなる[注33]。ただし，後方照応の例として挙げられているわけではないものの，Chan (1985)は，"它"が関係詞節中の目的語の位置に使用されている次の例を挙げている[注34]。

(3-49) 我把它咬了一口的苹果，一放下，就不见了。
((ソレを) 一口かじった林檎が，ちょっと置いたすきになくなってしまった。)

───────────────

の場合には不適切であるという意見もあり，容認度にはかなりの差異が認められる。説明書やマニュアルなどは，あらかじめ何について述べられているかが分かっているため，広い意味でその指示対象が談話に導入済みである，すでに話題となっている，と考えることもでき，そのためにこのような文が書き言葉で容認されると考えることも可能であろう。

注33　後方照応の例としては適切ではないものの，文語的表現の例として"有其父必有其子 (その父がいればその子がいる。⇒蛙の子は蛙)"という諺が挙げられる。

注34　ただし，Chan (1985)自身は，このような例においては三人称代名詞を用いるよりもゼロ代名詞のほうが容認度が高い，と述べている。なお，原文はピンインによる表記である。

(3-50)　这就是张三说不想喝它的药水。
　　　　（これが，張三が（ソレを）飲みたくないと言っている水薬だ。）

　事物を指示対象とする場合の後方照応については，上記の例以外にほとんど研究がないが，"它"の後方照応の状況は日本語の状況に近く，その容認度はかなり低い。照応詞が先行詞よりも前に来る場合には，Chan（1985）も指摘するように，実際にはゼロ代名詞が使用されることのほうが多いが，統語論的または意味論的にゼロ代名詞の使用が許されない場合に三人称代名詞が使用されることがある。後方照応は中国語においては例外的に使用されると考えてよいであろう。

3.4　直接的照応と間接的照応
3.4.1　認定プロセスの観点からみた照応

　山梨正明（1992）は，照応現象を先行詞と照応詞の認定プロセスの観点からみた場合，「直接的照応」と「間接的照応」という二つのケースが考えられるとし，両者を次のように分類している[注35]。

　　直接的照応——問題の照応詞に対応する先行詞が，前後関係を規定
　　　　　　　　する文脈や状況，場面に直接的に認められるケース。
　　間接的照応——問題の照応詞に対応する先行詞が，前後関係を規定
　　　　　　　　する文脈や状況，場面には明示されずに間接的に推
　　　　　　　　定されるケース。

注35　ただし，山梨（1992）は，その注において，「直接的照応」と「間接的照応」の区別は絶対的なものではない，と述べている。また，田中望（1981）は「直接的照応」を「典型的照応（照応Ⅰ類）」，「間接的照応」を意味論的知識が前提とされる「変則的照応（照応Ⅱ類）」と呼んでいる。「間接的照応」は，「連合照応」や「橋渡し推論」等と呼ばれることもある。なお，Halliday & Hasan（1976）では語彙的結束性を表すものの一つとして，"poetry…literature…reader…writer…style（詩…文学…読者…作家…文体）"のような"collocation（コロケーション：同じ語彙的環境を共有する二つ以上の単語の慣用的なつながり方）"を挙げているが，これと間接的照応は部分的に重なるものと思われる。ただし，Halliday & Hasan（1976）はコロケーションを照応としては捉えていない。

このうち，直接的照応はごく一般的に見られる照応のケースであり，中国語では次のような例が挙げられる。

(3-51) 其中一个对何碧秋说："你写诉状，应该找律师事务所呀。"何碧秋问："它是干什么的？"　　　　　　　　　　　　《万家诉讼》
(その中の一人が何碧秋に言った。「訴状を書くなら弁護士事務所に行かなきゃ。」「ソレは何をするところなの？」と何碧秋は尋ねた。)
(3-52) A：您这个录音机怎么了？
B：您看，昨天我听录音听了半截儿，它就突然不动了，不知是怎么回事。　　　　　　　　　　　　　　　　　　　　＝(2-52)

　間接的照応には，多くの場合，何らかの推論が必要になる。山梨(1992)は，間接的照応にもさまざまなパターンがあると述べている。以下，それぞれのパターンについて考察することにする。

3.4.2　間接的照応
3.4.2.1　統合的照応
　次の例は山梨正明(1992)の挙げる「統合的照応」と呼ばれる間接的照応の一種である[注36]。

(3-53) Fry the onions in the butter till they're tender. Add the carrots parsley, salt, and pepper, and put it all into a buttered casserole dish. Pour the cream on top, cover, and bake at 350 for forty-five minutes.
　　　　　　　　　　(Peg Bracken, The I Hate to Cook Book:43)
(バターに玉ねぎを入れてソレラ(＝玉ねぎ)が柔らかくなるまで炒めます。人参，パセリ，塩及びコショウを加え，ソレ(＝玉ねぎと人参，パセリ，塩，コショウを混ぜあわせたもの)を，全部バターを塗っ

[注36]　間接的照応等の例で，先行詞とは呼びにくいが，照応詞の解釈や指示対象の特定に大きく関わる箇所に破線を引いている。以下，同様。第2章の例(2-69)も間接的照応の一種である。

た加熱皿にいれます。上にクリームをかけて蓋をし，350度で45分間焼きます。)

(3-54) 酢と砂糖と醤油をよくまぜあわせ，生野菜に{[それ]を／[φ]／*[それら]を}さっとふりかけて下さい。

　山梨（1992）は，このような例について，問題となる先行詞の指示対象が事象の変化にともなって変化するため，これに対応する照応詞を解釈する場合には，テキストの表層の形式的な手がかりだけでなく，問題の指示対象のダイナミックな変化のプロセスを考慮した推論との関連で先行詞を理解する必要がある，と述べている。なお，英語では，普通，先行詞の単複に応じて照応詞も単数形または複数形に変化するが，日本語の場合には，先行詞が意味的に複数であっても照応詞は複数形にならないのが一般的である。
　このような例は，中国語における三人称代名詞"它"の場合にも見られる。

(3-55) 甲：我五六岁的时候，玩小孩玩意儿，就是那一上弦就跑的小汽车，刚买来，我就把[①]它拆了，一件一件摆在那里，全看明白了。
　　　　乙：再把[②]它装上？
　　　　甲：装是装不上了。　　　　　　　　　《中国传统相声大全》
（甲：僕は5，6歳の頃，子どものおもちゃで遊んでいたんだ。あのぜんまいを巻くと走るミニカーでね。買ってきてすぐに[①]ソイツを分解して，一つ一つ並べてみて，全部（しくみが）分かりました。　乙：また[②]ソイツを組み立てたのかい？　甲：組み立てようにも組み立てられなくなりました。)

　この例では"它"が二度使用されているが，"它"①は一個体としてのおもちゃを指すのに対し，二度目に現われる"它"②は分解したおもちゃの部品を指しているものと考えられる。ただし，その部品をそれぞれ一個体と捉えず，部品全部を一個体として認識するため，"它"が使

134

用されていると考えられる[注37]。
　この「統合的照応」の中には，次のようなものも含まれてよいであろう。

(3-56)　有一次，安林拿出一件旧棉袄対我说："<u>给我的棉衣里面缝上些小口袋吧</u>，我要用<u>它</u>代替保温箱，装上试管培养细菌。"
　　　　　　　　　　　　　　　　　　　　　　　　　　　《听力篇(下)》
　　　　（こんなことがあった。安林が古い綿入れの上着を持ち出してきて私に言った。「<u>僕の上着の内側に小さなポケットをいくつか縫い付けてくれないか。</u>ソレを保温ケースの代わりにして，試験管を入れて細菌を培養したいんだ。」）

　この例において，"它"の先行コンテクストには"(一)些小口袋（幾つかの小さなポケット）"という名詞句があり，"它"は一見，この名詞句に照応しているようにみえる。しかし，実際に"它"の指示対象として考え得るのは，「話し手の綿入れの上着にこれから縫い付けてもらおうと思っている小さなポケット」であって，単なる「いくつかの小さなポケット」にとどまらない。このように，"它"は単なる先行コンテクスト中の名詞句の情報のみを承けるのではなく，先行コンテクストに提示された情報の全てを含み得る。ここには，"它"の指示対象を特定するために必要な情報を聞き手（読み手）が選択しそれらを統合するというプロセスが見られ，そのようなプロセスなしでは指示対象を特定することは困難である。

3.4.2.2　コトガラの名詞句化
　"它"は事物のみならず，ある事柄を指示する場合にも使用されることがあり，普通は，(3-57)や(3-58)のように"这/那～"，"这/那＋（量詞）＋名詞"等，指示詞を用いて承け直してからさらに"它"と代名詞

注37　中国語は日本語と同じく事物等が指示対象の場合，複数形を使用することが少ないため，ここでは"它们"が使用されていないとも考えられる（第2章参照）。

化されるが[注38],時に (3-59) や (3-60) のように明確な先行詞のないまま、直接"它"が使用されることがある。

(3-57) "你可真够逗嘿，喝杯茶还改天。走吧，甭跟我客气。不就是<u>钉个门，安个窗户</u>吗？ <u>这点活儿</u>，回头我捎带手，就替您把<u>它</u>干喽。您忘啦，我可是在房管所上班。"　　　　　　　　《北京爷》
(「あんたほんとに面白い人だねえ。お茶を飲むくらいで何が日を改めてだよ。行こう。俺に対して遠慮は無用だ。<u>ドアをとっつけて、窓をはめこむ</u>くらいだろ？ <u>それっぽっちの仕事</u>、後で俺がついでにあんたの代わりに<u>ソイツ</u>をやってやるさ。忘れたのか。俺は住宅管理所で働いてるんだぜ。」)

(3-58) 张守坚：（十分激动）莺，莺，（反抗地）可是你难道忘记<u>从前初到上海住亭子楼的时候</u>吗？你穷得没有饭吃，也非常快乐！
　　　　黄　莺：<u>那些事</u>我一直总是想法叫自己忘了<u>它</u>，因为我一想起来就觉得可怕，浑身抖索，想想不知道那时候怎么过的。
　　　　　　　　　　　　　　　　　　　　　　　　　　《银星梦》
(張：(感極まって) 鶯、鶯、(反抗的に) でも、君は忘れたのかい？初めて上海に来て小部屋に住んでいた時のことを。<u>貧しくて食べるものがなかったけれど</u>、とても楽しかったじゃないか。　黄：<u>あんな(時の)こと</u>、私はいつもずっと何とかして (<u>アレを</u>) 自分に忘れさせようと思っているわ。だって思い出しただけでも恐ろしくて体中震えてしまうわ。あの時一体どうやって暮らしていたのかしら。)

(3-59) 戈　玲：我有话跟你说。
　　　　李冬宝：说吧。
　　　　戈　玲：<u>我呀，恨你</u>。
　　　　李冬宝：那你也恨他们吗？那我就把<u>它</u>理解为你对我另眼相看，也就是说，关系非同寻常。　　《编辑部的故事》

注38　三人称代名詞とは異なり、指示詞"这/那"は言語的コンテクストを名詞句化する作業を必要とせず、広域指示 (extended reference) が可能である。

(戈：あなたに話があるのよ。　李：言って。　戈：私ね，あなたのことが大嫌い。　李：じゃあ，あいつ等のことも嫌いか？　なら，ソイツを君が俺に対して特別な目で見ているっていうことにするよ。つまり，僕らの関係は普通の関係じゃないってことだ。）

(3-60)　陈主编：哎，你主要的任务就是把她从感情的死胡同里引出来，
　　　　　　把她的思想打开，不一定非得有什么结果嘛。
　　　　…(略)…
　　　　陈主编：救人要紧。冬宝同志，你就把它当成组织上交给你的一
　　　　　　个艰巨的任务去完成吧。　　　　　《编辑部的故事》
　　　　(陳：なあ，君の主な任務はあの娘を恋愛の窮地から助け出して，あの娘の気持ちを開かせることだ。必ずしも何か結果を出す必要はない。…(略)…　陳：人を救うことが優先だ。冬宝君，コレを我が組織が君に与えたきわめて大きな任務だと思って遂行してくれたまえ。）

　"它"は基本的には名詞句を先行詞とするが，(3-59) や (3-60) の例においては先行コンテクストにそれらしき名詞句がない。(3-59) についてみてみると，最も"它"と関わりのあると思われるのは，"戈玲"の"我呀，恨你。(私ね，あなたのことが大嫌い。)"という文であるが，これは，"它"と代名詞化されるまでに，次のようなプロセスがあるものと考えられる。

　　(1)"我呀，恨你。(私ね，あなたのことが大嫌い。)"⇒
　　(2)"戈玲恨李冬宝。(戈玲は李冬宝のことが嫌いである)"⇒
　　(3)(話者の交替)"你恨我。(君は僕のことが嫌いである)"⇒
　　(4) 君が僕のことを嫌いであるということ (事実)

　言語表現には現われていないが，"它"と代名詞化されるまでに，先行コンテクストで述べられた事柄を名詞句化する作業が人間の脳の中で行われているものと考えられる。

3.4.2.3 非総称から総称へ

先行詞が特定的(specific)であるものを指示対象としているにもかかわらず，照応詞ではその指示対象が総称的(generic)に解釈されるものがある。今西典子・浅野一郎(1990)は英語について次の例を挙げている。

(3-61)　A German shepherd bit me yesterday. They are really vicious beasts.
(Nash-Webber, 1977 [注39])
(昨日私は一匹のシェパードに噛まれました。ソレラは本当に危険な動物です。)

井上和子他(1985)も，「総称・非総称の意味的区別は先行詞と代名詞の照応とは独立したものである」として次の例を挙げている。

(3-62)　Bill trapped eagles last night even though he knows full well that they are on the verge of extinction.　　　　(Carlson, 1977)
(ビルは昨日鷲をわなにかけて捕まえた。ソレラが絶滅の危機に瀕していることをよく知ってはいたが。)

上記の二例はともに，照応形が複数形となっているが[注40]，Krifka et al. (1995)は単数形で承けられる例もあるとして以下の例を挙げている[注41]。

注39　Nash-Webber, B. L. (1977) 'Anaphora : A Cross Disciplinary Survey' *Technical Report of Center for Study of Reading (University of Illinois)* 31.
注40　Halliday & Hasan (1976) も次の例文はあいまい文であり，"them"には「アーサーのチワワ」と「チワワなんていうもの (the things)」という2種類の解釈ができるとしている。
　　Arthur's very proud of his chihuahuas. I don't like them.
　　(アーサーは自分の飼っているチワワのことをとても自慢している。だが僕はソレラ(=アーサーのチワワ/=チワワというもの)が好きではない。)
　　2番目の解釈は変則的であり，厳密な意味では先行詞と同一指示的ではない。
注41　ただし，先行詞が複数形の場合は代名詞も同様に複数形でなくてはならないとしている。
　　John found some dodos, although { they were / *it was } believed to be extinct.
　　(ジョンはドードーを数羽見つけた。ソレラは絶滅したと信じられていたが。)
　　なお，Krifka et al. (1995) では，"generic"を"kind (種)"を指示するものと捉えている。

(3-63) John found a dodo, although it was believed to be extinct.
（ジョンはドードー（を一羽）を見つけた。ソレは絶滅したと信じられていたが。）

(3-64) John drank some milk even though he's allergic to { it / *them }.
（ジョンはミルクを少し飲んだ。彼はソレに対してアレルギーを持っていたのに。）

これらはいずれも先行詞では特定的なものを指しているのが，照応詞が提示された段階では総称的に解釈される例であるが，Carlson (1977) は，先行詞が総称的に解釈され，照応詞が非総称的（Carlson の用語では "existential"）に解釈される例も挙げている。

(3-65) May hates raccoons, because they stole her sweet corn last summer.
（メイはアライグマが大嫌いだ。というのも，アライグマ（*ソレラ）が昨夏，彼女のトウモロコシを盗んだからだ。）

(3-66) Martha told me that beans can't grow in this climate, but they grew well for me last year.
（マーサは，豆はこの気候では育たないと言ったが，豆（*ソレラ）は去年ちゃんと育った。）

日本語の非総称から総称に解釈される例としては，大野早苗 (2000) が単数の特定の指示対象を持つ先行詞に対して，照応詞に「彼ら」を用いて総称的に表すことができるとし，(3-67) を挙げている。この例において，「彼女たち」は「その女性編集者のように幼い子を持った女性編集者全般」を指していると解釈され，指示対象が特定の単数からその属性を共有する者全体へと変化している，と言う。

(3-67) 「もうこれ以上お待ちできません。家のほうにファクシミリで送ってください」
東京のファクシミリに，女性編集者からの伝言が入っていた。

彼女は五歳の女の子の母親である。最近の出版者の新しい流れだと思うのだが，彼女たちはいつまでも会社で，だらしない作家の原稿を待っていたりはしない。夕方には，子どもを保育園にひき取りに行かなければならないのだ。　　　（『原宿日記』）

　大野（2000）は人を指示対象とする場合のみ考察しているが，動物や事物等を指示対象とする場合はどうであろうか。日本語には事物等を指す三人称代名詞はないため指示詞に置き換えて考えてみると，すでに挙げた英語の例の訳文は，非文とはならないまでも，日本語として決して自然なものとは言えない。もとの名詞句を繰り返すか，場合によってはゼロ代名詞を使用するのが最も自然な表現と言えるだろう。日本語において，総称的に解釈された先行詞を承ける場合，代名詞等の照応詞が非総称的に解釈される例は見られないようである。たとえば，(3-65) や (3-66) の日本語訳として (3-68)，(3-69) は容認されない。

(3-68)　メイはアライグマが大嫌いだ。というのも，アライグマ（$^{??}$ソレラ）が昨夏，彼女のトウモロコシを盗んだからだ。
(3-69)　マーサは，豆はこの気候では育たないと言ったが，豆（$^{??}$ソレラ）は去年ちゃんと育った。

　このように，日本語の間接的照応の用法においては，非総称から総称へと指示対象が変化することは認められるが，その逆は認められていない[注42]。
　次に，中国語について見てみよう（総称に関わることについては，第5章で詳しく述べる）。

(3-70)　您这几朵花，都是晚香玉，它什么时候都香。不过，到了晚上香气更浓些。"　　　　　　　　　　　　　　《献上一束夜来香》
　　　　（この数輪の花は，全て晩香玉ですよ。コレはいつでも香りがするんで

注42　ただし，「ソレラ」を「ソレ」に換えると容認度がいくぶん上がるようである。

す。ただ，夜になると香りがもっと増しますが。)
(3-71) "这，这不是夜来香，是，是晚香玉，你，你说的……"
"不，老李，您说它是夜来香，它就是夜来香。"

《献上一束夜来香》

(「こ，これは夜来香じゃない，晚香玉だ。き，君が言ったんだよ……」「いいえ，李さん，李さんがコレは夜来香と言えば，コレは夜来香です。」)

(3-70)，(3-71) において，"它"の先行詞は"您这几朵花（あなたのこの数輪の花)"，"这（これ)"ではなく，"晚香玉（晩香玉)"と考えることも可能であろうが，指示対象が談話の場にある花ではなく，その花の属する類へ，すなわち個体から総称的なものへ変化していることには変わりない。

なお，英語の例で見たような，先行詞では特定的なものを指しているのが，照応詞（三人称代名詞）では総称的に解釈されるものは，日本語と同じく，中国語でも見られないようである。(3-65) や (3-66) の中国語訳として (3-72)，(3-73) は容認されない[注43]。

(3-72) 小梅讨厌浣熊，因为，去年夏天 {?浣熊 / ?*它们} 偷了她的玉米。
(3-73) 马萨告诉我在这个气候豆子长不好，但是，去年我把 {?豆子 / ?*它们} 长得很好。

例文からも分かるように，指示対象が先行詞の提示される段階と照応詞の提示される段階で微妙に異なるこの現象は，人間よりもむしろ動物や事物等が指示対象となっている場合に多く見られる。これらはいずれも一種の推論を経て照応詞の指示対象が導き出されることから，間接的照応の一種と考えてよいであろう。

注43 最も自然な表現としては，"有只浣熊（あるアライグマ)"，"我家的豆子（うちの家の豆)"等，指示対象を限定する（先行コンテクストとは指示範囲が異なることを示す）何らかの表現が必要である，というのが中国語母語話者の比較的一致した意見であった。

このように，三人称代名詞は一般に直接的照応をとるが，時に上述のような間接的照応が見られることもある。

3.4.2.4 内在先行詞

山梨正明（1992）によると，Postal（1969）[注44]は，先行コンテクストに意味的に先行詞に相当する要素を含んでいても照応関係が成り立たない表現を"anaphoric island（照応不能領域）"と呼んでいる。「照応不能領域」の例として次のような例が挙げられる（Postal, 1969）。

(3-74)　a. The person who lost his parents deeply misses them.
　　　　（両親を失った人は彼らがいないことをとてもさみしく思う。）
　　　　b. *The orphan deeply misses them.
　　　　（*みなしごは彼ら（＝親）がいなくてとてもさみしく思う。）

　b. の 'orphan' は「親（'parents'）のいない子」を意味する語であるが，'parents' という先行詞が言語的に明示されていないために容認不可能とされる[注45]。

　Lakoff & Ross（1972）は，「照応不能領域」にかかわる照応関係の容認度について，先行する語彙項目の一部の要素からの照応には制約があるが，その容認度は一様ではなく，次の三段階が考えられると述べている。

　　(A) If the lexical item and the antecedent are not morphologically related, the sentence is unacceptable. : (*)

注44　Postal, Paul M. (1969) 'Anaphoric Islands' Papers from the fifth Regional Meeting of the Chicago Linguistic Society, 205-239. Chicago: Chicago Linguistic Society.
注45　Postal（1969）は次の例も同様に考えている。
　a. A man who plays the guitar bought one yesterday.
　　（ギターを弾いている人が昨日ソレを買った。）
　b. *A guitarist bought one yesterday.（*ギタリストが昨日ソレを買った。）
Lakoff & Ross（1972）はこの b. の判定に対し，(3-74) b. に比べ "guitar" と音韻的に関連が強いために容認度がいくらか高くなることから，"?*" という判定をしている。

142

(ある先行語彙項目と照応詞の先行詞と理解されるべきもの(以下「先行詞」)との間に形態的な関連がない場合,その文は容認されない(*)。)

(B) If the lexical item and the antecedent are morphologically related and if the lexical item commands[注46] the pronoun, the sentence is judged as deviant, but not to the same extent as starred sentences. : (?*)

(ある先行語彙項目と先行詞との間に形態的な関連があり,その語彙項目が代名詞を統御している場合,その文は逸脱したものと判断されるが,全くの非文とは言いきれない。すなわち容認度は (A) よりも高い (?*)。)

(C) If the lexical item and the antecedent are morphologically related and if the lexical item does not command the pronoun, the sentence is either of moderately questionable acceptability (?) or fully grammatical, depending on the idiolect of the speaker.

(ある先行語彙項目と先行詞との間に形態的な関連があり,その語彙項目が代名詞を統御していない場合,話し手の個人方言によって,その文の容認度には (?) マークがつくか,あるいは十分に文法的なものとみなされる。)

上記の段階は,下に行くにつれて,容認度が次第に高くなっている。このような容認度の差異は他の言語においてもみられるのであろうか。

山梨正明 (1992) は「照応不能領域」の中にくみ込まれている先行詞を「内在先行詞」と呼んでいるが,上記の例のような表現の容認度の判断は,実際には,音韻・形態的な側面,統語的,意味的な側面から相対的に判断されなければならないと述べている。そして,日本語について,照応詞をゼロ代名詞にした場合の容認度の差異を次のような例を挙げて

注46 'command (統御)' は,Langacker (1969) によって次のように定義される。
A node A"commands"another node B if (1) neither A nor B dominates the other ; and (2) the S-node that most immediately dominates A also dominates B. ((1) 節点 A と節点 B が互いに支配せず,なおかつ (2) 最も直接的に A を支配している S (=文) 接点が B も支配している場合,節点 A は節点 B を「統御する」と言う。)

示している[注47]。

(3-75) a. ?太郎には親がいないので，φ（＝親）欲しくてたまらない。
　　　 b. ??太郎は孤児なので，φ（＝親）欲しくてたまらない。
　　　 c. ?*孤児の太郎はφ（＝親）欲しくてたまらない。
(3-76) a. ?ギターを弾いている人が，φ（＝ギター）壊してしまった。
　　　 b. ??ギター弾きが，φ（＝ギター）壊してしまった。
　　　 c. ?*ギタリストが，φ（＝ギター）壊してしまった。

では，中国語の場合にはどうであろうか。中国語についても同様の調査を行ってみた。

(3-77) a. 陈鸣曾经是个小提琴家，可是三年前他突然不弹｛提琴／*它／φ｝了。
　　　　（陳鳴は以前ヴァイオリニストであったが，三年前，突然｛ヴァイオリンを／*ソレを／φ｝弾かなくなった。）
　　　 b. 陈鸣是拉提琴的。可是三年前他突然不弹｛提琴／?*它／φ｝了。
　　　　（陳鳴は以前バイオリン弾きだったが，三年前，突然｛ヴァイオリンを／?*ソレを／φ｝弾かなくなった。）
　　　 c. "女士们和先生们，"报幕员说："不巧，小提琴家把｛提琴／*它｝忘在家里了，…(略)…
　　　　（「皆様」と司会者が言った。「あいにく，ヴァイオリン奏者が｛ヴァイオリン／*ソレ｝を家に忘れてしまいまして…(略)…」）
(3-78) a. 陈鸣是盲人，他七岁的时候把｛眼睛／*它｝弄瞎了。
　　　　（陳鳴は盲人である。彼は7歳の時に｛目／*ソレ｝が失明した。）
　　　 b. 陈鸣是个没有视力的人，他七岁的时候把｛眼睛／*它｝弄瞎了。
　　　　（陳鳴は視力がない。彼は7歳の時に｛目／*ソレ｝が失明した。）
　　　 c. 陈鸣的眼睛看不见东西，他七岁的时候把｛眼睛／它｝弄瞎了。

注47　これらの例文の容認度は非常に微妙なものであり，人によって判断が異なるであろう。例えば，筆者の語感では，(3-75)(3-76)はいずれも成り立たない。

(陳鳴の目は見えない。彼は7歳の時に{目／ソレ}が失明した。)

 (3-77) では，a.とc."小提琴家（ヴァイオリニスト）"，b."拉小提琴的（ヴァイオリン弾き）"の中にいずれも"小提琴（ヴァイオリン）"という内在先行詞が含まれており，音韻的，形態的にも本来の先行詞と同じであるが，b.の形式をとるほうが，"它"で承けた場合の容認度がやや上がる。また，(3-78) では，a."盲人（盲人）"，b."視力（視力）"という内在先行詞があるが，いずれも"它"の使用は容認されない。しかし，c.の場合は"陈鸣的眼睛（陳鳴の目）"という語があり，明示的な先行詞が存在するため，照応詞として"它"の使用が容認される。これらの例から明らかなように，"它"は内在的先行詞に照応することはまずないと考えてよい。

3.4.3 照応と話題性，指示性

 3.2.1において，照応はすでに談話の中に導入されたもの，すなわち旧情報，話題（topic）に再度，言及すること，と述べた。ここでは，その具体的な例について考察する。
 中国語は，一見，直接的照応であれ間接的照応であれ，明示的な先行詞があれば"它"が使用できるように見える。しかし，次の例では，b.には明示的先行詞があり，a.の内在先行詞よりも容認度はやや高くなるものの，やはり容認されず，どちらも"左手（左手）"と言わなくてはならない。

(3-79) a. 陈鸣是个左撇子。{左手／*它}比右手灵。
         (陳鳴は左利きだ。{左手／*ソレ}は右手より器用である。)
      b. 陈鸣习惯用左手。{左手／??它}比右手灵。
         (陳鳴は左手をよく使う。{左手／??ソレ}は右手より器用である。)

 これは何を表すものであろうか。一つの可能性として，中国語は指示対象が譲渡不可能所有（inalienable possession）である場合，代名詞化で

きないということも考えられるであろう。(3-78)，(3-79) はいずれも身体の一部である目や手を問題としている。(3-78) c. で"它"が容認されるのは，"弄瞎了（失明した）"とあることから，「消失」の意味があり，身体から分離したものと捉えると，明示的先行詞があって且つ譲渡可能所有（alienable possession）であれば，"它"と代名詞化することができる，と言うことができそうである。しかし，次の例では，依然として譲渡不可能であるにもかかわらず，"它"と代名詞化している。

(3-80) 从前有一个女人，眼睛疼痛，日夜呻吟，非常苦恼。有另外一个女人看见，就害怕起来，自己说道："哦，这样痛，要是我，那是一定受不了的！所以，我的眼睛现在虽还没有痛，也不如赶快挖了它罢，免得将来痛起来活受罪。"　　《百喻经故事》
（昔，一人の女がいた。目が痛くて毎日苦しみ呻いていた。また別の女がそれを見て，急に恐くなってきてつぶやいた。「まあ，あんなに痛いのだったら，私だと絶対に耐えられないわ！だから，私の目は今はまだ痛くないけれど，さっさと（コレを）えぐりとってしまったほうがいいわ。将来痛くなって苦しい思いをしなくてもすむように。」）

(3-81) 他握手的动作有点儿特别，先把手扬起来，在空中划一道弧线，然后直挺挺地伸过来，等着你的手握住它。　　《北京爷》
（彼の握手の仕方は少し変わっている。まず手を挙げて空中で弧線を描いてから，まっすぐに伸ばし，相手の手がソレを握りしめるのを待っているのだ。）

(3-82) 我花二百块钱叫法国的杜大夫，检查一下，他立刻说我有心脏病，我才觉我的心常痛，我有心病。你不相信，你再摸摸我的心，你听，它跳得扑腾扑腾的。　　《日出》
（200元出してフランス人のお医者さんを呼んで診てもらったら，すぐにこれは心臓病だって言うの。それで初めて自分の心臓がよく痛んで，心臓に病があることに気がついたのよ。信じないならもう一度私の胸に触ってみて。ほら，コレドキドキ言ってるでしょ。）

これらの例から明らかなように，譲渡可能・不可能の別は代名詞化に大きく影響を及ぼすものの[注48]，決定的要素とはならないようである。次に，もう一つの可能性について考えてみよう。なぜ，(3-78) c. では"它"と代名詞化することが可能なのか。それは，談話の中で話題となっているかどうか，聞き手がいる場合には，話し手のみならず聞き手もその指示対象に注目しているか，ということと関わるのではないだろうか。(3-78) c. では"陈鸣的眼睛（陳鳴の目）"が主語（主題）の位置にあり，目がクローズアップされ，その所有者である人間はぼやけている。つまり，中国語では，三人称代名詞"它"を用いて承けようとするならば，明示的先行詞がなければならないだけでなく，その指示対象が談話の話題となっていることが前提となる[注49]。

　談話の話題と一口に言っても，その「話題性」には程度差が見られる。そして，それは名詞句の「指示性」と大きく関連するものと考えられる。次の例では，a. は内在先行詞のため代名詞化できないが，b. と c. では明示的先行詞があるものの，照応詞の容認度には差異が見られる。

(3-83)　a. 昨天我兜风的时候，{车子的＞[?]φ＞[*]它的} 发动机突然坏了。
　　　　　（昨日ドライブしていた時に，{車の／[?]φ／[*]ソレの} エンジンが突然故障した。）
　　　　b. 昨天我开车的时候，{φ＞[?]车子的＞^{?*}它的} 发动机突然坏了。
　　　　　（昨日車を運転していた時に，{φ／[?]車の／^{?*}ソレの} エンジンが突然故障した。）
　　　　c. 昨天我开着奔驰的时候，{它的＞φ＞[?]车子的} 发动机突然坏了。
　　　　　（昨日ベンツを運転していた時に，{ソレの／φ／[?]車の} エンジンが突然故障した。）

注48　身体部位には三人称代名詞が用いられにくいだけではなく，指示詞"这个／那个"を用いて指示することにも制約がある。
注49　必ずしも文の主語・主題の位置に来るとは限らないが，先行詞が主語・主題の位置にあるものほど代名詞化しやすい。第5章参照。

b. と c. の差は何によって生まれるのであろうか。b. の"车"は実際には"开车"で「運転する」という意味となり，この場合の"车"には特に指すものがない，すなわち非指示的（non-referential）なものと考えられる。非指示的なものの大きな特徴は，三人称代名詞等を用いて承けることができない点にあり[注50]，そのために，b. で代名詞"它"の使用が阻止される[注51]。一方，c. では"奔驰"という車の種類を述べているだけで，"奔驰"はある一台の車に与えられた固有名詞ではないものの，文脈からある特定の一台の車と解釈され，指示的（referential）かつ特定的（specific）[注52]であるために，"它"が選ばれるのだと考えられる。

　以上のことから，"它"は原則として，直接的照応，間接的照応の別にかかわらず，明示的先行詞があり，それが指示的で且つ談話の話題になっている場合に使用されると言うことができる。

3.5　文内照応と文間照応
3.5.1　文内照応

　照応はこれまでの例で見てきたように，必ずしも単文内で行われるとは限らない。"它"に関して言えば，実際には，単文[注53]内に先行詞と照応詞"它"が共起するよりも，文を超えてある一つの段落内に存在することのほうが多い。これはすなわち，先行詞と"它"との照応関係は，談話レベルで成り立つことが多いということであり，後の章で述べることになるが，"它"は基本的には談話において大きく活躍する代名詞であるということを表すものである。また，文内照応と文間照応では，"它"

注50　陈平（1987a）参照。
注51　なお，ここで"车子"の容認度が低いのは文法的に問題なのではなく，すぐ前に"车"という語があるので，表現として冗長に感じられるためであろう。
注52　指示的であることは照応詞に三人称代名詞を用いるための必須の条件であるが，特定かどうかは必ずしも問題とされない。例えば，仮定の話であれば，仮定世界でその指示対象の特定性を保証することができれば，現実世界においては非特定的であっても，三人称代名詞を使用することができる。(2-58) 等参照。
注53　ここには，単文の形式をとりながら意味的には複文に相当する内容を表す"紧缩句(contracted form / contraction of composite sentence)"も含む。

が使用される動機も異なっていると考えられる[注54]。

事物等を指す"它"は，人を指示する"他"に比べ，単文内で先行詞と共起しにくい，すなわち文内照応に用いられにくいと言えよう[注55]。徐烈炯・刘丹青（1998）は，主題化文[注56]において人を指示対象とする主題（topic）を"他"で承けるのは比較的自由であるが，人以外のもの，とりわけ生命のないものが主題となっている場合，"它"で承けるには制限があり，実際にはゼロ代名詞で承けるのが最も自然な表現であると述べている[注57]。

次の例は徐・刘（1998）の挙げる例である。

(3-84) a. 新教学楼，我只见过｛这幢楼的／它的／φ｝图纸。
　　　　（新しい講義棟，僕は｛あの建物の／ソレの／φ｝設計図を見たことがあるだけだ。）
　　　b. 王德刚，我见过｛他的／*φ｝舅舅。
　　　　（王德剛，僕は｛彼の／*φ｝叔父さんに会ったことがある。）

a. では"新教学楼（新しい講義棟）"という事物を指示対象とし，b. では"王德刚"という人をいう指示対象として。a. では，指示詞を用いた形式（"这幢楼（この建物）"），三人称代名詞（"它"），ゼロ代名詞と

[注54] 木村英樹（1990b）は，人を指示対象とする"他"には敬語に関わる使用の制約があるが，文内照応においてはその制約が適用されないと述べている。事物等を指示する"它"は敬語（［＋敬意］）とは直接関わらないが，この指摘は示唆的である。

[注55] ここで，先行詞とは基本的に名詞句の形式で現われるものを指し，必ずしも談話に初出の名詞句とは限らない。人を指示する"他"の文内照応用法については，王灿龙（2000）が現代中国語においては比較的多くみられると述べている。

[注56] 普通，代用形が残るものを"left-dislocation（左方転移）"と言い，代用形の残らないものをJ. R. Rossの用語では"topicalization（主題化）"，Paul M. Postalの用語では"Y-movement（Y移動変形）"と言うが，中国語では，代用形の残るものも"topicalization"と言うことが多い。また，徐・刘（1998）では，中国語の"topic"は文法化（grammaticalization）の度合いが高いことから，"topic"を統語的レベルで捉えている。なお，主題化文を純粋な単文と見ることには議論の余地があるが，本論ではひとまず単文として扱う。

[注57] 次の例は特にゼロ代名詞を使用するほうが自然に感じられる。
　　这本书，读过［它］的人不多。
　　（この本は，（コレを）読んだことのある人は多くない。）

いう選択が可能であるが、最も自然な表現はゼロ代名詞を使用することであり、"它"を用いた文は非文とはならないものの、自然な表現とは言えない。一方、b. では逆にゼロ代名詞の使用は許されず、三人称代名詞"他"を使用しなくてはならない。ただし、文内照応においては、人は必ず三人称代名詞を使用しなくてはならないということではない。次の例のようにゼロ代名詞と三人称代名詞のいずれを使用してもかまわない場合がある。以下も徐・刘（1998）の挙げる例である。

(3-85)　a. 吴先生，［他］认识我。
　　　　　（呉さん、アノ人なら私のことを知ってるよ。）
　　　　b. 我这把刀啊，［它］砍倒过一棵大树。
　　　　　（この刀はね、（コイツは）大木を切り倒したことがあるんだよ。）

　ただしこの場合も、事物等を指示する場合のほうが、人を指示する場合よりもゼロ代名詞が優先的に選択されるものと考えられる。
　では、事物等を指示対象として文内照応が起こる場合、"它"がゼロ代名詞に置き換えられない、あるいは、ゼロ代名詞よりも三人称代名詞の使用が優先される例はあるのであろうか。

(3-86)　看来，这辆耀武扬威的"大奔"和它的主人，把胡同里的这些邻居们得罪不善。　　　　　　　　　　　　　　　《北京爷》
　　　　（どうやら、この我が物顔で通りを行く『ベンツ様』とソの主人は、この小路の近隣の住人たちから相当の恨みを買っているようだった。）
(3-87)　不管她怎样，他觉得自己是有了家。一个家总有它的可爱处。
　　　　　　　　　　　　　　　　　　　　　　　　　《骆驼祥子》
　　　　（彼女がどうであれ、彼は自分が家庭を持ったと実感した。家庭にはソレの愛すべきところがあるものだ。）

　(3-86) や (3-87) のように純粋な単文において"它"がその先行詞と共起する例はきわめて少ないが、この例においては、統語的に"它"

が要求されるのではなく，意味的にゼロ代名詞の使用が許されず（中心語の"主人"が「誰の」を要求する），かつ先行詞との距離が近すぎるため，もとの名詞句を使用すると表現上くどくなることから語用論的に"它"が要求される。(3-86) において"它"は次のような各レベルにおける判定の後に使用されたものと考えられる。

 統語レベル：構文はゼロ代名詞の使用を許す。
      → "它"，ゼロ代名詞，もとの名詞句いずれも使用可能。
 意味レベル：意味的にゼロ代名詞の使用が許されない。
      → "它"またはもとの名詞句の使用が可能。
 語用レベル：もとの名詞句を繰り返すのは冗長である。
      → "它"またはゼロ代名詞を使用。
 判 定：語用レベルでは"它"とゼロ代名詞両方の使用が可能
     であるが，ゼロ代名詞は意味レベルで使用が許されな
     いため，"它"が選択される。

次に，"緊縮句"（本章注53参照）や主題化文，同じ主語または主題に支配される文における"它"の使用状況について見てみよう。

(3-88) "我上午还有个活动，下午过去吧。"
    "下午？ 那怎么成呢？ 你必须过来，<u>什么活动也得把它</u>推了。哪怕你只呆五分钟呢，你也得来。就这样了，我在家等着你。"
                   《北京爷》
    (「午後は別の用事があるから午後に行くよ。」「午後？ だめだ，だめだ。絶対に来い，<u>どんな活動も（ソイツを）</u>断ってくれ。5分しかいられなくてもいいから来てくれ。じゃあそういうことで。家で待ってるからな。」)

(3-89) 这六个字呀，<u>前三个让它</u>是一样的头，后三个字呀是一样的旁儿，叫仨字同头，仨字同旁，还得合辙押韵哪。 《单口相声》
    (この六文字だが，<u>前の三文字は（ソイツを）</u>同じ冠にし，後の三文

字はだな,同じ偏にする。「三字同冠,三字同偏」と言う。さらにちゃんと韻を踏んでいなくちゃいかん。)

(3-90) 保不齐烂酸梨或是蔫黄瓜都敢给它弄个"著名"包装盒,打上"著名的酸梨"或"著名的黄瓜"。　　　　　　　　《北京爷》
(腐ったすっぱい梨やしなびた胡瓜だってみんなソイツのために「名高い」化粧箱を用意して,「名高いすっぱい梨」だとか「名高い胡瓜」などという名前を掲げることまでするかもしれない。)

(3-91) 知识爷爷：小胖子可真聪明呀！可是有些成语呀,你不知道它的来源就不好领会它的意思了。　　　《听力篇（下）》
(オデブちゃんは本当に頭がいいなあ。だけど成語によってはソレの由来がわからないとソレの意味が分からない場合もあるんだよ。)

(3-92) 我方所认为的"车",指的是车的运力,并不是它的绝对数量。
　　　　　　　　　　　　　　　　　　　　　　　《高级汉语口语》
(こちらが考えている「車」という（語が指している）のは,車の輸送力のことで,ソレの絶対量のことではありません。)

このような例は先に見た純粋な単文よりも比較的多く見られ,いずれも主題の位置にある名詞句が"它"の先行詞となっている。これらも(3-86)でみたような各レベルでの判定の結果,"它"が選ばれているものと考えられる。例えば,(3-88)では,"把"の後に"它"が使用されているが,前置詞"把"の目的語の位置はゼロ代名詞の使用が許されない。すなわち統語レベルでゼロ代名詞の使用が認められないため,"它"あるいはもとの名詞句が候補として残る。さらに,語用レベルで,先行詞との距離が近いことからもとの名詞句の使用が阻止され,残った三人称代名詞が選択されている。仮にこの三つのレベルにおける判定の結果,候補が二つ残った場合,一応は両方の使用が可能となる。例えば(3-92)では,"它（tā）"を"车（chē,車）"に変えてもそれほど大きな差異は生じない。これは,おそらく言語の「経済性（economy）」,ここでは「発音の労力」も考慮する必要がある。先行詞が非常に長い場合,その一部または上位語等を使用して照応することも可能であるが,その語が短い

ほど照応詞として使用されやすくなり[注58],"它"と競合(compete)する可能性が出てくる。人間は特別な要因や語の意味解釈に誤解が生じる可能性のない限り,できるだけ発音の労力を軽減しようとするからである。この特徴はゼロ代名詞が多用される中国語において特に顕著である。

　このように,文内照応において,"它"は統語レベル,意味レベル,語用レベル,各レベルでの判定を経て使用の可否が決定されるが,このうち統語レベルの判定が最も大きな権限を持つと考えられる。袁毓林(1996)は,SVO構文が派生によって主題化文を生み出せるかどうかは動詞の文法的性質によるとし,動詞が目的語の空位を許すかどうかがポイントとなると述べている。例えば,"双宾语句(二重目的語構文:NP + V + O_1 + O_2)"の間接目的語(O_1)を主題にする場合,必ずもとの位置に代名詞を補わなくてはならない。事物を指示対象とした例を考えた場合,次のような例が挙げられるであろう。

(3-93)　英国的 Big Ben Clock,有人叫<u>它</u> BBC 大鹏钟,有人呢？　就叫<u>它</u>大苯钟！　　　　　　　　　　　　　　　　　《钟》
　　　　(<u>イギリスのビッグベン</u>,<u>ソイツ</u>を BBC 大鵬(= péng)時計と呼ぶ奴もいるが,他には？ <u>ソイツ</u>を大馬鹿("笨"= bèn)時計って呼ぶのさ！)

　さらに,"它"は前置詞"把"の目的語となることが多いが,先に述べたように,前置詞も原則として目的語の空位,すなわちゼロ代名詞の使用を許さない[注59]。そのため,"它"の使用が比較的多く見られるのであろう。袁毓林(1996)は次のような例を挙げている。

(3-94)　a. 花我还没[给<u>它</u>]浇水呢。
　　　　(<u>花</u>,私はまだ[<u>アレ</u>に]水をやっていない。)
　　　b. 这块布我[用<u>它</u>]裁了一条裤子。

注58　廖秋忠(1986)参照。
注59　ただし,前置詞も削除すれば文としては成り立つ。

（この布，［コレで］ズボンを一本作った。）
c. 我的热水袋你［把它］放哪儿了？
　　（私の湯たんぽ，［アレを］どこにやったの？）

　文内照応における"它"は，主題化等で前置した名詞句の後に空いたスロットをふさぐためにとりあえず置かれた要素であり[注60]，後に述べる文間照応に見られるような談話の「結束性」等の機能は直接的には担っていないと考えられる。ただし，日本語のような主題マーカー（topic marker）を持たない中国語においては，通常，意味上の動作主が語用論上の無標（unmarked）の主題と解釈される[注61]。袁毓林（1996）は，このことに関して次のように述べている。

　　在特定语境中，为了突出这个施事／当事主语的话题身份，可以把这个主语移出来，话题化为显性的话题；结果在原来的主语位置上留下了一个句法空位，当然这个空位也可由代词形式填空。这种显性的话题跟其他通过移位造成的话题一样，是有标记的话题。从形式上看，有标记的话题跟后边的说明部分之间可以有一个明显的停顿，话题后面可以有"呢，吧，啊（及其语境变体）"等语气词。
　　（ある特定の文脈においては，この動作主主語または経験者[注62]主語の主題としての身分を目立たせるため，その主語を移動させて主題化し顕在的（overt）な主題とすることができる。その結果，もとの主語の位置が統語的に空となるが，そこには代名詞等を補うことができる。このような顕在的主題はその他の移動という手段により主題となったものと同じく有標（marked）の主題である。形式的には，有標の主題と後ろのコメント（comment）との間にはポーズを置くことができ，主題の後に"呢,吧,

注60　袁毓林（1996）は，中国語におけるいわゆる「主題化文」を派生によるものと考えているが，本論ではそれが派生によるものなのか否か，すなわち主題が目的語の前置（object-fronting）によるものなのかについては判断を保留する。
注61　Comrie（1989）は，言語の一般的傾向として，人間には動作性の高いものを談話の題目に選ぶ強い傾向があり，これが動作主と題目の間に自然な相関関係を生み出す，と述べている。
注62　性質や状態の主体。

"啊"等の語気詞[注63]を置くこともできる。)

すなわち，先に見た（3-85）のような例においては，a. ではポーズが置かれるが，b. では語気詞とポーズが使用されている。

(3-95) 　a. 吴先生，[他] 认识我。
　　　　b. 我这把刀啊，[它] 砍倒过一棵大树。　　　　　　　= (3-85)

このような主題の後に置かれるポーズや語気詞と同様に，主題化文に使用される"它"などの代名詞は，主題に照応することにより非顕在的（covert）な主題（主語）を顕在化する役割を果たしていると考えられる。また，すでに第2章（2.3.2.2）で述べたように，これは特に話し言葉において顕著な役割であり，特にすぐ前の主題に照応する主語位置の"它"は，書き言葉の場合，ポーズや語気詞と同じく削除されてしまうことが多い[注64]。この点で，文内照応における"它"は，統語論的要請により使用されることが多いものの，結果として，主題化という談話のスムーズな進行のために使用される構文において大きな役割を担っているということができる[注65]。

3.5.2　文間照応

次に，文間照応，すなわち談話レベルでの先行詞と"它"との照応状況について見てゆくことにする。先行詞と"它"は，最も距離が近い場

注63　このような文中に使用される語気詞を方梅（1994）は "句中语气词（文中語気詞）" と呼び，徐烈炯・刘丹青（1998）は，"语气词（語気詞）" という語の不適切性を指摘したうえで "提顿（助）词（取り立て（助）詞）" と呼んでいるが，本論ではとりあえず「語気詞」と呼んでおく。第2章注57参照。

注64　どこまで普通話として認められるかという問題があるものの，徐丹（1989a）が多くの例を挙げている。本論第2章（2.3.1.2）参照。

注65　中国語の情報構造（information structure）について考えると，もっとも一般的な形式は，話し手・聞き手ともにすでに知っている情報（given information）が前に，すなわち主題（topic）となり，聞き手の以前知らなかった情報（new information），聞き手がいまだ注目していない情報は後ろに，すなわちコメント（comment）となる。主題化文はこの旧から新へと流れていく情報構造に合致したものである。

合，隣り合う文や節の間で照応が行われ，最も距離が遠い場合でも，文章であれば通常同じ段落内にあり（会話であれば同じ話題で話が進められている場合），段落を越えて先行詞と"它"との照応が行われることはまずないと考えてよい。また，先行詞と"它"との距離が遠い場合も，その間にゼロ代名詞等の照応詞が使用されている場合が多い。文間照応には，いくつかの特徴が見出せる。

3.5.2.1　二文間の照応

ここでは特に隣り合う二文間での照応の状況について考察することにする。より典型的な例としては，二つまたは二つ以上の意味上深いつながりを持つ複文が挙げられる。

先行詞が始発文（initial sentence）において主語の位置にあって[注66]，承前文（subsequent sentence）で"它"が使用されている例では，波線部分に関連詞[注67]や時間詞などの使用が見られる。

(3-96)　中国红葡萄酒，是用中国传统技术结合现代工艺生产的，所以它一直保留着自己的特点。　　　　　　　《实用汉语课本Ⅳ》
（中国赤ワインは，中国伝統の技術を現代工芸と結び付けてできたものです。したがって，（ソレは）ずっと自らの特徴を保ち続けているのです。）

(3-97)　这个情节看上去并不真实，但它却反映了当时封建社会的可怕的生活现实。　　　　　　　　　　　　《实用汉语课本Ⅳ》
（このストーリーは見たところフィクションのようだが，しかし，（コレは）当時の封建社会の恐ろしい生活の実態を表しているのだ。）

(3-98)　"这个游戏虽然简单，但它隐含了某种天意，请一定慎重对待。"
　　　　　　　　　　　　　　　　　　　　　　　　　　　《伪币制造者》

注66　詳しくは"它"が主語の位置にある場合を分析した第5章を参照。ここで挙げる用例から明らかなように，先行詞が主語の位置にある場合，照応詞"它"も主語の位置に来ることが多い。

注67　中国語では"关联词语"と言い，接続詞や副詞"都"，"再"，"却"など連接機能を持つものを指す。

第3章　照応の構造と結束性

(「この遊びは簡単だが，(コレには) ある種の天意が隠されている。慎重に対処してくれ。」)

(3-99) 香蕉皮儿本来是黄色的，现在 它成黑的了。　　＝ (2-60)

　また，関連詞は現れないものの意味的に二文の間になんらかの関係が見出せるものもある。

(3-100) 手纸可是好东西，它专堵'后门'。　　　　　《北京爷》
(ちり紙はまったくいいものだ。(なんたって) コイツは「後門（＝肛門）」をふさいでくれるんだから。)
(3-101) 也许我的《骚神》用不着名家捧场，它就会让世人所认识。
　　　　　　　　　　　　　　　　　　　　　　《北京爷》
(俺の『騒神（書名）』は著名人のお墨付きがなくとも，きっと (コイツは) 世間の人々の知るところになるさ。)
(3-102) 写好字后，又怕自己的名字会刺激她，就用小刀把它刮掉。
　　　　　　　　　　　　　　　　　　　　　　《凤凰琴》
(字を書き終わった後，自分の名前が彼女を刺激するのではと思ったので，ナイフでソレを削ってしまったんだ。)

　二つの文が単純な並列関係の場合にはゼロ代名詞が使用されるのが普通であるが[注68]，上述の例のように，因果関係や転折関係などを表す場合

注68　しかし，実際の談話，特に計画されていない談話においては，本来ゼロ代名詞を使用するべきところに"它"が用いられる例も見られる。これは，話し手が考えながら話している場合で，推敲を重ねた文章においては，ふつう見られない。
　　律师:我认为取衣单呢，实际上是口头协议的一种补充。它₁是具有合同性质的一种书面文件。它₂实际上就是把口头协议的部分内容给书面化了。譬如它₃里边规定了这个服装的价格、取服装的时期等等。《高级汉语口语》
　　(私は衣服引換証というものは，実際には口頭協議の一種の補充であると考えています。ソレ₁は契約という性質を持つ一種の文書です。ソレ₂は実際には口頭協議の部分内容を文書化したものです。例えばソノ₃中にはその服の価格や衣服を引き取りにいく日時なども定められています。)
　この例の"它₁"及び"它₂"の属する文は先行詞が含まれる始発文と並列の関係にあり，実際にはゼロ代名詞のほうがふさわしい。

157

に"它"が使用されることが多い。これは，始発文と"它"の使用される承前文が隣り合わない場合にも見られる。

(3-103) 那当儿北京菜市上<u>白小鸡子</u>少，差不多不卖φ，嫌<u>它</u>丧气。
《単口相声》
(その当時，北京の食料品市場には<u>白い鶏</u>が少なかった。ほとんどφ売られていなかった。(と言うのも)<u>ソレ</u>が縁起の悪いのを嫌ってのことだ。)

"它"が関連詞や時間詞の使用とともに現われることが多いという特徴は，人を指示対象とする場合にも見られる[注69]。これは後にも述べるとおり，文と文の意味的なまとまりのあり方と関わる。

次に，"它"の先行詞が始発文において主語以外の位置にある場合を見てみよう。

(3-104) 女儿：我妈说的对。她是爷爷的大儿媳妇，这种时候得穿得最体面才行。
父亲：好吧，今天我们单位正好发了<u>300块奖金</u>，你用<u>它</u>去买件好衣服吧！　　　　　　　　　『NHK中国語会話』
(娘：母さんの言うとおりよ。母さんはお爺ちゃんにとっては長男の嫁なんだから，こういう時には着る物も立派にしなきゃ。　父：わかったよ。今日職場でちょうど<u>300元のボーナス</u>が出たから，<u>ソレ</u>でいい服を買っておいで！)

(3-105) "好你个没脸的东西！　人家在前边打仗，老妈妈几千里寄<u>点花生米</u>，你还把<u>它</u>吃下去，你还有没有良心？…(略)…"　《汉家女》
(「この恥知らず！　この人が前線で戦争をしているからと，お母さんがはるばる<u>ピーナッツ</u>を少し送ってきたんじゃないか。なのにあんたは<u>ソレ</u>を食べてしまうなんて。あんたには良心ってものがないの？

注69　Li & Thompson(1979)，徐起起(1990)，王灿龙(2000)参照。徐起起(1990)，王灿龙(2000)はこの他にもさまざまな要因を挙げている。

…（略）…」）

　先行詞が主語の位置以外にある場合でも，原則として二文の間に因果関係等の意味的関係が見出される場合に"它"が使用されるようである。二文間で主語の交代がある場合には特にその傾向が強くなる。ただし，以下のように，そのような意味関係を見出せないものも見られる。

(3-106) 虽说各地区都有自己独特的菜肴，但是一谈起中国菜，人们马上就会想到饺子，可以说它已经是一种很普及的家庭菜了。
『NHK中国語会話』
（土地それぞれに独特の料理があるとは言いますが，中国料理と言えば皆すぐに餃子を思い浮かべるでしょう。ソレはすでに一般的な家庭料理となっていると言ってよいでしょう。）

　(3-106) では，"可以说（～と言ってよい）"という語が見られるように，承前文はある話題（ここでは"饺子（餃子）"）に対する総括・まとめをする文である。このような場合，ゼロ代名詞は使用しにくく，"饺子"を繰り返すか"它"を使用するかのどちらかの手段が選択される。これは，談話のまとまりと大きく関わる。ある一つの段落において，全ての文が同じように並んでいるのではなく，意味的なまとまりがある。まとまり方が弱いほど名詞句が使用されやすくなり，逆にまとまり方が強いほどゼロ代名詞が使用されやすくなる。これを談話の「結束性」という観点から捉え直すならば，文と文の「結束性」が強いほどゼロ代名詞が使用され，弱いほど名詞句が使用されることになる（結束性については3.8で詳述する）。これらの例において"它"が唯一的・絶対的に選択されるのではなく，ゼロ代名詞または名詞句を選択しても非文にはならない。統語的にはいずれを選んでも問題はないが，選ばれた形式により前文との関係やつながりは異なってくるのである。
　さらに，次のように始発文に主語がない存在文等の目的語を先行詞として"它"が使用される例も散見される。

(3-107) 在极宣峰下，有一处凹形的岩壁。它像一块巨大的石碑。…(略)…
《听力篇（下）》
（極宣峰の下にへこんだ岩壁があります。ソレは巨大な石碑のようです。）

　ただし，目的語の位置に先行詞がある場合，照応詞との距離が近くなるため，意味的に大きな切れ目でない場合には，次のようにゼロ代名詞が使用されるのが普通である。

(3-108) 屋顶上有块玻璃瓦，φ透光。我老看它，把眼看斜视了。
《第三只眼》
（屋根の上にはガラスの瓦が一枚あって，φ光を通すんだが，俺はソイツをしょっちゅう見ていたために，斜視になってしまった。）

　このように，隣り合う二文間で照応が行われる場合，その二文のつながりの度合いにより，"它"またはその他の照応詞が選択されるが，距離的に近くに位置するため，名詞句が使用されることは稀であり，"它"と競合する可能性のあるものは，ほぼゼロ代名詞に限られる。

3.5.2.2　三文以上の間に成り立つ照応

　次に，先行詞と"它"がより離れた位置にある場合について考察する。先行詞と"它"の照応関係は多くの場合，隣り合う二文の間で成り立つが，間に二，三文介在して成立している例も比較的多く見られる。ただし，その場合，先行詞と"它"との間にゼロ代名詞が使用されているというのが普通であり，特に事物等が指示対象の場合，どれだけ長くとも五文以上を越えて照応が成り立つ例はきわめて稀である。

(3-109) 我将自己的东西全拿走了，就只留下凤凰琴，我想老余见了φ一定会（φ）拿回去的。没想到 它一直搁在这里。"　　《凤凰琴》
（私は自分の荷物を全部持って出たが，鳳凰琴だけは残しておいた。余さんがφ見たらきっとφ持って帰ってくれると思ったんだ。それ

なのにまさかコイツがずっとここに置きっぱなしになっていたなんて。)

(3-110) 夜来香$_i$,（φ$_i$）是草花，φ$_i$ 栽盆里头的，φ$_i$ 开小黄花$_j$，φ$_j$ 像，像小饼干那么大小。它$_j$ 学名叫夜丁香。　　《献上一束夜来香》
(夜来香$_i$,（φ$_i$）草花ですよ。φ$_i$ 植木鉢に植えるもので，φ$_j$ 小さくて黄色い花$_j$ が咲くんです，φ$_j$ ミニクラッカーほどの大きさのね。ソレ$_j$ は学名を夜丁香と言います。)

　談話においてある話題が続いている場合，その話題に何らかの切れ目が生じない限り，中国語においてはゼロ代名詞が最も多用されるが，Li & Thompson（1979）の実験からも分かるように[注70]，特にゼロ代名詞と三人称代名詞の選択は随意的である場合が多い。しかし，ここでも二文間の照応の状況とほぼ同様に，関連詞の使用や関連詞を使用しているのと同等の意味を持つ場合に，ゼロ代名詞よりも三人称代名詞が選ばれる傾向が見られる。また（3-110）のように，話題そのものは「夜来香」で変わりがないものの，"它"が使用される直前で「夜来香」の花について小さな話題ができている。つまり全体から部分へと小さな話題の転換が見られるため，"它"が用いられているものと考えられる。もし，ここで使用される"它"をゼロ代名詞に置き換えれば，依然として花の部分について述べられているという解釈のほうが強くなり，聞き手は指示対象の同定に一瞬戸惑うことになる。

　先行詞のある文と照応詞のある文との間にゼロ代名詞を挟まない例は非常に少ない。間にゼロ代名詞を挟まない場合，通常，間に介在する文は一，二文にとどまる。

(3-111) 这个环比子弹要温和得多，所以你尽可以放心。别动它是最好的办法。　　　　　　　　　　　　　　　　　　《生生不已》

注70　Li & Thompson（1979）は清代初期の小説『儒林外史』や中国語教材からとった叙述文のある段落から，三人称代名詞またはゼロ代名詞の使用されている37箇所を空白にし，中国語母語話者（大学生）に"他"を入れるべき箇所を選択させるという実験を行った。結果，"他"を選択する割合が50％以上を越えたのはわずか3例であった。

(このリングは銃弾よりもずっとおとなしい。だからすっかり安心してもらってかまわない。コレを動かさないというのが最善の方法だ。)

(3-112) 十四英寸的黑白电视，还是儿子结婚时举债置办的高档物件。如今儿子有了工资，早就不把它放在眼里，正筹划找门儿买进口大彩电呢。　　　　　　　　　　　　　《献上一束夜来香》
(14インチの白黒テレビは息子が結婚する時に借金をして購入した上等品だった。それが今では息子も給料をもらうようになって，とっくの昔にソレを眼中に置かなくなり，ちょうどツテを探して輸入物の大型カラーテレビを買おうと計画していた。)

(3-113) 淑华已经封好了脉礼，看见医生出去，连忙把它交给绮霞，低声催促道："快，快送去。"　　　　　　　　　　　　　　《春》
(淑華はすでに診察料を包み終えていたが，医者が出て行くのを見て，急いでソレを綺霞に渡し，小声でせかして言った。「はやく，はやく渡しに行って。」)

また次のようにゼロ代名詞を含む文とゼロ代名詞のない文が混在する用例も多く見られるが，ゼロ代名詞を含まない文は多くとも一文または二文にとどまる。

(3-114) 齐大夫说小白你还挺能干的，这灯坏了好长时间老说修（φ）没修（φ），今天晚上又是风又是雨的，你一个女孩家倒把它修好了。
　　　　　　　　　　　　　　　　　　　　　　《预约死亡》
(斉医師は言った。「白さん，いやあ，なかなかやるね。この電灯はつかなくなってかなり経つが，（φ）直す直すと言って（φ）直さずじまいだった。今晩は風も雨もすごいのに，君みたいな女の子がソレを直すなんてねえ。」)

先行詞と"它"のある文との間にさらに多くの文が介在する例もわずかながら存在する。

(3-115) 莫　同$_1$：你平日就住在这荒野地方？
　　　 范永立$_1$：不住在这地方。我在东城另外有房子。这个菜园子，说起来是我的，其实你想也想不到，钱是金小玉的。
　　　 莫　同$_2$：（坐向小沙发）她买下ф来送给你的？
　　　 范永立$_2$：可以这么说，不过，仔细说起来，话可太长啦。你不知道，这房子跟先父有过一番因缘。（指左墙一张十寸照像）我在这儿挂先父一张遗像做纪念。这房子包庇过两次闹乱的人物，如今你还是第二回，头一回是先父，离现在将近三十年了。那时候先父跟你差不多，也就是二十来岁的年轻人。他原来在湖南做一个小官，湖南你知道，在光绪时代，是一个推行新政的省份，戊戌政变那一年，先父由湖南升迁到北京，以四品京卿候补，派在总理衙门行走，因为喜欢清静，就在崇效寺租了一间房，平日来往的多是主张变法维新的人物。他住下来不到半年光景，戊戌政变就起来了。
　　　 莫　同$_3$：记得时在光绪二十四年，死了好几个人。
　　　 范永立$_3$：先父那回侥幸没有死，仅仅得了一个革职永不叙用的处分。事变中一天，他逃出崇效寺，站在一家门口，心惶意乱，也不知道避到什么地方才是，就望见步军统领衙门的兵马朝他这方向奔来。他一看情势不对，急忙推开虚掩着的大门，避了进去。里头住着一个老头子，就是才刚你看见的丁老头子的父亲。不知道怎么谈对了劲儿，他就把先父留下住了三天。以后朝报下来，看见自己仅仅得了一个革职的处分，先父悄悄回到崇效寺，收拾行李去了上海。
　　　 莫　同$_4$：这丁老头子的父亲可真不易！
　　　 范永立$_4$：民国成立以后，先父来到北京，头一个就去看他，不料他已经去世了，菜园子由他儿子看管……先父赏了他许多钱，这件事也就过去了。
　　　 莫　同$_5$：金小玉又怎么买下它来的？　　　　　　《金小玉》

(莫₁：普段はこの荒れた場所にいるんですか？　范₁：この場所には住んでいないよ。僕は東城にもう一軒，家を持っているんでね。この野菜畑は一応は僕のものだが，実は驚かないでくれよ。金は金小玉が出したんだ。　莫₂：彼女がφ買ってプレゼントしてくれたんですか？　范₂：そう言っていいだろう。だが詳しく話し出すと話が長くなるんだが。この家は亡父とゆかりがあった場所でね。ここに記念に亡父の遺影を掛けているんだ。この家は騒ぎを起こした人物を二度もかくまったことがある。君が二度目，一回目は亡父で，もう30年ほど前になる。…（30年前の范の父親の話が続く）…　莫₃：確か光緒24年で，たくさんの人が亡くなりましたよね。　范₃：亡父は幸いなことに死なず，職を解かれ永久に任用されないという処分で済んだ。戊戌の変のある日，父は崇効寺を抜け出し，ある一軒の家の戸口に立っていたが，慌てて度を失っており，どこに隠れたらよいかも分からなかった。ちょうどその時，歩軍が役所の兵馬を引き連れて父の方に走ってきた。父は形勢が悪いのに気づき慌てて鍵のかかっていない表門を押し開けて逃げ込んだ。中には年寄りが一人いた。つまりさっき君が見た丁じいさんの父親だ。…（范の父親の話が続く）…　莫₄：あの丁じいさんの父親はたいしたものですねえ。　范₄：中華民国の建国後，亡父は北京に来てまず初めに丁じいさんの父親に会いに行ったんだが，丁じいさんの父親はなんとすでにこの世を去っていてね。野菜畑は彼の息子が管理していた。……亡父は彼にお金をたくさん与えて，この件も終わった。　莫₅：金小玉はじゃあまたどうしてコイツを買い取ったんですか？）

　(3-115) では，ある野菜畑とその中にある一軒の家を話題として話が進められている。初めは指示詞を用い，"这荒野地方（この荒れた場所）"→"这地方（この場所）"→"这个菜园子（この野菜畑）"→"φ"→"这房子（この家）"→"这房子（この家）"と承られている。次にこの家（土地）に関わる語は范永立₃の"一家（ある一軒の家）"であるが，聞き手はその家と談話の場にある家が同一物であるかどうかを知らない。

そのため，最後に范永立₂が"这房子（この家）"と述べてから，莫同₅が"它"を使用してその家（土地）を指すまで，"它"やゼロ代名詞などの照応詞は一度も使われていない。このような例はきわめて特殊であるが，先行詞の提示から"它"による照応までの間，話題としてはその家（土地）に関わることであり，30年前の出来事を叙述する部分は，金小玉がその家を買った理由を説明するための背景である。つまり，これだけの長いくだりも全て背景化され，また指示対象が談話の場にあることも手伝って，指示対象が談話の話題となっていることを示す"它"の使用が可能となるのだと考えられる。

これまで見てきた用例は，一人の人間により先行詞及び照応詞が提示されていたが，二人またはそれ以上の人間による対話においても，先行詞と"它"の照応は見られる。

(3-116) 玲　玲：金伯伯，我要请您原谅我过去的那件事情。
金师傅：现在就不用去提它了。　　　　　　《听力篇（上）》
（玲：金おじさん，昔のあの事をどうか許してくださいね。　金：今はもうソンナ事持ち出さなくていいさ。）

(3-117) 石仲钧：要是你一定不肯，那公司里怕只有撕合同。
黄莺莺：（笑）正好，我正嫌它绊着我麻烦。　　　　《银星梦》
（石：もしも君が絶対に嫌だというのなら，会社としては契約を破棄するしかないな。　黄：（笑）ちょうどいいわ。ソレが私に纏わりついて煩わしいと思っていたところよ。）

(3-118) 其中一个对何碧秋说："你写诉状，应该找律师事务所呀。"何碧秋问："它是干什么的？"这人说："ф就是帮人打官司的地方。ф代写诉状，ф代理诉讼、ф辩护或上诉檡岐诉。原告、被告、刑事、民事、经济、行政，各方面，都可以的。"　《万家诉讼》
（そのうちの一人が何碧秋に言った。「訴状を書くなら弁護士事務所を探さなきゃ。」何碧秋はその人に尋ねた。『ソレは何をするところ？』その人は答えて言った。「фつまり人のために裁判をしてくれる所よ。ф代わりに訴状を書いてくれたり，ф訴訟の代理になってくれたり，

φ弁護や控訴や上告をしてくれたり。原告，被告，刑事，民事，経済，行政それぞれの分野どれでもいいのよ。」)

　これらの例においては全て，ある一人の人物が先行詞を提示し，それに対して，また別の一人が"它"を用いている。これらの例から，"它"の使用は指示対象を談話に導入した（先行詞を提示した）人物が誰かということと関わらないことが分かる。ただし，これに一見例外のようにみえる現象がある。詳しくは第4章で考察する。

　以上の用例から，"它"は主として談話において活躍する代名詞であるが，照応関係は基本的に二文から三文以内の間で成り立つことは明らかである。また，"它"とその先行詞は，人を指示対象とする"他"と比べると，より近距離で照応関係が成り立つようである。このことは，事物よりも人間のほうが談話の話題となりやすく，またその話題が話題として継続しやすいということを表しているものと考えられる[注71]。

3.6　照応の交差と指示の曖昧性
3.6.1　照応の交差
　次に，談話に複数の人物や事物が話題として導入され，いずれも代名詞化する場合について考察する。神崎高明（1994）は，談話中の代名詞の照応について，次のように定義している。

　　代名詞は先行文脈の中で話題になっている名詞句と照応する。ただ
　　し，談話の中での話題（discourse topic）とは，話者が物語の中で焦
　　点（focus）を当てた人または物を意味する。

　この定義は，中国語にもほぼ当てはまるのであるが，二つ以上の指示対象が同時に代名詞化する場合については神崎（1994）ではとりたてて述べられていない。
　英語のように三人称代名詞に性の区別（he（男性）／she（女性）／it（中

注71　有生と無生による差異については第5章で詳述する。

性））を持つ言語と異なり，中国語は，普通，その指示の曖昧性を避けるために，談話の中で最も重要な人物または事物を代名詞化し，その他のものには名詞句を使用するという手段をとる[注72]。さもなくば，男性も女性も人間も動物も事物も同じく"tā"と発音されるため，指示対象の同定がより困難になるからである[注73]。しかし，実際には，複数の人または事物が同時に代名詞化することがある。ここで照応の交差と呼ぶのは次のようなものを指す。

[注72] 例えば，英語では次のような例が挙げられる。
John$_i$ and Mary$_j$ fell in love. Soon he$_i$ asked her$_j$ to marry him$_i$.
（ジョン$_i$とメアリー$_j$は恋に落ちた。間もなく彼$_i$は彼女$_j$に彼$_i$と結婚してくれるように頼んだ。）
Mary$_i$ has a red car$_j$. She$_i$ bought it$_j$ last year.
（メアリー$_i$は赤い車$_j$を所有している。彼女$_i$は去年ソレ$_j$を購入した。）
複数の指示対象が同一の性の場合であっても，意味的な関係が明らかであれば，代名詞化することはあるが，英語の場合，指示対象の解釈には上記の例よりも時間を要するものと考えられる。中国語にも複数の指示対象を同時に代名詞化している例がないわけではない。
他$_i$（＝張英才）不愿再等下去。φ$_i$拦住一个要下山去的学生家长$_j$，将两封信托他$_j$带下山寄出去。不过姚燕的信$_k$，他$_i$没交给他$_j$，他$_i$只会将它$_k$托付给父亲和舅父这样万分可靠的人。《凤凰琴》
（彼$_i$（＝張英才）はこれ以上待ち続けたくなかった。そこで，φ$_i$山を降りようとしている生徒の父親$_j$を呼びとめ，手紙を2通，彼$_j$に託し山を降りて郵送してもらうようにした。しかし，姚燕の手紙$_k$は，彼$_i$は彼$_j$に託さなかった。彼$_i$は，父親や叔父のように全幅の信頼を置く人にのみソレ$_k$を託そうと思った。）
ただし，英語の"he"には［＋NP，＋human，＋male，＋singular］という意味特性があるのに対し，中国語の"tā"には［＋NP，＋singular］という意味特性しかない。事物を指す場合には，［＋singular］という特性さえ怪しくなる。
[注73] ただし，書き言葉においては，"他／她／它"という文字の書き分けがあるため，このような代名詞使用の制限は緩和される。本論では文字の助けにより過度に代名詞化が行われているようにみえる例，特に20世紀初頭の文学作品の例を考察の対象からはずす。主として次のような例である。
［1］然而在这些日子里鸣凤$_i$似乎特别重视这些自由的时间$_j$。她$_i$要享受它们$_j$，不肯轻易把它们$_j$放过，所以她$_i$不愿意早睡。《家》
（しかし，鳴鳳$_i$はどうやらこの自由な時間$_j$をとりわけ重んじているようだった。彼女$_i$はソレラ$_j$を楽しもうとしており，安易にソレラ$_j$を手放そうとはしなかった。それで，彼女$_i$は早く寝ようとしなかったのだ。）
［2］这些话$_j$来得太突然了。他$_i$（＝觉新）把它们$_j$都听懂了，却又好像不懂似的。《家》
（この話$_j$はあまりにも突然だった。彼$_i$（＝覚新）はソレラ$_j$を全て聞きとることができたが，わからないようでもあった。）
［3］他$_i$（＝觉慧）说着便把花枝$_j$轻轻地往下面一送，又把旁边那些依旧留在树上的枝子$_k$披开，免得它们$_k$把它$_j$缠住。《家》
（彼はそう言うと，花のついた枝$_j$をそっと下にわたし，さらにそばにあるあのずっと樹についたままの枝$_k$を裂きとった。ソレラ$_k$がソレ$_j$に絡みつかないように。）

(3-119) 说还有这么种人ᵢ，什么样儿人哪？ 认字马虎。这个字ⱼ他ᵢ瞧着它ⱼ像什么他ᵢ就念什么！　　　　　　《单口相声》
(こういう人ᵢもいる。どういう人かだって？適当に文字を覚えている人だ。その字ⱼがソノ人ᵢが見てソレⱼが何かに似ていればソノ人ᵢはそのように読むんだ。→自分が似ていると思う字のように読んでしまう)

　この例では，二つの指示対象が代名詞化しており，それぞれの先行詞と照応詞"他/它"との照応関係が交差している。これは事物と人が代名詞化している例であるが，複数の人間が代名詞化する場合もある。

(3-120) 哎呀，这媒婆儿ᵢ主意太高哇！ 男的照相，女的ⱼ照相，她ᵢ带着照去，到那儿她ᵢ给摆弄。…(略)… 女的ⱼ哪，豁嘴儿怎么办？她ᵢ叫她ⱼ打电话！　　　　　　《单口相声》
(まあ，仲人のこの婦人ᵢは大した智恵の持ち主だった！男性が写真を撮るのも女性ⱼが写真を撮るのも，彼女ᵢが連れて撮りに行き，そこに着くと彼女ᵢがあれこれ手を入れた。…(略)…女性ⱼはと言えば，兎唇をどうしたのか？彼女ᵢは，彼女ⱼに受話器を持たせ(て隠させ)た。)

　このような例は，口語色の強い作品に多く見られ，実際の会話の中では，特に計画されない談話において使用される。つまり，このような複数の代名詞化は，最終的にそれぞれの指示対象を特定することが可能であったとしても，本来避けられるべきであり，より話題として確立しているもののみを代名詞化するのが，コミュニケーションをよりスムーズに行うために取られるべき手段である。最終的に指示対象の特定が可能であるというのは，主として「関連性(relevance)」によるものである。

3.6.2 照応の曖昧性

　次に，照応の曖昧性について見てゆくことにする。第1章 (1.2.4.1) で指示の"波动现象(ゆれ)"について見たが，そこで見たものは，指

示対象に二種類の可能性があっても，指示対象の候補間には何らかのつながりがあり，かつ，文の意味解釈その他にほとんど影響がなかった例である。それに対し，ここで挙げるものには，指示対象の選択によって文の意味が大きく変わる可能性がある。

(3-121) (朱洪武ᵢ) 就问："你们刚才给我喝的那ⱼ叫什么汤啊？"这俩人心说：什么汤哪，全是杂合菜。俩人一嘀咕："他ᵢ要问咱们就给tāᵢ<ⱼ起个名，叫'珍珠翡翠白玉汤'，怎么呢？…(略)…"
《单口相声》
((朱洪武ᵢが) 尋ねた。「お前達がさっき飲ませてくれたあれⱼは何というスープだ？」この二人では頭の中で思った。何というスープだって？全部料理の残りものだ。二人はささやいて言った。「アノ人ᵢが尋ねてるんだ。俺たちゃ{アノ人ᵢのために＜コイツⱼに＞}名前を付けなきゃなるまい。「珍珠翡翠白玉スープ」なんてどうだ？…(略)…」)

(3-122) 到 (智多星ᵢ的) 家里这么一看哪，屋里的古玩、陈设、墙上挂的古画多少张ⱼ。心说；比我还阔，比我还讲究呢，其实tāᵢ<ⱼ都是借的。
《单口相声》
((智多星ᵢの) 家に着いてみると，部屋には骨董品や飾り，壁には古画が何枚もⱼかかっていた。(花二爷は) 心の中でつぶやいた。「俺よりもずっと贅沢で，俺よりもずっと凝っているじゃないか。」しかし，本当は{全て彼ᵢが＜ソレ(ラ)ⱼは全て＞借りて来たものだった。)

この二例において，それぞれ"tā"の箇所はもともと"他"が入れられていた箇所であるが，どちらも事物を指しているという解釈が可能である。また中国語母語話者の判断としては，事物が指示対象となっているという解釈が圧倒的に多かった。このような例から，指示対象の同定にあたっては普通，語と語の意味関係が大きな判断材料となっていることが分かる。王灿龙 (2000) は，承前文の主語が代名詞またはゼロ代名詞である場合，人間は普通，始発文の主語（主題）と結びつけ，逆に承前文で主語（主題）が変わる場合には，特別なマーカーがついているか

意味関係が明確でない限り，名詞を用いるのが普通であるとしている。意味関係が明確である場合というのは次のような場合である。

(3-123) 我$_i$做过这个工作$_j$，ф$_j$不算太难。　　（吕叔湘・朱德熙, 1952）
　　　　（私$_i$はこの仕事$_j$をしたことがあるが，ф$_j$そんなに難しくはない。）

　王灿龙（2000）は，(3-123)では，承前文中の"难（難しい）"と意味的に結びつくのは"工作（仕事）"であるため，承前文の主語にゼロ代名詞を当てることができるが，(3-124)のように，承前文中の"漂亮（きれい）"との意味関係が一対一でない場合には，名詞以外の形式を照応詞に用いることは難しいと述べている[注74]。

(3-124) a. 姐姐$_i$穿了一件黑色旗袍$_j$，ф$_{i/j}$不算太漂亮。
　　　　　（姉$_i$は黒いチャイナドレス$_j$を着たが，ф$_{i/j}$たいして綺麗ではなかった。）
　　　　b. 姐姐$_i$穿了一件黑色旗袍$_j$，tā$_{i/j}$不算太漂亮。
　　　　　（姉$_i$は黒いチャイナドレス$_j$を着たが，{彼女$_i$／ソレ$_j$}はたいして綺麗ではなかった。）

　最終的な指示対象の判断は，前後のコンテクストとのつながりから下されることになる。すなわち聞き手はコンテクストから最も関連性のあると思われるものを選択しようとする。王灿龙（2000）は承前文の主語の位置にくるものについてしか述べていないが，次のように目的語の位置にある"它"にも，理論上は二種類の可能性が考えられ，同様の解釈が与えられる。

(3-125) 这个收音机$_i$是一个朋友$_j$送给我的，我很喜欢tā$_{i/j}$，可是最近坏了，你说怎么办？　　　　　　　　　　　　　　　　　＝(3-7)

注74　原文とは表記の仕方を変えている。

"喜欢（好きだ）"という語は人間にも動物や事物に対しても持つことのできる感情であり，その点では一対一の意味関係は成立しない。しかし，"收音机（ラジオ）"が始発文において主語の位置にあり，また「顕著性」の高い位置であることから，"它"の先行詞として圧倒的に優先的な解釈は「ラジオ」となる[注75]。また，後行のコンテクストを見ると，好きだったのに最近壊れた，と続いており，人について述べているのではないことが分かることから，前文の主語の位置にある名詞句が先行詞として選ばれている。

このように，照応の曖昧性の除去には，先行名詞句の「顕著性」の高低がまず基準となり，それでも先行詞を確定できない場合に，「関連性」が大きな役割を果たすものと考えられる[注76]。

3.6.3 関連性

これまで何度か「関連性」について触れたが，ここで改めて「関連性」が代名詞を解釈するのにどのようにはたらくかについて考察することにする。

Grice（1975）は，会話の「協調の原理（The Cooperative Principle）」の一つに「関係（関連性）の格率（The Maxim of Relation（Relevance））」を挙げ，「関係（関連性）のあることを述べよ。（Be relevant.）」と述べている[注77]。また，神崎高明（1994）は，談話の中での代名詞の照応に関

注75 第5章でも述べるが，「有生性（animacy）」の高低も代名詞化に影響を及ぼすものの，このような例より，「顕著性」の高低のほうが「有生性」の高低よりも優勢な条件となると考えられる。

注76 これら照応の曖昧性は，「競合者」の数の多さという点からも捉えることが可能である。すなわち，先行コンテクストに"它"の先行詞と競合するものが一つまたはそれ以上ある場合には，照応の曖昧性が程度の差こそあれ生じるものと考えられる。王志（1998）では，先行コンテクストに"它"の先行詞と競合するものがあってはならない，と述べているが，「関連性」によって語と語の間に何らかの意味関係があると認識できれば，「競合性」の制約を無視し得る場合がある。

注77 この格率については，Sperber & Wilson（1995）等においてその不十分な点が指摘されている。Sperber & Wilson（1995）は，この格率を発展させて独自の「関連性理論（Relevance Theory）」を打ち立て，「関連性（relevance）」を次のように定義しているが，本論では特に取り上げないことにする。

Extent condition 1 : an assumption is relevant in a context to the extent that its contextual effects

して次のような一般化をしている。

代名詞の照応と関連性
代名詞は，それを含む文とより関連性があると聞き手が推論できる節（句）中にある名詞句と照応する。

さらに，神崎（1994）は次のような照応の曖昧性の例を引用し，Chomskyの束縛理論の原則 C[注78] では説明できなかった代名詞の照応の曖昧性に関する説明が可能であると述べている。

(3-126) a. Rosemary$_i$ trusted the secretary$_j$ because she$_{i/j}$ was a good administer.
(ローズマリー$_i$は（彼女$_{i/j}$が）よい行政官なので秘書$_j$を信頼した。)
b. Rosemary$_i$ trusted the secretary$_j$ because she$_{i<j}$ was efficient.
(ローズマリー$_i$は（彼女$_{i<j}$が）有能なので秘書$_j$を信頼した。)
c. Rosemary$_i$ trusted the secretary$_j$ because she$_{i>j}$ was gullible.
(ローズマリー$_i$は（彼女$_{i>j}$が）騙されやすいので秘書$_j$を信頼した。)
(Garvey et al., 1975[注79])

3.6.1 や 3.6.2 で見た照応の交差や曖昧性といった現象は，実際にはほとんどがこの「関連性」によって正しい先行詞及び指示対象を導くことができる。このことは逆に先行名詞句と"它"との間に何らの「関連性」も見出せない場合，他の条件が揃っていても照応が成り立つとは言えないということを示している（3.8 で詳述する）。

---

in this context are large.（程度条件 1：想定はある文脈中での文脈効果が大きいほど，その文脈中で関連性が高い。）

Extent condition 2：an assumption is relevant in a context to the extent that the effort required to process it in this context is small.（程度条件 2：想定はある文脈中でその処理に要する労力が小さいほど，その文脈中で関連性が高い。）

注 78　[Binding Theory C] R-expressions are free.（指示表現は自由である。）
注 79　Garvey, C., A. Caramazza, & J. Yates (1975) 'Factors Influencing Assignment of Pronoun Antecedents' *Cognition*, 3, 227-243.

3.7 "它"と指示詞，ゼロ代名詞

事物等を指示対象とする"它"はすでに見たように，人間を指示する三人称代名詞と同じ発音であることや三人称代名詞としていまだ未熟であり完全に文法化していないことから，その使用にはさまざまな制限が加わり，人間を指示する場合と比べると，"它"と代名詞化される割合は低い[注80]。ここでは"它"が使用される環境に現われ得る指示詞やゼロ代名詞について考察する。

3.7.1 "它"と指示詞

3.2.1 でも少し述べたように，ある事物を談話に導入する場合には，通常，指示詞"这/那"が用いられる。指示詞は本質的には直示的にはたらくものであり，指示詞"这/那"は直示に，三人称代名詞"它"は照応に，という分業が行われていると考えることができる。しかし，この記述がそのまま当てはまるのは，談話の場に指示対象がある場合に限られ，指示対象が談話の場にない場合や抽象物を指示する場合等には当てはまらない。談話の場にない具体的事物を談話に導入する場合には，固有名詞や"我的帽子（私の帽子）"のような形式をとり，類概念や抽象的な事物の場合は，裸の普通名詞の形式をとることが多い。また，次のような数量詞を使った形式も見られる[注81]。

(3-127) 小红：如果你的视线能看到窗外天空的话，你会看到在满天的星星中，有一个还没有长圆的月亮，明天早晨当它消失在晨

注80 試みに《万家诉讼》(陈源斌著，約 25,000 字) の"它"と"{他／她}(们)"の出現回数について調べたところ，"它"は26回（会話部分に13回，地の文に13回）しか使用されていなかったのに対し，"{他／她}(们)"は計183回（会話部分に105回，地の文に78回）であった。小説の中で事物などに対する言及は少なくないものの，"它"はある一つの指示対象に連続して使われることは稀であり，"它"と代名詞化すること自体が人と比べ明らかに少ないことが分かる。

注81 ここでの数量詞は計数機能（quantifier）や類別機能（classifier）が弱く，主に個体化機能（individualizer）を担っているものと考えられる。古川裕（1997）はこの個体化機能について，「中国語は外界認知で〈目立つモノ〉を言語化するとき，その名詞に数量詞という標識（mark）を付け加えて〈目立つカタチ〉で表現する」という仮説を立てているが，本論とのかかわりでみれば，目立つ目立たないにかかわらず，ある事物を談話に新規導入する（目立たせようとする）時には〈目立つカタチ〉を用いる，と考えるほうが妥当であろう。

曦的时候，我也消失了。　　　　　　　　　　　　＝ (3-5)

　第 1 章の表 1-2 のように，現代中国語の指示詞は，「近称（这 zhè)」，「遠称（那 nà)」の二系列からなり，日本語の「ソレ」のような，もっぱら聞き手の領域にあるものを指すのに使用される指示詞はない。

　第 1 章（1.1.1）でも少し触れているが，"这／那"と"这个／那个"の違いについて確認しておく。木村英樹（1990a）は，"这／那"を，「それ自身何らの範疇概念も担わず，専ら指示概念のみを担う語だと理解されるべきである。それは恰も方向指示のため矢印や指差しのように，対象のありかを知らせるべくそれを『指し示す』だけの役割を担うものであって，それ自身が，指し示された先の対象（事物）を『表し示す』ものではない。」と述べ，"这／那"は事物の意味を担うものであるという主張に異論を唱えている。"这个／那个"は，"这／那"と異なり，名詞句に相当する機能を持ち合わせていると言われる。相原茂（1990）は，"这／那"が無標で「コト指示」であるのに対し，"这个／那个"は，「ことさらに，他と区別的に，個として際立たせて指示する」はたらきを持ち，「モノ指示」であると述べている。これに対し，木村（1990a）は，"这／那"が対象を指差すだけの指示表現であるのに対し，"这个／那个"は，現場やコンテクストの中に確立している対象について，そのものの名前を言う代わりに用いる deictic な代用表現であり，「対象が，常に何らかのかたちで——例えば，先行文脈においてすでに導入済みであるとか，対話者が暗黙のうちに認知しあっているとかのかたちで——発話に先立って談話の場に確立されているものでなければならない。」とし，そのため，「これは何ですか？」というような，そのものの正体をいまだ確認し得ていない場合の疑問表現に，以下のように"这个／那个"などはそぐわず，"这／那"とするのが自然であるとする。

(3-128)　a.　这是什么？（これは何ですか？）
　　　　　b. ??这个是什么？

しかし，このような説明は，判断文（コピュラ文）の場合には有効であるかも知れないが[注82]，"这 / 那"の使用が許されない目的語の位置に現れる"这个 / 那个"等に対しても有効であるかどうかについては疑わしい。また，木村（1990a）は，次のようにも述べている。

> 人間以外の対象に用いられる代名詞系照応詞"它"（it）が，実際には多くの構文的制約を受けて"他"ほど自由に機能しないため，"这个 / 那个"がその穴を補っているのだと考えるべきかも知れない。[注83]

木村（1990a）以降，"它"と"这个 / 那个[注84]"が相補分布をなす，と考える傾向が非常に強くなっているが，実際に"它"と"这"，"这个"との差異について少し考察してみることにする。

指示対象が談話の場にある具体的事物である場合には，指示詞，または指示詞付きの名詞句を用いて談話の中に導入されるのが一般的である。しかし，3.2.3でも少し述べたように，まれに先行詞なしで"它"が用いられることがある。その場合の"它"と"这个"の差異について，竹島永貢子（1991）は，"它"（人称代名詞）を用いると，指示物を単なる「モノ」に止まらず，より人間に近いものとして意識していることを表すが，"这个"（指示代名詞）を用いると，話し手の対象物に対する親

注82　実際に，陆俭明（1999）は，例のa., b.どちらの言い方も可能であるとし，両者の違いは文法的な環境とは関わらず，使用の環境と関わる，としている。また，宗守云（2001）は，前者は単数のもの，複数のもの両方に使用できるのに対し，後者は単数のもののみに使用できる，と述べている。認知的な解釈を試みたものには范伟（2001）があり，"这 / 那"はある事物の類，あるいは一個体，抽象事物なども指示することができるのに対し，"这个 / 那个"は，特殊な認知作用を持つ量詞"个"が付加されたために，その後に続く名詞が実体化，個体化される，と述べている。
注83　構文的制約とは，"它"が主語の位置に使用することができない，というこれまでの従来の説を指すものと考えられる。しかし，本論第5章に，実際には，"它"が主語の位置にも多用されていることを示している。
注84　"这（个）"と共に"那（个）"も使用されることがあるが，"它"と置き換えられる，あるいは"它"の先行詞として使用されるのは圧倒的に近称の"这（个）"のほうが多い。ただし，"这（个）"に言及する場合は，特に分ける必要のない限り，"那（个）"も含めることにする。

近感が表れず中立的な叙述になるため，対象に親近感を感じていない場合，たとえば，そのものの identity を問うような疑問表現にはなじまず，次のようには言えないとしている。

(3-129) *它是什么？
　　　（*それは何ですか？）

　また，平叙文であっても，"它"は正体認定，もしくは特徴づけをするような表現になじまない，と述べている。
　森宏子（1997）でも，先行詞なしで用いられる"它"について触れられており，竹島（1991）の主張に同意した上で，このような"它"は"这个"に置き換えることができるが，置き換えることにより，「話者が発話以前から対象物を了解している」という独特なニュアンスが消えてしまう」とし，"它"と"这个"は相補分布を成していると述べている。
　これに対し，西香織（2000）及び本章 3.2.3 では，先行詞なしで用いられる"它"を，話し手の特別な感情を伴わず，視線や指さし，状況などが補助的にはたらくことによって言語化されていない先行詞が暗示される場合と，話し手の特別な感情を伴い，半ば意図的に先行詞を提示しない場合の 2 種類に分けている。森（1997）の主張は前者の場合には当てはまるが，後者の場合にはあてはまらず，また，竹島（1991）のいう「親近感」とはいずれもかけ離れたものである。
　先に引用したように，木村（1990a）は，"这/那"が「対象を指さすだけの指示表現（すなわち「矢印」）であるのに対し，"这个/那个"は「現場やコンテクストの中に確立している対象について，そのものの名前を言う代わりに用いる（deictic な）代用表現」であると述べているが，判断文以外の構文に現れる"这个"には，この説明は必ずしも当てはまらない。次の例では，目的語の位置に"这个"を用いて指示対象が談話に導入されている。

(3-130) 王士琦：（取出包袱）我挺相信他，所以，我倒不妨给你看看这个。

　　　　　…(略)…我恰好在那一带巡查……我去的时候，寺里
　　　　　已经没有人了，底下人在后头草地拾起<u>这么一个包袱</u>。
　　　金小玉：我就说，我问到他<u>这个包袱</u>，他支支唔唔的。《金小玉》
　　　(王：(風呂敷包みを取り出し)奴を信じているから，君に<u>これ</u>を
　　　見せてもかまわんだろ。…(略)…ちょうどあの辺りを見回っていて
　　　……わしが行った時には寺はもぬけの殻だった。部下が裏の芝生で，
　　　<u>こんな風呂敷包み</u>を拾ったんだが。　金：どうりで，私があの人に
　　　<u>この風呂敷包み</u>のことを尋ねたら，言葉を濁していたのね。)
(3-131)　范永立：(指飯籃)小飯鋪没有取走<u>这个</u>。
　　　小练子：咱们路过给<u>它</u>带去。　　　　　　　　　　《金小玉》
　　　(范：(飯カゴを指さし)飯屋は<u>これ</u>を忘れていったな。　練：あそ
　　　こを通る時に<u>コイツ</u>を持っていってやりましょう。)

　この2例における"这个"は，どちらも談話に初出のもののありかを直示的に指示するのみであり，談話に導入された後は他の形式が用いられている。もし"这个"が「そのものの名前を言う代わりに用いる代用表現」であるならば，現場や談話内にすでに確立している対象を"这个"と指し続けることも可能なはずであるし，何らかの制限を受けて"它"を用いることができない場合に使用できるはずであるが，実際にはそのような用例は見当たらず，三人称代名詞"它"や指示詞付きの名詞句が使用されている。これらのことから，"这个"は，談話に未出の指示対象に対して，聞き手の注目を向けさせる場合や，既出の指示対象を再導入する場合，(何かとの対比などで)指示対象にきわだちを与えるというような場合にのみ使用されるものと考えられる[注85]。次の例は，指示対象がすでに談話の中に導入されているが("这家伙")，"嘴"との対比

注85　ある中国語母語話者の語感では，対象が談話の中に導入された後，指示詞を使用し続けるのは非常に子どもっぽく感じられるという。談話の場に指示対象がある場合には，直示的に指示することが可能となるが，中国語では，照応的用法が発達しており，何らかの制約を受けない限り，照応的に対象を示す必要がある。そのため，直示的に指し示しつづけると，照応的用法（あるいは文と文の結束性に対する考慮）の習得が不完全であるという印象を与えることになるのだと考えられる。

のために"这个"が用いられている。

(3-132) 包　三：（取出两只开锁器）把<u>这家伙</u>塞在兜儿里，一个口袋一个。
　　　　夏屏康：真有你的，包三，想得真周到。
　　　　包　三：周到不周到不管它，不过干一行有一行的家伙：我们这
　　　　　　　　行用的是<u>这个</u>，您那行用的是嘴。　　　　《梁上君子》
　　　　（包：（ピッキングの道具を二つとりだし）<u>こいつ</u>をポケットに入れ
　　　　てください。ポケットに一つずつ。　夏：さすがだな。包三，ぬか
　　　　りがない。　包：ぬかりがないかどうかなんてどうだっていいんで
　　　　すが，各生業にはそれ専用の道具がありますからね。あっしらが使
　　　　うのは<u>これ</u>，旦那さんたちが使うのは口。）

さらに"这个"には次のような例も見られる[注86]。

(3-133) 张英才抓住机会问："那凤凰琴是谁送你爱人明老师的？"余校
　　　　长反问道："你问<u>这个</u>干什么？"　　　　　　　　《凤凰琴》
　　　　（張英才はこの機会に尋ねた。「<u>あの鳳凰琴は誰が奥さんの明先生に
　　　　贈ったものなんですか？</u>」余校長は問い返して言った。「<u>それ</u>を聞い
　　　　てどうするんだ？」）

(3-134) 贺玉梅苦笑道：屁，<u>他们挣钱跟玩似的</u>，算了，不说<u>这个</u>了，越
　　　　说越上火。　　　　　　　　　　　　　　　　　　《大厂》
　　　　（賀玉梅は苦笑して言った。「ふんっ！<u>あの人たちにとって金稼ぎは
　　　　遊び同然なのよ</u>。まあいいわ。<u>こんなこと</u>言うのはもうやめにするわ。
　　　　言えば言うほど腹が立ってくるもの。」）

これらの例において，"这个"はその前にある破線部の発話そのもの
を指していると考えられる。このように"这个"はある行為や発話，発

注86　(3-133) と (3-134) において"这个"を"它"に置き換えることも可能であるが，"它"
を用いた場合には，話し手の対象に対するマイナス面の態度を表す。この点については第4
章で詳述する。

話内容等を実際に指し示すことができるかのように使用されることがあるが[注87]，この場合も"这个"で指し示された後，再度"这个"を用いることは非常に少ない。このことから，"这个"は談話に導入するために使用されることが最も基本的な用法であると言える[注88]。そのために，ある指示対象に対して"这个"と"它"が使用される場合には，"这个"で先に対象を指し示してから"它"を用いなくてはならない。次の例において，"这个"と"它"の位置を換えることはできない。

(3-135) 马道容：请你给我们闪电公司发几个消息。好吗？
　　　　小　鲁：敢不遵命。可不知道目下预备了几部什么片子，<u>叫什么名字</u>，什么人担任主角——
　　　　马道容：<u>这个</u>——大概有七八部之多，<u>名字有的不合适，有的要改动，反正不外是那种四个字，有花有月，又香又艳的字眼儿</u>，<u>这个</u>不用管<u>它</u>（*<u>它</u>不用管<u>这个</u>），说到主角，预定是黄莺小姐两部，还有——　　　《银星梦》
(馬：我が稲妻公司のためにニュースを流してほしいんだが。どうだろう？　魯：仰せの通りに。でも今どんな映画が何本用意されているのかも，どんな<u>タイトル</u>なのかも，主演は誰なのかも知りませんが。馬：それは……大体7，8本はある。<u>タイトルは合わないのもあるし，修正しなくてはいけないものもある。とにかくお決まりの，ロマンティックでエロティックな言葉だ</u>。<u>こんなこと</u>（<u>アイツを</u>）構う必要はない。主演は，2本は黄鶯嬢の予定だ。後は……)

注87　森宏子（1997）でも，この種の"这个"を現場（deictic）指示に平行したものと考えているが，次のような例を文脈（anaphoric）指示としている。
　　"下雪那天，心想这天气吃螃蟹正好，可是这几天哪顾得上<u>这个</u>。"《恍惚的人》
　　(「雪が降った日に，これは蟹を食べるのにふさわしいと思ったんだけど，今日まで<u>それ</u>どころじゃなかったんですよ。」)
　これらも，本文中に挙げる例と同じく，ある行為または発話内容を指し示すものと考えられる。
注88　指示対象が指しどころのない行為や事柄である場合には特に，それを話題として指し示すことができるようにするために，指示詞が用いられるのだと考えられる。

"这个"は名詞句に限らず，動詞句や一文，テクストなど様々な大きさの指示が可能であるが，いずれの場合も，それらのすぐ前または後に使用され[注89]，基本的には談話の場にある具体的な事物を指すのと同様に，「話し手の近くを探せ」というマーカーの役割を果たしている。つまり具体的事物または事柄や行為，プロセス等に対して"这个"が用いられる時，"这个"は自分から近い空間またはコンテクストに指示対象があることを示しているのであって，厳密には指示対象を直接指し示しているわけではないのである。実際に，談話の場にある事物等を指示するものや目線や指さしなど非言語的なものである[注90]。森宏子 (1997) は，"这个"が anaphoric に用いられる場合の指示対象 (referent) は「コト」であると述べているが，これは，テクストの上では，目線や指さしなど非言語的な助けがないために指示範囲が曖昧且つ拡大することによるものではないかと考えられる。いずれにしても，"这个"は木村 (1990a) が述べるような「現場やコンテクストに確立している対象について，そのものの名前を言う代わりに用いる代用表現」とはなり得ず，その役割を果たすのは"它"である。

　次に，主にある事柄を照応的に指示する場合の"它"と"这"の差異について見てみよう。王志 (1998) は，テクストにおいて"它"と"这"の置き換えが可能な場合の両者の差異について，"这"は，先行詞は往々にしてある語句で，事物にとどまらずある事柄も表すか，先行詞が不確定的性質を持つのに対し，"它"は，"这"よりも指示範囲が狭く，事物を指し，先行詞は確定的な性質を持っており，意味の中心，話題であると述べ，次の例を挙げている。

(3-136)　今年庐山风景区发生了几次规模较大的泥石流。经专家的研究发现，这（⇒它）并不是天灾，而是人祸。《思想政治工作研究》(今年，廬山景勝地区で規模の比較的大きな土石流が数回発生した。専門家の調査により，これ（⇒コレ）は，天災などではなく人災で

注89　"它"が前方照応であるのに対し，"这（个）"は前方・後方ともに可能である。
注90　吕叔湘（1990）参照。

あるということが判明した。)

　王志 (1998) は (3-136) において,"这"であれば,破線部分を含めた"今年庐山风景区发生了几次规模较大的泥石流 (今年,廬山景勝地区で規模の比較的大きな土石流が数回発生した)"を指し,"它"を用いた場合には,"泥石流（土石流）"のみを指す,とする。つまり,"它"は"这"に比べ指示範囲が狭く,モノを指示しコトを指示せず,その先行詞は確定的かつ論述の対象となっているものであるという主張である。王志 (1998) の述べる"它"と"这"の差異について,本論もおおむね同意する。ただし,実際には"它"が"泥石流"のみを指示する（先行詞とする）,という解釈には問題がある。3.4.2.1 の統合的照応においても考察したように,"它"は前文の情報すべてを含みうるため,言語化はされていないが,先行コンテクストから「今年,廬山景勝地区で発生した規模の比較的大きな（数回の）土石流」という情報の再編成が行われていると考えられる。"它"は名詞句の代用として使用されるために,前文の情報が名詞句化されて理解されるが,"这"は,本来持つ直示的な性格からか,ある状況やコンテクストを漠然と指し示すにすぎない。ここでも,指示詞は談話に対象を話題として導入または再導入するのに用いられ,三人称代名詞"它"は談話の中で対象がすでに話題になっている,話題が続いていることを表すのに用いられるという分業が見られる。

3.7.2 "它"とゼロ代名詞

　"它"とゼロ代名詞は他のどの要素よりも深い関係がある。というのも,第 2 章 (2.2.3) でも述べたように,事物等が指示対象である場合には,談話に導入された後,ゼロ代名詞[注91]を使用することが多いからである。「欧化」以降も,統語論的な環境が許しさえすれば,ゼロ代名詞で承けられることが多く,むしろゼロ代名詞を使用するほうが自然であると考えられている。言語化されなくとも通常は語と語の意味的つながりによ

注91　第 2 章では,「省略」という用語を使用しているが,ここで,「省略」と「ゼロ代名詞」との差異は問わないことにする。

り判断されるからである[注92]。

(3-137) "馊了一斤豆腐，还至于今后不买φ了？ 今天（φ）买回（φ）
放到冰箱里不就结了？你还要纠缠多少年？" 《一地鸡毛》
(豆腐一斤腐らせたくらいで今後はもうφ買わないっていうのか？
今日は（φを）買ってきて（φを）冷蔵庫に入れりゃすむことじゃ
ないか。いつまでとやかく言うつもりだよ。)

　しかし，統語論的に問題がなくとも，ゼロ代名詞を使用すると不自然
な場合がある。本章第5節（3.5.2）でみたように，先行コンテクストと
の間に因果関係等なんらかの意味的関係が見出される場合や，主語の交
代がある場合にはゼロ代名詞ではなく"它"が使用されることが多い。
ここでは，"它"を使用するかゼロ代名詞を選択するかにより意味が異
なる場合について簡単に考察する。
　Chao（1968）は目的語の省略について，他動詞の目的語はそれに近
いコンテクストに現われていた場合は通常省略される[注93]，とし，次の例
を挙げている。

(3-138) 我看完报了，你看φ吗？
　　　　（私は新聞を読み終えたけど，あなたφ読みますか？）

　この場合，英語では目的語に"it"が要求されて，"I have finished reading
the newspaper. Do you want to read it?"となるが，中国語ではゼロ代名詞
を使用するのが自然であるとし，さらに，この例文の動詞の目的語に"它"

注92　ただし，"它"は話し言葉においては（文字の助けがない状況においては），先行コ
ンテクストに関連する三人称の人か動物，事物等を表す名詞句を先行詞とするが，ゼロ代
名詞の先行詞となるものは，三人称に限らず，一人称や二人称の人も可能性として含まれ
るという点で両者の情報量には差異がある。なお，例文中のφ（ゼロ代名詞）は三人称の
ゼロ代名詞のみを示している。
注93　当該名詞句が先行コンテクストの目的語の位置になくてはならないということはな
い。Chao（1968）は次のように前文の主語の位置に当該名詞句がある例を挙げている。
　"今儿的报来了，你要看φ吗？"（今日の新聞が来ましたよ。φ読みますか？）

が用いられた場合について次のように述べている。

> If *ta*（它）is expressed :"*Nii yau kann ta ma?*（你要看它吗？）" it may even have the implication : "Do you want to read that kind of stuff?"
> (もしも"它"を用いて"你要看它吗？"と表現されたら，それはおそらく「そんなの，あなたは読もうと思いますか？」という意味が含意される。)

しかしChao（1968）は，三人称代名詞を用いるのと用いないのとで，なぜこのような意味の違いが生まれるのかについては述べていない。Chan（1985）でも，同じく目的語の位置に来る"它"とゼロ代名詞について次の例が挙げられている。

(3-139) a. 这本书我看完了，你要看它吗？
　　　　　（この本読み終わったんだけど，コンナノ読む？）
　　　　b. 这本书我看完了，你要看φ吗？
　　　　　（この本読み終わったんだけど，φ読む？）

Chan（1985）は，b. を無標の表現（unmarked expression），a. を有標の表現（marked expression）と言い，Chao（1968）と同じく，a. は "Do you want to read that kind of stuff（こういうの，読みますか？）" という言外の意味が伝えられると述べている。では一体, 何が三人称代名詞"它"とゼロ代名詞にこのような差異をもたらすのであろうか？

"它"がこのような意味合いを持つのは, Chao（1968）と Chan（1985）が挙げるような具体的な事物を指示対象とし，疑問文や否定文に使用されるのが主である。多くは目的語の位置に使用されるが，主語の位置に使用されていることもある。

(3-140) "去他的格林威治！"他愤怒地说，"格林威治跟我有什么关系，那个伦敦市外的小镇干我什么事？　谁立了它做世界子午线的起

点？ 我是不承认 ф 的。听说格林威治那儿的农夫也不承认它。"

《钟》

(「グリニッジが何だ！」彼は怒って言った。「グリニッジと俺と何の関係があるって言うんだ。あのロンドン市外のちっぽけな村が俺に何をしてくれるんだ？ 誰がアイツを世界の子午線の原点に定めたんだよ。俺はф認めないぞ。聞いた話じゃ，グリニッジの農民たちもソイツを認めてないらしいぜ。」)

(3-141) A：您这个录音机怎么了？
　　　　B：您看，昨天我听录音听了半截儿，它就突然不动了，不知是怎么回事。　　　　　　　　　　　　　　　　　　　　＝（2-52）

　この例においては，"它"をゼロ代名詞に置き換えても文は成り立ち，伝える内容もほぼ同じであるが，両者の差異は話し手の主観的態度，指示対象に対するマイナス面の感情を表すかどうかにある。これは，おそらく，ゼロ代名詞（省略）がごく自然な形としてある中国語において，そのスロットを埋める必要はないにもかかわらず，三人称代名詞が用いられることによりもたらされるのだと考えられる。これは，必要とされる以上の情報を与えることになり，Grice（1975）の「量の格率」（本章注14参照）に違反するように見えるが，人間は必要以上の情報を与えられると，そこにはさらに何らかの意味があると解釈する。すなわち，"它"という余剰成分が，話し手が腹を立てている，困惑している等といった意味を情報として運んでいるのである。現代中国語において人が指示対象である場合には，事物が指示対象となっている場合ほど頻繁にゼロ代名詞が使用されないため，通常，このようなニュアンスを持つことはない。

　しかし，Chao（1968）とChan（1985）の挙げる例には，"它"が余剰成分となっているにもかかわらず，腹立ちや困惑といった意味はどうやら見られない。では，なぜ"它"とゼロ代名詞にこのような意味の差異が出るのであろうか。これは，基本的にやはり語用論的に解釈することが可能である。これらの例も"它"を用いて「量の格率」に違反することで，聞き手への敬意であるとか謙遜といった意味合いを表すものと考

えられる。例えば，次の例も同じように扱うことができる。

(3-142) 珍珍：爸爸，让娟老师住我们家吧。她一个人住幼儿园，夜里会害怕的。
　　　　秀娟：珍珍，老师不会害怕的。
　　　　戴寻：这是我家门上的钥匙，请你收下它。　　　　＝(2-47)

　これらに共通する点は，疑問文や依頼文など，聞き手への何らかの働きかけをおこなう文に使用されているということである。これらの用法は，自分の所有物または自分に属するものに「こんなもの」というニュアンスを与えることで，相手への敬意を示しているものと考えられる。例えば，(3-142)では，"它"をゼロ代名詞に置き換えることが可能であるが，置き換えることにより，この種のニュアンスは消えてしまう。このような"它"の用法は通常，話し言葉においてのみ見られることから，談話の場において話し相手（聞き手）との関係を考慮した上で用いられるものと考えられる。なお，このような"它"に対する待遇については第4章で詳しく述べる。
　第2章でみたように，中国語本来の"它"の用法から見ても，"它"を使用することにより特別な意味を運ぶというのは驚くに値しない。中国語本来の"它"の用法は，往々にして話し手の強い感情を表すものであり，特に談話の場にある具体的事物であれば，この特徴は特に顕著となるのである。
　ただし，"它"とゼロ代名詞には，このような話し手の強い感情を表しはしないものの，次にみる「結束性」と関わる差異も見られる。

(3-143) 他脸上有一个小黑痣，我早已注意到它了。　　　　＝(2-4)

　(3-143)は王力（1944b）が"它"を使用しないのが自然として挙げた例であるが，この例は現在，容認度が比較的高い。ここでゼロ代名詞ではなく"它"を用いることにより，"小黑痣（小さいほくろ）"に焦点

が当たり，その後は「ほくろ」に関する話題が続くのではないかと聞き手には予想される。すなわち"它"には先行コンテクスト中の要素に照応するという「承前性」と後に続くコンテクスト中の要素に話題をつなげる「承継性」という性質が備わっているのである。このうち「承前性」は絶対的なものであるが，「承継性」という性質はキャンセルを許される。これもまた，ゼロ代名詞を補うのが普通であるところに"它"を置いたことから生まれる意味あいであろうと考えられる。

3.8 "它"と結束性

　ここまで，"它"に関わるさまざまな照応のあり方について考察してきた。本節では，"它"が談話にもたらす「結束性（cohesion）」という役割についてまとめることにする。

　「結束性」は，Hallilday & Hasan（1976）によれば次のように定義される。

> The set of possibilities that exist in the language for marking text hang together: the potential that the speaker or writer has at his disposal.
> （テクストを一つにまとめるために言語に内在している可能性，すなわち話し手や書き手が自由に使用できる可能性の集合）

　また，Hallilday & Hasan（1976）は「結束性」を，"one element is interpreted by reference to another（一つの要素が別の要素を指示することによって解釈される[注94]）"という"meaning relation（意味的関係）"であると述べ，その意味的関係は語彙・文法体系を通して実現されるとしている。また，「結束性」を大きく"grammatical cohesion（文法的結束性）"と"lexical cohesion（語彙的結束性）"に分類している[注95]。"它"の

注94　本章の初めにも述べたように，Hallilday & Hasan（1976）はある要素が言語的コンテクストにある他の要素を「指示する」と捉えているが，本論では，「照応する」と捉えている点で異なる。
注95　文法的結束性
　　①指示（reference）：人称詞，指示詞，比較語（意味上の関係）
　　②代用（substitution）：名詞，動詞，節の代用（言葉上（wording）の関係）
　　③省略（Ellipsis）：名詞句，動詞句，節の省略（言葉上の関係）

ような三人称代名詞は文法的結束性に属する。

談話の「結束性」に寄与するのは人称代名詞の中では基本的には三人称代名詞のみであり，一・二人称代名詞は直示的性質を内在的に持っているため，「結束性」には寄与しないと考えられる。

"它"について述べると，"它"が談話の「結束性」に寄与するというのは，すなわち"它"と先行詞との間に特に「同一物指示[注96]」という意味的な照応関係が成り立っているということに他ならない。

(3-144) 手纸可是好东西，它专堵'后门'。　　　　　　＝ (3-100)

(3-144) では，"它"が"手纸"に照応することで，自らの指示対象を同定している。したがって，先行コンテクストに自らを関連付けられるような要素がない場合には照応関係は成り立たない。

(3-145) *它专堵'后门'。

"它"は先行詞に照応することで，文と文がつながっているということを表すものでもある。そのため，(3-144) では接続詞がなくとも前の文とのつながりがあることが容易に理解される。

ただし，3.6.3 で少し述べたように，先行詞と"它"との間に何らの「関連性」も見出せない場合，他の条件が揃っていても照応が成り立つとは言えず，先行詞と"它"との間に照応関係がなければ，当然，「結束性」は生まれない。

---

　④接続（conjunction）：付加的，反意的，因果的，時間的接続等
　語彙的結束性
　①再叙（reiteration）：同一語，(近似）同義語，上位語，一般語等
　②コロケーション（collocation）：本章注35参照。

注96　本論では，Halliday & Hasan (1976) よりも広い意味で「同一物指示」という用語を使用することにする。なぜなら，中国語や日本語は英語等の言語とは異なり，「同一物指示」と「代用」や「省略」との境界が曖昧であるからである。日本語については池上嘉彦 (1983) 参照。

(3-146) ⁿ我这个收音机昨天突然坏了。所以我把它吃了。
(ⁿ私のラジオが昨日突然壊れたんです。だから私は，ソレを食べてしまった。)

　(3-146) において，"它"に先行する名詞句は一つだけであり，しかも文の主語の位置にある。したがって，この名詞句（ラジオ）が先行詞となることが自然と予測されるが，実際には，意味的にこの二文は何ら関係があるとは解釈できない。このように一つの談話として捉えられるためには語と語とのつながりだけでは足りず，談話の「一貫性（coherence）」という性質も重要となる。このような例から，談話における照応は形式的に判断されるのではなく，意味的な判断に拠るところが大きいということは明らかである。
　ここでは，談話の「一貫性」及び「結束性」が保証されているという前提のもと，"它"とともに「結束性」に寄与するゼロ代名詞等，他の形式について考察することにする。"它"はこれまで見てきたように，ゼロ代名詞で置き換えられる場合も数多くあった。しかし，だからと言って，三人称代名詞とゼロ代名詞は談話において同じ機能を果たしているわけではない。談話という観点から見れば，両者には大きな違いが見られる。また，"它"を使用せず名詞句を繰り返し使用することがあるが，その場合も同様で，"它"ではなく名詞句やゼロ代名詞が選ばれるにはそれなりの理由があるからである。
　一般に，これらの形式の選択には談話（テクスト）の階層が関わると考えられ[注97]，大まかには，階層の高いものから低いものまで次のように並んでいると考えられる[注98]。

注97　廖秋忠（1986），徐起起（1990），王志（1998）等参照。なお，徐起起（1990）は「結束性」ではなく，Givón (1983) の "topics / participants continuity（話題／参与者の継続性）" という用語を用いて説明している。Givón (1983) は "continuity（継続性）" を "thematic continuity（談話のテーマの継続性）"，"action continuity（行為の継続性）"，"topic / participant continuity（話題／参与者の継続性）" の三種類に分け，主に3つ目の継続性について論じている。
注98　談話の階層性や結束性の強弱が比較的はっきりと見て取れるのは，主語・主題の位置においてである。また，名詞，三人称代名詞，ゼロ代名詞の内部でもさらに階層があるが，ここでは大まかに考察するにとどめる。

第 3 章　照応の構造と結束性

　　　名詞句（NP）　＞　三人称代名詞（它）　＞　ゼロ代名詞（φ）

そしてこの階層を作りあげる「結束性」の強弱は次のように表される。

　　　ゼロ代名詞（φ）　＞　三人称代名詞（它）　＞　名詞句（NP）

もっとも典型的な例としては次のようなものが挙げられる。

(3-147) <u>夜来香</u>$_i$，（<u>φ</u>$_i$）是草花，<u>φ</u>$_i$栽盆里头的，<u>φ</u>$_i$开小黄花$_j$，<u>φ</u>$_j$像，像小饼干那么大小。<u>它</u>$_i$学名叫夜丁香。<u>那种花</u>$_i$不值钱,没人要<u>φ</u>$_i$，<u>土</u>$_i$香气也俗。　　　　　　　　　　　　　　　　　　＝ (3-110)

(3-147) においては，次のようなつながりがみられる。

　　　夜来香 → （φ）→ φ → φ → 它　//　那种花 → φ → φ

　すでに述べたように，同じ事物をテーマにして語る場合でも，その中には大小さまざまな切れ目があって，それが談話の階層を作っているのが普通である。つまり，一つのテーマの中にはさらに幾つかの話題があり，新しい話題が導入される場合にはもとの名詞句またはそれに関係する名詞句が使用される。(3-147) を例に取れば，ゼロ代名詞が使用されている間は意味的に先行コンテクストとの「結束性」が強い。しかし，途中で，「夜来香」の花について小さな話題が介入し，全体から部分へと小さな話題の転換が見られるため，次に言及される時には，"它" が使用されている。ここまでは指示対象に対する客観的事実を述べている。しかし，次に名詞句 "那种花" で指し直されたときには，話し手の指示対象に対するやや主観的な判断となっており，その後も続けて主観的なコメントをしていることからゼロ代名詞が選択されているのである。つまり，"那种花" も初めの "夜来香" を承けてはいるものの，ゼロ代名詞や "它" を用いるほど先行コンテクストとのつながりは強くないので

189

ある。次の例も同様である[注99]。

(3-148) 你最好用一种毒药去毒他，他一定会死了，我知道这种毒药。不过 ф 也有一种害处，就是这种毒药必须先衔在你自己的嘴里，然后向你仇人（ф）吐过去，它才能奏效。但它一碰到你自己的舌头，你自己就要先死了。我看你还是不用这种毒药罢，省得没害着仇人，先害了你自己。　　　　　　　　　《百喻经故事》
（奴を殺すなら，ある毒薬を使うといい。必ず死ぬはずだ。おれはこの毒薬を知っている。だが，ф弊害もあってな，この毒薬は必ず先に口に含んでから，仇に（ф）吐きかけてはじめて，ソイツは功を奏するんだ。しかしソイツがちょっとでもおまえさんの下に触れてみろ，おまえさんが先に死ぬことになる。やっぱり，この毒薬は使わない方がいい。仇を殺す前に自分が死んでしまうなんてことのないように。）

　なぜ，「結束性」の強弱にこのような差異が生じ，また，なぜそれが談話（テクスト）の階層を形成するのであろうか。それは，それぞれの形式の持つ情報量と関わる。先行名詞句から形式が変わるほど，聞き手にとっては指示対象の同定がより困難なものとなる可能性が生じるため，同定が困難になる可能性のものを話し手があえて使用するということは，前後のコンテクスト，関係によって指示対象の同定が可能であると話し手が確信していることを示す。この話し手の主観的判断が結果的に談話（テクスト）の階層を形成することに貢献することになる[注100]。
　このように，"它"は照応に徹する代名詞であることから「結束性」という役割を担い，他の「結束性」を表す要素とともに，或いはそれら

注99　"这种毒药"という名詞句自体は"一种毒药"という先行詞を承けているが，ここでは名詞句の形をとるものに一重下線を引き，その他の照応詞に二重下線を引いている。
注100　ただし，実際の談話，とりわけ，計画されない談話においては，書き言葉と異なりテクストの階層性がさほど明確には現れない。書き言葉であれば，書き手が意図的にテクストの階層性を表すのに適当な名詞句や代名詞が選択されうるし，そのための時間も通常は与えられるが，話し言葉のうち少なくとも計画されていない談話では難しい。

の代わりに文と文がつながって一つの談話（テクスト）としてまとまっていることを示す。特に，話し言葉においては，関連詞のようにふるまっている例が少なくない。話し言葉の特徴の一つとして関連詞が脱落しやすいことが挙げられるが[注101]，表面に現れない関連詞に代わって文と文をつなげるはたらきを担っているのである。

3.9 まとめ

　本章では，さまざまなレベルで捉えられる照応の中での"它"のはたらきについて考察した。"它"は照応に徹する三人称代名詞であり，先行コンテクストにある名詞句に照応することで自らの指示対象を決定する。通常は先行詞に示された情報そのままを受け継ぐが，時に何らかの推論を経て指示対象が決定されることもある。しかし，いずれの場合も明示的な先行詞が必要で，しかも指示対象が談話においてすでに話題となっていることが前提となる。

　また，"它"と先行詞は単文内に共起することは少なく，主題化文の中で文の主題となっている先行詞を承ける形式がみられる以外は，因果関係や転折関係にある複文や，文と文との間に時間的差異や小さな話題の変更がある場合に"它"が使用されることが多い。その場合，先行詞と"它"との間に介在する文の数は二文までが普通である。

　さらに，"它"は同じく三人称代名詞である"他/她"等と交差して先行詞に照応することがあるが，通常は語と語の意味的関係，すなわち「関連性」によりそれぞれの先行詞を正しく同定することが可能である。ただし，そこに生じる曖昧性を排除することはできず，指示対象の同定がうまく行えない場合も実際にはある。

　本章の終わりには，"它"と指示詞やゼロ代名詞との比較を行った。特にゼロ代名詞との比較では，両者の使用が可能な場合，"它"は有標（marked）であり，話し手の特別な感情等を表すことをみた。"它"は基本的にはその先行詞に照応することで談話の「結束性」を示すはたらきをしているが，実際には人間を指示する"他/她"ほど文法化が進んで

注101　陈建民（1984）参照。

いないと言ってよい。

第4章 "它"の指示対象と語用論的制約

　"它"は人間以外の三人称の対象を指すと言われる。しかし、その守備範囲は非常に広く、"它"の指示対象となるものには様々なものが考え得る。第4章では、"它"の指示対象にはどのようなものがあるのかを紹介し、さらにそれが談話にどのような形式を用いて持ち出されるのか、またどのような条件があれば"它"と代名詞化することが可能であるのかについて考察することにする。また、完全に文法化しているとは言えない"它"が語用論的にいかなる役割を果たし、いかなる語用論的制約を受けるのかについても考察する。

4.1 "它"の指示対象
4.1.1 "它"の守備範囲

　これまで何度も述べてきたように、現代中国語の普通話においては、"tā"が三人称代名詞として使用されている。"tā"は話し手・聞き手以外、つまり三人称で単数の人間、動物、事物や事柄等を指示対象としており、もともと全て"他"と書き表されていたが、20世紀初頭に起こった五四運動前後に欧米の言語の影響を受けて、文字の上では以下のような区別ができ、現在に至っている。

　　三人称・単数・人間、男性　　　⟶　　他
　　三人称・単数・人間、女性　　　⟶　　她
　　三人称・単、（複）数・動物　　⟶　　牠 ⎫
　　三人称・単、複数[注1]・事物、事柄　⟶　　它 ⎭ 它

　三人称代名詞は一見、整然とした役割分担が行われているかのように

注1　事物を指す場合に、形式上は単数であるにもかかわらず、単数、複数両方を指示する可能性が出てくるのは、中国語が、いまだ事物の「数（number）」に対して十分に敏感ではないことに関わる。ただし、第2章でも触れたように、近年は複数形の"它们"（tāmen）"が使用される割合も多くなってきており、特に若い世代では、明らかに複数であるものに対して"它"を使用するのは不適当であると考える人も多い。

みえるが，それぞれの文字の守備範囲を考えてみれば明らかなように，"它"の指示対象は，有生物，無生物，抽象物，事柄など，形のあるものから無いものまで実に多岐にわたっている。

また，第2章で詳述したように，いわゆる「欧化」は，文字だけにとどまらず，三人称代名詞の用法の面にも大きな影響を与えている。主として英語の"it"等の中国語訳として使用されることの多かった"它"は，特に中国語が本来的に有していた"它"の用法とは大きく様相が異なってしまった[注2]。それでも，人間を指示する場合と事物を指示する場合では使用頻度が大きく異なり，人間の場合，比較的容易に代名詞化されるのに対し，事物の場合には，ゼロ代名詞か指示詞付きの名詞句等が使用されることが多く，"它"が用いられることは現在でも相対的に少ない。つまり，人間と事物とでは，発音が同一であるにもかかわらず，その使用に多くの差異がみられるのである。おそらく，両者の差異を生む要因も一様ではないと思われるが，まず"tā"がどのような対象を指示するのかについてここで整理することにする。

ただし，これまで三人称代名詞については，人間を指示する用法，動物や事物，事柄を指示する用法が個別に存在しているかのように思える記述がなされてきたが，同一の発音，すなわちいずれも"tā"と読まれる以上，本来的には一つのものである。それが意味論的または語用論的な制約等により異なるふるまいをしているのであって，両者の間に明確な境界線を引くことはできないのである。

本論では，"tā"の指示対象となる人間から事物までを，図4-1のような一つの連続体(continuum)をなすものと捉えることにする。つまり，これらの用法は程度の差であって，いわゆる人間を指示する用法と事物や事柄を指示する用法は，それぞれこの連続体の両極端に位置するものである。それは，「有生」から「無生」に至る過程であり，また基本的には，より「個体性」の高いものから低いものまでの連続体としても捉えることが可能である。

注2 しかし，第2章でも述べたように，「欧化」は基本的に書き言葉に影響を及ぼし，話し言葉にはさほど入りこまなかった。

[図4-1]

　実際の状況は，これほど単純なものではないが，基本的には，より個体性の高いもの，「有生性（animacy）」の高いものほど目立ち，そして，それに対する分類が細かくなされ，かつ代名詞化もされやすくなる，と言える。

4.1.1.1　組織

　"它"の守備範囲について，まず「組織」を指示する場合を考えてみると，ここにはある国家や都市，会社，学校，団体といったものが挙げられるが，これら指示対象の後ろには人間の存在が見え隠れする場合が多い。また，動作主となり得るなど，時に人を指示対象とする場合と似たようなふるまいをする。

(4-1)　一个男人说：伙计们，这房要拆了。另有人立刻问：我们住哪儿？
　　　答：管你住哪儿！　是这个单位的它安排，不是的一律滚蛋。
　　　　　　　　　　　　　　　　　　　　　　　　　《烦恼人生》
　　　（一人の男が言った。「おい，みんな，この建物は取り壊されるんだってよ。」別の者がすぐに尋ねた。「俺達，どこに住むんだよ」それに答えて，「どこに住もうと知ったことか！　この職場に勤めている奴は，コイツ（＝職場）が手配するだろうし，この職場の者じゃなけりゃ，みんなおっぽりだされるのさ。」）

注3　「組織」の個体性，有生性についてはさまざまなレベルが考えられるが，人間を指示する場合と似たふるまいをすることが多いため，ひとまずこの位置に置いておく。

ここでは，"安排（手配する）"という動詞が使われており，意味レベルからみても，無生物とは明らかに異なる動きを見せる。次の例も同様である。

(4-2) 李冬宝：俗话说人往高处走，水往低处流，干吗非在《人间指南》
    这棵树上吊死啊？ 咱又没卖给它。　　　　《编辑部的故事》
    （諺に言うじゃないか，人は高きを目指し，水は低きに流れるって。何で『人間指南（編集部）』という木の下で首をつらなきゃいけないんだ？ 俺たちゃコイツに身を売ったわけじゃないんだぞ。）
(4-3) 那么还有就是宗教，尤其是基督教，它是不允许用任何的方式去不给病人治疗。　　　　　　　　　　　　　《高级汉语口语》
    （それに宗教，とりわけキリスト教，アレはどんな方法を用いてでも患者の治療をしないということを許しません。）
(4-4) 其中一个对何碧秋说："你写诉状，应该找律师事务所呀。"何碧秋问："它是干什么的？"　　　　　　　　　　　　＝ (3-51)

"卖（売る）"という行為は普通，人間に対して行われるものであり，"允许（許す）"，"干（する）"という行為を行うことができるのは普通，人間に限られる。ここでも人間を指示する"他"と同様のふるまいをしている[注4]。

しかし，人間の存在とは関わらない例も当然見られる。

(4-5) 您去过白孔雀艺术世界吗？ 在那儿买东西是一种享受。那儿，哪儿都那么干净、漂亮。哦，您问它在哪儿呀？ 我告诉您，挺好找的。　　　　　　　　　　　　　　　　　　《听和说》
    （白孔雀芸術ワールドへ行かれたことはありますか？ あそこで買い物をするのは一つの楽しみです。あそこはどこもそれはきれいなん

注4　人間を指示する場合と同じようなふるまいをするということと擬人法によるものとを同一視するべきではない。これらの例は擬人法によるものではなく，有生性が高いためにこのような表現が許されるのである。

ですよ。ああ、ソレはどこにあるのかって？ お教えしましょう。すぐに見つかりますよ。)

(4-6)　A：听说苏州那个城市比较小。
　　　　B：你别看它小，风景可是闻名世界呢！　　　　　　　　＝ (3-8)

　(4-5) や (4-6) のように、ある場所の所在やその性質等について述べる場合にも"它"が使用されることがあるが、ある場所の「トコロ性」に焦点が置かれる場合には"它"を用いることができず、指示詞"这儿／那儿（ここ，あそこ）"等を用いなくてはならない。"它"を使用することができるのは、そのものの「個体性」または「モノ性」等に焦点が当たっている場合に限られる。たとえば、"它"は"去（行く）"や"在（ある）"の目的語としては用いられない。なぜならこれらの動詞はその目的語に「トコロ性」のある名詞句を要求するからである。逆に、"在（ある）"の主語には「トコロ性」を表す名詞句は使用されない。

(4-7)　你去过｛北京／那儿／*它｝吗？
　　　　（｛北京／あそこ／*ソレ｝に行ったことがありますか？）
(4-8)　a. 紫禁城在｛北京／那儿／*它｝。
　　　　　（紫禁城は｛北京／あそこ／*ソレ｝にあります。）
　　　　b.｛邮局／*那儿／它｝在银行旁边。
　　　　　（｛郵便局／*アソコ／ソレ｝は銀行の隣にあります。）

　このように、「組織」を指示対象とする"它"は、人を指示する用法ときわめて近い関係にあることが分かる。ただし、「組織」は、人の場合と異なり、必ずしも具体的にこれ、と指せるものではない場合がある。たとえば、(4-3) のような宗教団体は抽象的存在と言わざるを得ない。

4.1.1.2　動物

　次に、動物が指示対象となる場合について見てみよう。一般的には人間、動物、植物が「生物」として扱われるが、文法のレベルでは普通、

人間と動物のみが［＋生命］という意味特徴を持つと考えられる[注5]。

(4-9) 其实是我没道理，家里的两头羊全靠有庆喂它们。　　《活着》
(本当はワシのほうがむちゃくちゃ言ってるんだ。うちの羊は二頭とも有慶に（ソイツ等を）育ててもらったんだから。)

(4-10) 那个小黄猫总跟着我们在自留地里，每天收工时就在巷子口接我们，它怀了孕，我们想看它生小猫，它就跑了。唉，真是！
　　　　　　　　　　　　　　　　　　　　　　　　《烦恼人生》
(あの小さな茶毛の猫はいつも俺たちについて自留地に来てたよな。毎日仕事を終える頃には路地の入り口で俺たちを迎えてくれて。アイツのお腹ででかくなって，俺たちはアイツが子猫を生むのを見たかったのに，アイツったらどこかに行ってしまって。ああ，全く。)

(4-11) 有一个小孩，在陆地上游戏，捉到了一个大乌龟。他想杀死它，但不晓得怎样杀法。有一个人告诉他说："你只要把它抛进水里去，它马上就死了。"　　　　　　　　　　《百喻经故事》
(ある子どもが陸で遊んでいて，大きな亀を一匹捕まえた。彼はソレを殺そうとしたが，どうやって殺せばいいか分からなかった。そこである人が彼にこう教えてやった。「ソイツを水の中に投げ込みさえすれば，ソイツはすぐに死ぬよ。」)

(4-12) "那不行。这样好的鸽子，哪个舍得放走！"觉英固执地答道。他又对觉群说：
"五弟，你去给我拿把剪刀来，我要剪掉它的翅膀。"　　《春》
(「いやだね。こんなにいい鳩，誰が放すものか！」覚英は意地になって答えた。そして彼は覚群にこう言った。「五弟，ハサミを持って来てくれ。俺はコイツの翼を切り取ってやるんだ。」)

(4-13) 他看见一只花蝴蝶$_i$在他头上飞过，…(略)…后来从天井里茅亭那面又飞来了一只更美丽的蝴蝶$_j$。…(略)…"真没用！芸表姐，等我们去扑了它$_{i+j}$来，"　　　　　　　　　　《春》

注5　なお，ここでは，食物としての動物は扱わない。生きたまま食べられる等の例外もあるが，食物としての動物は［－生命］であり，完全に事物として扱われる。

(彼は頭の上を一匹の蝶_iが飛んで行くのを見た。…(略)…その後，中庭のかやぶきの東屋の方からもう一匹別のもっと美しい蝶_jが飛んできた。…(略)…「全く役に立たないわね。芸姉さん，アレ_{i+j}を捕まえてくるわね。」)

このように，家畜や鳥，そして虫などさまざまな生き物が"它"で指し示されている。これらはいずれも何等かの行為の動作主となり得る点で，人間を指示する用法と近く，事物等を指示する用法と区別される。また，(4-10)のように，一度，指示対象が話題として導入されると，何らかの制約がない限り，比較的長い間，"它"で指示対象を指し続けることができるという点においても，人間を指示する場合に近いと言える注6。

4.1.1.3 植物

野に咲く花も花瓶に挿してある花も，森の木々も盆栽も，条件が整えばすべて"它"で指し示すことが可能である。

(4-14) "我这庭前种上竹子，竹子长得不好，教书的先生把它撅折了，就是把它给损坏了。" 《单口相声》
(「うちの庭の前に竹が植えてあったんですが，竹はうまく育たなかったので，先生がソレを折ってしまったんです。つまり，ソレを壊したということです。」)

(4-15) 请您接受我为了表达心意特地给您买的这束鲜花。您瞧，这花儿有多美呀，多鲜亮！ 多么让人……您闻闻它，还散发着幽香。
《北京爷》
(僕が気持ちを表すために買ったこの花束をどうか受け取ってください。ほら，この花，何て美しく鮮やかなんでしょう！……コイツを嗅いでみてくださいよ。まだほのかに香っていますよ。)

注6 第3章でも述べたように，事物等を指示対象とする場合には，対象が話題として談話に導入された後も，"它"で示し続けられることは非常に稀である。

(4-16) 他把笔筒里的笔一把都抓了出来，说："我去弄点水来，把<u>花</u>插里边，让<u>它</u>多开两天。"　　　　　　　　《献上一束夜来香》
(彼は筆立ての中の筆をつかみ出して言った。「水を入れてくるよ。<u>花</u>を中に挿して<u>コイツ</u>を少しでも長く咲かせてやろう。」)

(4-17) 　A：不知道什么色儿的，<u>这</u>（＝君子兰）是什么色儿的？
　　　　B：紫红的，你看看是紫红的，不是紫红的。不蒙你，不骗你。
　　　　　…（略）…<u>它</u>要不是紫红的，你拿回来。

　　　　　　　　　　　　　　　　　　　　　　　『北京口語語彙の研究』
　　　　（A：何色か分からんよ。<u>これ</u>（＝君子蘭）は何色だ？　B：紫色です。ほら紫色ですよ。紫色じゃないですか。うそじゃありませんよ。騙したりなんてしませんよ。…(略)…<u>ソイツ</u>がもし紫色じゃなきゃ，返品しにきてください。)

　植物や基本的に事物と同様に扱われるが，成長したり枯れたり病気になったりといった，事物にはない特徴も有している。

(4-18) 何碧秋上前问他："种<u>这块麦子</u>时，我也免耕了，也条播了，也清墒了，怎么<u>它</u>还得病呢？"　　　　　　　　《万家诉讼》
(何碧秋は前の方に進み出て彼に尋ねた。「<u>この畑の麦</u>を植えた時，土も掘り起こさないで直接蒔いたし，筋蒔きもして，湿度の点検もしたっていうのに，どうして<u>コレ</u>はまだ病気にかかるの？」)

4.1.1.4　具体物

　"它"が具体的な事物を指示する例について見てみよう。これまで本論で扱ってきた用例は，その多くが具体物あるいは抽象物であった。具体物の中には山や川などの自然物なども含まれるが，固有名詞を持つもの，一般名詞しか持たないもの，談話の場にあるもの談話の場にないもの，とさまざまである。

(4-19) 梅杰音：<u>伦敦塔</u>倒是一个很值得研究的建筑。

　　　　　马金川：真的吗？我们知道它是一个老塔，至于它真正好在哪里，
　　　　　　　　我们倒不知道。　　　　　　　　　　　《天罗地网》
　　　　　(梅：ロンドン塔は研究する価値のある建築物ですよ。　馬：そうか
　　　　　い，ソイツが古い塔だってことは知っているが，ソイツの本当の良
　　　　　さがどこにあるかと聞かれたら，わからないね。)
(4-20)　瞿塘峡、巫峡、西陵峡总称三峡。它地跨四川的奉节、巫山和湖
　　　　　北的巴东、秭归、宜昌等五个县、市，全长近 200 公里。
　　　　　　　　　　　　　　　　　　　　　　　　　《听力篇 (下)》
　　　　　(瞿塘峡，巫峡，西陵峡をあわせて三峡と言います。ソレは四川省の
　　　　　奉節，巫山，湖北省の巴東，秭帰，宜昌等の五つの県，市に跨り，
　　　　　全長約 200km 近くです。)
(4-21)　根据很古的传说：从前有一个阿修罗王，看见月亮很明亮，就用
　　　　　手去遮它，这样就变成人们所说的月蚀了。　　《百喻经故事》
　　　　　(古い伝説によると，昔，阿修羅王という王がいて，月がとても明る
　　　　　いので，手でソレを遮った。そうして今我々が言うところの月蝕と
　　　　　なったと言われている。)

　　上記の例はそれぞれ「トコロ性」を持つものが指示対象となっている
が，4.1.1.1 で見たように，これらの「モノ性」，「個体性」に焦点が当た
る場合に"它"が用いられる。
　　次の例は，最も典型的な事物を指示対象とする例である。

(4-22)　临走的时候对他们说道："好好看住这些货物。这张骆驼皮，也
　　　　　不可使它潮湿！"　　　　　　　　　　　　　　　　= (3-6)
(4-23)　从前有一个女人，眼睛疼痛，日夜呻吟，非常苦恼。有另外一个
　　　　　女人看见，就害怕起来，自己说道："哦，这样痛，要是我，那
　　　　　是一定受不了的！　所以，我的眼睛现在虽还没有痛，也不如赶
　　　　　快挖了它罢，免得将来痛起来活受罪。"　　　　　= (3-80)
(4-24)　老徐：我说老陈，这样啊，我那儿呀，还有一篇好稿子，是写咱
　　　　　　　　这中国这几亿烟民的。我把它让给您，这，这总可以了吧。

《编辑部的故事》

(じゃあ陳さん，こうしよう，うちにもう一本いい原稿があるんだ。この中国のその何億といる喫煙者のことを書いたものだ。ソイツを譲るよ。そ，それでいいだろ？)

　これらはいずれも具体物を指すが，"它"の先行詞に目を向けると，実にさまざまな形式が用いられていることがわかる。この点については4.2で詳しく考察することにする。

4.1.1.5　抽象物

　"它"は抽象的な事物を指示対象とすることが比較的多い。おそらく，事物を指示する"它"はほとんど使用されない，というのが中国語母語話者の直感としてあるが，それは具体的な事物に対して"它"を使用することをまず思い浮かべがちであるからであり[注7]，抽象物に対する"它"の使用は，それにかかる語用論的制約も少ないため，比較的多く見られる。

(4-25)　这个情节看上去并不真实，但它却反映了当时封建社会的可怕的生活现实。　　　　　　　　　　　　　　　　　　= (3-97)

(4-26)　我没有爱上罗伊，我只是迷恋她的肉体，可廖静如，让我体验到了爱的本身，它的确是不需要回报的。"　　　《手上的星光》
(俺は羅伊を愛していなかった。ただ彼女の肉体に夢中になっただけだ。だけど，廖静如は，俺に愛そのものを体験させてくれた。ソレは全く報いる必要などないのだ。)

(4-27)　"标准是人类发明的玩艺儿，上帝显然并没有创造它。……"
　　　　　　　　　　　　　　　　　　　　　　　　　　　《钟》

注7　具体物が指示対象になる場合，後に述べるように，"它"の使用には制限がかかる。また，中国語母語話者に"它"がどのように使用されるのかを尋ねると，多くがまず"它"を直示的に使用する場面を思い浮かべる。しかし，第3章で述べたように，"它"には直示的な用法はないため，"它"を話し言葉で使用することは稀であるという結論が導かれやすくなるのだと考えられる。

(標準というものは人間が発明したものだ。上帝は明らかにソンナモノを創造してなどいない。)

このほか，総称的[注8]，概念的に捉えられるものも抽象的な事物として扱われる。

(4-28)　老莫：你想啊，这消费者最担心的是什么？　是买了一个冰箱到家，没两天儿就坏了，老得修。买天泉冰箱就没这烦恼了。是不是？　它坏了以后不要紧啊，你还可以当柜子使啊，一点不糟践。　　　　　　　　　　　《编辑部的故事》
(考えてみなさいよ，消費者が一番心配していることって何です？　それは冷蔵庫を一台買って帰って，何日も立たないうちに壊れてしまって，しょっちゅう修理しなくちゃならないことです。でも，天泉冷蔵庫を買えばそんなことで悩まなくてもいいんですよ。でしょ？　コイツは壊れても大丈夫ですよ。カウンターとして使えますから，少しも無駄にはなりません。)

(4-29)　手纸可是好东西，它专堵'后门'。　　　　　　= (3-100)

　(4-28)，(4-29) ともに，特定のある一台の冷蔵庫やちり紙を指しているわけではなく，概念レベルで捉えられている。したがって，指示対象が動物や植物である場合でも，それが類として捉えられている場合には抽象物の扱いを受ける。

4.1.1.6　事柄

　"它" が何らかの事柄を指示対象とする例は，他のものに比べかなり少ない。統語的な位置等にも制限が見られ，その多くは目的語の位置に使用され，主語の位置に使用されることは稀である。また，指示対象はすでに実現済み，すでに発生している具体的な事柄であることが圧倒的に多い。

注8　第5章で詳述するが，本論における「総称」とはある類を指すのであって，類の成員全員を指すのではない。

(4-30) 张守坚：（十分激动）莺，莺，（反抗地）可是你难道忘记<u>从前初到上海住亭子楼的时候吗？ 你穷得没有饭吃</u>，也非常快乐！
　　　　黄　莺：<u>那些事我一直总是想法叫自己忘了它</u>，因为我一想起来就觉得可怕，浑身抖索，想想不知道那时候怎么过的。
$= (3-58)$

(4-31) 金师傅：小玲，<u>过去的事情就让它过去吧</u>，不要搁在心里了。你今天是来拍结婚照的，要高兴啊！　　《听力篇（上）》
（シャオリン，<u>過去の事</u>は（<u>ソイツ</u>を）過ぎ去らせておけばいい。いつまでも気にとめてるんじゃないよ。君は今日，結婚写真を撮りに来たんだよ。楽しくしないと。）

しかし，時に未然の事柄に対しても"它"が用いられることがある。

(4-32) <u>反正要发生的事</u>总是要发生的，我们既不能促成它，也不能禁止它。　　　　　　　　　　　　　　　　　　　　《钟》
（とにかく<u>これから起ころうとする出来事</u>は起こるものなんだ。俺たちは<u>ソレ</u>が起こるようにと手を貸すこともできなければ，<u>ソレ</u>を止めることもできないんだ。）

(4-33) "你可真够逗嘿，喝杯茶还改天。走吧，甭跟我客气。不就是<u>钉个门，安个窗户吗？ 这点活儿</u>，回头我捎带手，就替您把它干喽。您忘啦，我可是在房管所上班。"　　　　　　　$= (3-57)$

　これまで見た用例からも，"它"の守備範囲は"他"に比べてかなり広いことが分かる。また，"它"にはこれらの指示対象のほかに，第1章で触れたいわゆる「虚指」と呼ばれる用法がある。この「虚指」用法と事柄を指示する用法との境界は非常にあいまいであり，明確に線を引くことができない，という点で，図4-1の連続体の端に組み込むことが可能である。現代中国語における"它"の「虚指」用法とは次のようなものである。

(4-34)　甲：吃葡萄？　这个月份有葡萄吗？
　　　　乙：你管它有没有哪。　　　　　　　　　　　　＝ (1-33)
(4-35)　听说老爷叫回去，心里说："也好，回家去睡它一觉。"
　　　　　　　　　　　　　　　　　　　　　　　　《单口相声》
　　　（旦那様が帰れと言ったというのを聞いて，心の中でつぶやいた。「それもいいか，家に帰って一眠りしよう。」）
(4-36)　陈主编：今天这会呢，不单单是选一个新主编，我看是群策群力，
　　　　　　　　咱们制定它一个切实可行、振兴刊物的这么一个方案。
　　　　　　　　　　　　　　　　　　　　　　　　《编辑部的故事》
　　　（今日のこの会議はだな，新編集長を選ぶというだけでなく，みんなで知恵を絞って，確実で実行できて，雑誌を盛り上げられるようなプランを立てようじゃないか。）

　以上，"它"にはどのような指示対象があるかについて見たが，実際にはそれぞれの内部にもさまざまな差異がみられる。それは指示対象がどのような世界に属するかということと大きく関わると考えられる。そこで，次に指示対象の属する世界について考察することにする。

4.1.2　指示対象の属する世界

　4.1.1で見た指示対象は，どのような世界に属しているのであろうか。まず，概念世界に属するものとそうでないもの（非概念世界）とに分類することができる。次に，非概念世界は，現実世界と仮想・信念世界に分類することができる。そしてこのいずれの世界の対象にも，"它"を用いてアクセスすることが可能である。また，このことは，指示対象は常に自らの属する世界においてのみ，そのものの唯一性・特定性が保証されることを示している。
　ここでは主に事物（具体物，抽象物）を指示する場合について考察することにする。

4.1.2.1 概念世界

"它"の指示対象が概念世界に属する場合，その指示対象は，概念世界においてのみ，そのものの唯一性，特定性が保証されている。これは一見，現実に存在する事物であるかのようにみえても，実際には，対象を百科事典的レベルで捉えているもので，ここに総称などの類概念や一般概念，抽象物といったものが含まれる。

(4-37)　熬粥，它也是粮食呀！　　　　　　　　　　　　《単口相声》
　　　　（おかゆ，アレだって食糧じゃないか！）
(4-38)　A：咖啡的刺激性很强，而且需要加糖，加牛奶等等，这可以说
　　　　　　明咖啡本身的味道比较单调。
　　　　B：其实不然，很多人喝咖啡不加任何东西，享受它的原味儿，
　　　　　　味道并不单调。　　　　　　　　　　　　　　　＝(3-9)

(4-37)，(4-38)では，それぞれ"熬粥（おかゆ）"，"咖啡（コーヒー）"が指示対象となっているが，現実の具体的，特定的なものを指しているのではなく，概念的レベルで捉えられている。つまり，これらは通常，辞書の項目のような意味特徴，客観的にその類に属するもの全てにほぼ共通する特徴のみを有しているのである。

次の例は仮想世界に属しているようにみえるものである。

(4-39)　他们中的一个，心里想道："甘蔗本来就很甜，假如我拿甘蔗汁
　　　　去浇①它，那②它还会不加倍的甜么？"他真的就榨出很多甘蔗汁，
　　　　去浇新种的甘蔗，结果反而把所有的甘蔗都弄坏了。
　　　　　　　　　　　　　　　　　　　　　　　　　《百喻经故事》
　　　　（二人のうちの一方は心の中でこう考えた。「サトウキビというものはもともと甘いものだ。もしサトウキビの汁を①コイツにかけてやったら，じゃあ②コイツはとびっきり甘くなるんじゃないか？」そして彼は本当にサトウキビの汁をたくさん絞り出し，植えばかりのサトウキビにかけた。その結果は逆に

全てのサトウキビをだめにしてしまった。)

　この例では下線を引いた"甘蔗(サトウキビ)"が"它"の指示対象となっているが，ここでは現実世界のある特定のものを指すのではなく，一つの概念として捉えられている。一方，例文後半の波線部分の"新种的甘蔗（新しく植えたサトウキビ）"，"所有的甘蔗（全てのサトウキビ）"は現実世界のものとして捉えられる。しかし"假如（仮に）"という語があることからも明らかなように，仮定的な事柄が話される中で用いられているのにもかかわらず，なぜ依然として概念世界に属するものであり得るのであろうか。

　それは，おそらく次のように説明することが可能である。固有名詞や類概念を表す名詞（多くは裸の名詞句）は，その強い唯一性のために，仮想世界における話の中にあっても，依然として本来自らの属する世界にかたく結び付けようとする。仮想世界はいわば臨時的に話し手によって設けられる世界であり，一つの世界からまた別の世界への移動は極力避けられる。(4-39)では，先行詞"甘蔗"が概念世界に導入されているため，一度目の代名詞化では"它"①も概念世界に属するものと認識される[注9]。

4.1.2.2　現実世界

　"它"の指示対象が現実世界に見出せるという状況は概念世界に属するものに次いで比較的多く見られるが，現実世界にあるものには後に述べるように，談話の場により密接に関わるものだけに，より多くの語用論的制約が課される。

(4-40)　"你看这块石头怎么样？　好好瞧瞧它像什么？　对，你要瞧它的纹理，你看，它的纹理多好呀！"　　　　　　　　　　《北京爷》

注9　ただし，二度目の代名詞化の時には，"它"の指示対象が仮想世界に移動したと考えることが可能である。4.1.2.3で述べるが，概念世界や現実世界から仮想世界への移動は許されるが，仮想世界から概念世界や現実世界への移動は許されないようである。

　　　　（「ほら，この石どうだ？　よーく見てみろ，コイツは何に似てる？　そう，コイツの模様を見なきゃいかん。なあ，コイツの模様，素晴らしいだろ！」）
(4-41)　公公：闺女，过来，我跟你说句话。
　　　　媳妇：爸，这事儿都了了，您，您就别老提它了。　　　＝(2-49)

　(4-41)はある已然の事柄を指示対象とする例である。事柄は形がなく，「これ」と指で指し示すことはできないが，現実世界で起こった出来事であるため，あたかも指し示すことができるかのように文法的にもふるまっている。というのは，現実世界にあるものは，指示詞または指示詞付きの名詞句で示されることが最も多いからである。中国語では，指示詞はきわめて直示的（deictic）なものであって，基本的には，その対象が現実世界にある場合にしか用いられない[注10]。この点から，現実世界で発生した事柄を現実世界に属するものとみなすことには妥当な判断であると考える。
　もちろん，現実世界にあるものは，談話の場にある必要が必ずしもないため，次のような例も見られる。

(4-42)　"中广的钟我看过，"好半天以后他小声地说，只是眼睛仍然望着海面，"大大厚厚的，六十五年差一秒。"
　　　　我忽然想起阿土，以及那天他所说的："它到底差了一秒。"
　　　　　　　　　　　　　　　　　　　　　　　　　　　　　《钟》
　　　　（「中正記念堂前の広場の時計を見たことがある。」かなり時間が経ってから彼は小声で言った。ただ，目は相変わらず海面の方を向いていた。「でっかくて分厚いんだ。65年で一秒ずれる。」僕は突然，阿土と彼がその日言ったことを思い出した。「ソイツだってやっぱり一秒ずれるんだ。」）

注10　「指示詞付きの名詞句」の名詞が一般名詞等である場合には使用が可能である。

4.1.2.3　仮想・信念世界

　指示対象が仮想世界に属しているかどうかは，多くの場合，先行詞が"假如（仮に）"，"如果（もし）"，"万一（万が一）"等，仮定を表す関連詞や副詞，"想（～したい）"，"希望（～を希望する）"，"可能（ひょっとすると）"等，願望や可能性を表す助動詞，副詞などと共起し，先行詞が数量詞を伴っているかどうかによってある程度判断可能であるが[注11]，これらの要素がない場合もある。

(4-43)　"你家里有闲房没有？　要是有闲房，你可以把它租出去。现在好多城里人，就是靠房租过日子呢。"　　　　　　　　　　《北京爷》
　　　　（あんたの家に空き部屋はないの？　もし空き部屋があるなら，ソレを貸しに出せばいいわよ。今都市部ではそうやって家賃に頼って暮らしている人が多いのよ。）

(4-44)　"我只要一辆手扶拖拉机就行了，可拖拉机他妈的不让上长安街。我还指望着有朝一日用它带着来京看我的父母亲上街兜兜风呢。"
　　　　　　　　　　　　　　　　　　　　　　　　　　《手上的星光》
　　　　（「俺はハンドトラクター一台ありゃいいってのに，トラクターはくそっ長安街を通らせてもらえねえんだ。いつか北京に俺を訪ねに来る両親をソイツに乗っけて，街にドライブに出ようと思ってたのに。」）

(4-45)　余德利：李冬宝，你不是喜欢照相吗？　我好好给你置备一套目前世界上最先进的照相机。
　　　　李冬宝：哎哟。
　　　　余德利：哎，你背着它绕世界转去，啊，只要读者喜欢的，甭管多远，买张飞机票，去。　　　　　　　　　　＝(2-58)

　人を指示対象とする"他"にも仮想世界に属する人を指す用法がある。

注11　逆にこれらの要素が文中に現れるからといって，その文に現れるものが全て仮想世界に属するとは限らない。

(4-46)　如果你在街上随便拉一个，不知道她是好人坏人呢！
《编辑部的故事》
(もし街中で適当に一人(モデルとして)選んで引っ張ってきたって，その娘がいい娘か悪い娘か分かったものじゃないわ！)

　ここで外国語について考えてみると，日本語では(4-46)に対応する例において，「彼」や「彼女」を用いることは極めて不自然である。

(4-47)　もし街中で適当に一人(モデルとして)選んで引っ張ってきたって，??彼女がいい娘か悪い娘か分かったものじゃないわ！

　また，日本語には中国語の"它"や英語の"it"に相当する事物を指示対象とした三人称代名詞がなく，このような仮想世界にある人や事物を指示対象とする時には，普通，ソ系の指示詞が使用される。
　安井稔・中村順良(1984)は，英語の次のような例について，先行詞と照応詞の一方が虚構の世界に，他方が事実の世界に属する時，この両者を関係づけることが許されるのは，現実世界のものを虚構の世界から照応する場合だけであり，逆方向の照応は許されない，と述べている。

(4-48)　John wants to touch a fish. You can see it over there.
　　　　(ジョンが魚に触ってみたいというんですよ。ほらあそこに(ソレが)見えるでしょう。)

　また，次の例のように，先行詞，照応詞ともに虚構の世界に属している場合には，それぞれの属する世界が互いに独立しているならば，この両名詞句を関係づけることは許されず，逆に，両者が同一世界を共有する場合には，両名詞句を関係づけることが許される，としている[注12]。

注12　安井・中村(1984)によると，(4-48)，(4-49)共に，"a fish"の解釈には特定的(specific)解釈，すなわちジョンの捕まえたい魚が現実の世界に実際に存在するという解釈と，非特定的(non-specific)解釈，すなわちジョンの捕まえたい魚が現実の世界に実際に存在するかどうかを問わないという解釈の両方があるという。

(4-49)　a. John wants to touch a fish and I want to kiss it.
　　　　　（ジョンは魚に触ってみたいらしいのですが，私はソレにキスしてみたいんです。）
　　　　b. John wants to touch a fish and kiss it, too.
　　　　　（ジョンは魚に触って（ソレに）キスしてみたいという。）

　この点は，中国語についてもほぼ同様のことが言える。

　"它"はこのように仮想世界に属する事物を指示することが可能であるが，指示詞は逆に仮想世界まで指示の力が及ばないようである。次は森宏子（1997）が挙げる例である。

(4-50)　a. 如果您有要洗的东西，请把它放在这个袋子里。
　　　　　（洗濯物がございましたら，ソレをこの袋に入れてください。）注13
　　　　b. *如果您有要洗的东西，请把这个放在这个袋子里。

　また，上掲の（4-43），（4-44），（4-45）において，"它"をそれぞれ"这间闲房（この空き部屋）"，"这辆拖拉机（このハンドトラクター）"，"这套照相机（このカメラ一式）"に置き換えると明らかに不自然であることから，仮想世界は"它"の守備範囲であるということが分かる。
　次に，"它"の指示対象が話し手の信念世界に属する場合について考察する。これは一見すると，現実世界のものを指示しているかのようにみえるものである。信念世界とは，話し手の心の中で必ずあると信じら

注13　なお，森（1997）は，この日本語訳に指示詞「それ」を用いるのは不自然で，省略するか「洗濯物」を繰り返すのが自然であるとし，「それ」を残すとおかしく感じるのは，日本語の「それ」が三人称代名詞としてまだ成熟しておらず，やはりdeicticな性格が出てしまうのだと思われる，と述べている。しかし，この文において「洗濯物」を繰り返すのは指示詞「それ」を使う以上に不自然であり，「それ」を使用するのが不自然に感じられるのは，「それ」にdeicticな性格があるからではなく，「それ」，「洗濯物」ともに先行詞との距離が近すぎることに起因すると考えるべきである。「経済性」の原則に違反しているからこそ不自然に感じられるのであって，指示詞「それ」は純粋にanaphoricに使用される。指示詞「それ」の照応的用法については田中望（1981）参照。

れているものであり，仮想世界のものよりも主観的色合いが強く，話し手の指示対象に対する感情もきわめて特別なものである。また，通常，"就是它！"という形式を用いて，自分の心の中にあったものと現実に目の前にあるものとが一致していることを表す。

(4-51)　赵　力：请问，你们发现了一块手表吗？
　　　　…（略）…
　　　　营业员：你看看，这块是不是你的？
　　　　赵　力：啊，就是它。　　　　　　　　　　　　＝ (2-50)
(4-52)　爷爷：噢，我说错了，人家是叫小说，小说是叫这个《春》…《春》
　　　　　　　…哎哟，你瞧我把名字又给忘了。《春》…《春》…，反正，
　　　　　　　反正是和睡觉有点关系。这个《春》…《春》什么？
　　　　戈玲：《春梦》。
　　　　爷爷：噢，对对对，没错，就是它。　　　　　　　＝ (2-51)
(4-53)　"您要的是不是晚香玉？"
　　　　…（略）…
　　　　李寿川转过身子一看，果然，在最上边那个瓶子里插了满满的一瓶。长绿的枝子，一朵朵白花垂首枝头。像喇叭花，又不像喇叭花，素妆淡雅，不着颜色，别有一番清幽妩媚。啊，就是它——夜来香！　　　　　　　　　　　　　《献上一束夜来香》
　　　　（「お客様のお求めなのはもしかして晩香玉じゃないですか？」…（略）…李寿川が振り返ってみると，なるほど一番上の花瓶の中に瓶一杯に挿してあった。長い緑の枝，小さな白い花が枝の先に頭を垂れていた。朝顔に似ているようで似ていない。薄化粧で上品で，色もつけず，格別に清らかでなまめかしかった。ああ，コイツに間違いない！——夜来香！）

これらの例ではいずれも，必死になって捜し求めていたものがようやく見つかった時に"就是它！"と発せられている。指示対象を聞き手は知り得ないわけであるから，この発話はまさに発話者本人の内言が現わ

れ出たものと考えられる。
　このような用法は人を指示対象とする場合にも見られる。

(4-54)　老　師：同学们，我来介绍一下，这是新来咱们班的同学，叫梁
　　　　　　　　铁柱。
　　　　刘建勋：就是他。他就是那个狼尾巴女人的儿子。听说，他还欺
　　　　　　　　负过梁丽丽呢！哼，让他等着吧！　　《听力篇（下）》
　　　　（先生：みなさん，紹介しますね，新しく私たちのクラスに来たクラ
　　　　スメートで，梁鉄柱君です。　劉：アイツだ。アイツがあの泥棒猫
　　　　の息子だ。あいつは梁麗麗をいじめたことまであるそうだ。ふん。
　　　　みてろ！）

　このように，信念世界は現実世界と仮想世界の間にまたがって存在している世界であると考えられる。

4.2　"它"の先行詞とその形式
4.2.1　先行詞の形式
　"它"にはさまざまな指示対象があることを見てきたが，指示対象の唯一性や特定性というのは通常，先行詞が談話に提示された段階で保証される。ただし，先行詞が提示され，その唯一性・特定性がすでに保証されていても，即代名詞化，すなわち"它"で承けることができるとは限らず，他の形式で承けられた後に代名詞化する場合もある[注14]。先行詞の形式も多岐に渡っているが，ここでは，先行詞の形式とその指示対象の属する世界との間に何らかの関連性があるのか，また，指示対象によって代名詞化するプロセスに差異があるのかどうかについて考察する。
　ここでは，まず，談話においてある対象に対する初めの言及から直接，または，先行詞と"它"との間にゼロ代名詞を挟んで承けられている用

注14　先行詞が提示された後，指示対象に対する特徴づけが多くなされればなされるほど，指示対象の内包が豊かになり"它"と代名詞化しやすくなるが，初出の先行詞と"它"との間に他形式の名詞句が幾度も使用されているのは，逆に言えば，初出の先行詞に，指示対象を同定，特定化する力が十分備わっていないということを表す。

例，計 200 例について，先行詞の形式を分類した。

[表 4-1]

先行詞の形式	用例	％	例
裸の普通名詞（bare noun）	60	30.0	"京剧"
固有名詞	11	5.5	"三峡"
指示詞	10	5.0	"这"
指示詞付きの名詞句	58	29.0	"这块石头"
限定語句＋"的"＋NP	34	17.0	"我房间里的空调"
NP_1＋"这"＋（量）＋NP_2 [同格]	5	2.5	"'美美美'这个牌子"
"一"＋（量）＋NP	18	9.0	"一种股票"
動詞句，文	4	2.0	"这化妆品出了问题"

(4-55) "当然，中国正处在改革时期，我们的京剧也得改革。你应该知道，京剧是什么，它实际上是把昆腔、秦腔的一些剧目和曲调、又把当时民间的曲调给揉到一块了。" 《北京爷》
(「もちろん，中国は今，改革の真っ最中なんだから，我々の京劇だって改革しなきゃならん。知ってるだろ，京劇とは何だ？ コイツは実際には昆腔劇，秦腔劇，それから当時の民間の曲をまとめて一つにしたものさ。」)

(4-56) 瞿塘峡、巫峡、西陵峡总称三峡。它地跨四川的奉节、巫山和湖北的巴东、秭归、宜昌等五个县、市，全长近 200 公里。
＝ (4-20)

(4-57) "身份证不行。那……"魏爷翻了翻衣兜，没找到值钱的物件，一抬胳膊，想到了腕子上的手表。他摘下来，递给值班经理说："这个先押在你这儿，这横是行吧？"值班经理看了看魏爷的那块手表，讪笑道："你不要开玩笑了嘛。这是块中学生戴的手表，它还没有一只螃蟹腿值钱哩。" 《北京爷》
(「身分証明書がだめなら……」ウェイイェはポケットをあちこち探っ

たが，金目のものは見当たらない。ふと腕を上げた瞬間，腕にはめている時計に目がとまった。彼はそれをはずして当番のマネージャーに渡して言った。「<u>これ</u>をまずここに預けておくよ。<u>これ</u>ならいいだろう？」当番のマネージャーはウェイイェの時計を見ると，鼻で笑ってこう言った。「ご冗談を。<u>これ</u>は高校生の使うような腕時計じゃないですか。<u>コイツ</u>には蟹の足一本ほどの価値もありませんね。」）

(4-58) "你看这块石头怎么样？ 好好瞧瞧<u>它</u>像什么？ 对，你要瞧<u>它</u>的纹理，你看，<u>它</u>的纹理多好呀！"。　　　　　　　 = (4-40)

(4-59) A：小姐，<u>我房间里的空调</u>坏了。
　　　 B：是吗？怎么回事啊？
　　　 A：你看，<u>空调</u>里只有风，可是不制冷了。
　　　 B：噢。坏了多长时间了？
　　　 A：早上还好好的，可是晚上回来，就发现<u>它</u>坏了。

《听力篇（上）》

（A：すみません。<u>私の部屋のエアコン</u>が壊れています。 B：そうですか。どのような状態でしょうか。 A：ほら，<u>エアコン</u>から風は出るけど涼しくならないんです。 B：ああ。壊れてからどのくらい経ちますか？ A：朝は全く問題なかったのに，夜，帰って来たら<u>コレ</u>が壊れていたんです。）

(4-60) "宋美丽，你整个儿是送美丽呀！ '美美美'这个牌子更有诱惑力！ 嗯，'美美美'，想像力多丰富呀！ 一个美字还不够用，一气儿玩了三个'美'字。你瞧把<u>它</u>美的，嗯？'美美美'，真是太有诗意了！"　　　　　　　　　　　　　　　 《北京爷》

（「'宋美麗'，あなたそのものが'美を送る[注15]'じゃないか。'美美美'というこのブランド名にはもっと魅力があるね。…(略)…，<u>コイツ</u>はなんて美しい名前だ。ね？'美美美'，なんて詩情豊かなんだ！」）

(4-61) 马金川：现在有<u>一种股票</u>，价钱非常低，谁也意想不到，这两天<u>它</u>要飞涨起来，这不是一个极好极准的发财的机会吗？

注15　ここでは，聞き手の姓「宋（sòng）」と「送（sòng, 贈る）」が同音で，「宋美麗」という名前と「送美麗（美しさを贈る）」をかけている。

《天罗地网》
(馬：今ある株は株価が非常に低いんだが，誰も思いもしないだろうが，この二三日のうちにソイツは高騰するんだ。これはまたとない金儲けのチャンスだと思わないか？)

(4-62) 消费者这下急了，纷纷拿着'美美美'化妆品，到"消协"投诉。您想，这化妆品出了问题，是小事儿吗？ 它直接关系到消费者的健康呀！　　　　　　　　　　　　　　　《北京爷》
(消費者達はこうなると慌て出し，'美美美'化粧品を手に続々と消費者協会に訴えに行った。考えてもごらんなさい，化粧品に問題が生じるのは，取るに足らないことだろうか。ソイツは消費者の健康に直接関わることなのだ。)

大きく8種類に分類したうち，"它"の先行詞としてもっとも多く現われる形式は「裸の普通名詞」と「指示詞付きの名詞句」であった。
なお，考察に用いた用例200例の指示対象の内訳は次のとおりである。

[表 4-2]

概念世界	現実世界				仮想・信念世界
抽象物	談話の場にある具体物	談話の場にない具体物	事柄		具体物・事柄
59	66	54	11		10
29.5%	33.0%	27.0%	5.5%		5.0%

4.2.2 先行詞の形式と指示対象

次に，それぞれの形式がどの対象を指示する傾向があるかについて考察する。

4.2.2.1 裸の普通名詞

先行詞が裸の普通名詞の形式をとるものは収集した用例の30％を占

めていたが，そのうちの70％以上が概念的・抽象的事物を指示対象としていることから，裸の普通名詞は基本的に概念的・抽象的事物を指示するために使用されると言うことができる。また，これらの指示対象が裸の普通名詞の形式で談話に導入された場合，二度目以降の言及には同一の語または"它"が使用され，他の形式が使用されることは稀である。

裸の普通名詞は，時に具体的事物を指示することもある。次のようなものが例として挙げられる。

(4-63)　范永立：(急忙)车来啦？
　　　　小练子：来啦！它停得太远了，…(略)…　　　《金小玉》
　　　　(范：車は来たか？　練：来ました！でも，アレはずいぶん遠くに止まってます。…(略)…)

(4-64)　"我们班的防区从这里开始，直到北头水泥碑，共八百五十米。地堡是国民党遗留下来的，早废了，每年下陷五毫米。"…(略)…"…(略)…你刚才说它每年下沉多少？"　　《第三只眼》
　　　　(「うちの部隊が担当している防御地帯はここから始まって，北の端のコンクリートの碑がある所まで，850メートルにわたります。トーチカは国民党が残していったもので，とっくに役に立たなくなっていて，毎年5ミリずつ沈下しています。」…(略)…「…(略)…，ところで，さっき君はアレが毎年どれだけ沈んでいると言った？」)

(4-63)では，先ほどから二人が待っている車を指示対象となっており，すでに談話の話題となっていて，話し手・聞き手共に注目している。また，(4-64)では，先行コンテクストにある全体（うちの部隊が担当する防御地帯，波線部分）が述べられていて，その部分に当たる"地堡（トーチカ）"に言及するのに，裸の普通名詞を使用している。これらはいずれも，発話の状況からある唯一物を特定することができるため，指示詞等をつけずに裸の普通名詞が使用されている[注16]。ただし，裸の普通名詞

注16　中国語は日本語と同じく定冠詞を持たないが，定表現に裸の普通名詞が使用されることが多い。坂原茂（2000）は，日本語の裸の普通名詞（限定表現が何もつかない名詞句）

217

が具体的事物を指示するのは，あくまでも談話の状況に支えられてのことであり，裸の普通名詞と具体的事物との関係は概念的・抽象的事物を指示する時ほど安定したものではない。

4.2.2.2 固有名詞

"它"の先行詞が固有名詞の形式をとるものはさほど多くはない。これは，人間以外のものに固有の名前が付けられるということが極めて少ないこととも関連する。詳しくは第5章で述べることになるが，基本的には，より具体的なもの，有生性の高いものほど目立ち，目立つものほどそれに対する分類が細かくなされる，と考えられる。しかし，事物等であってもひとたび固有の名前を与えられると，その「定性(definiteness)」は高まり，固有名詞を用いて談話に導入された対象が次に言及される場合には，同一の語を繰り返すか"它"が用いられ，その他の形式が使用されることは少ない。

この点は抽象的事物が裸の普通名詞を用いて談話に導入される場合ときわめて似通っている。また，この類似点から，そもそも固有名詞と普通名詞の間に明確な境界はあるのか，という問題が生じる。というのは，概念的，抽象的事物を表す普通名詞は，概念世界においては，現実世界の具体的な事物に対して与えられる固有名詞と同様に，唯一無二の存在であるからである。

固有名詞と普通名詞については，これまでもさまざまな議論がある。田中克彦（1996）によると，イギリスの哲学者アダム・スミス（1762）は，すべての名詞の起源は固有名詞であった，と述べているが，イタリアの哲学者ロズミーニ（1830）は，これに反対し，固有名詞は普通名詞よりもずっと後になって生まれる，と述べ，ドイツの文法家，K. F. ベッカー（1841）は固有名詞はもともと普通名詞である，と主張し，その考えは，スウェーデンの言語学者ビョーン・コリンダー（1978）もベッカー

と定冠詞句（定冠詞で限定された名詞句）との間に著しい用法の類似点があることを指摘している。これは，中国語の裸の普通名詞と英語の定冠詞句との間にも当てはまるものと考えられる。

と同じ主張を行っているという。おそらく，普通名詞と固有名詞は，どこかで境界が引けるものではなく，より内包の豊富なものから内包の貧しいものまで，一つの連続体を成していると考えられる。Evans（1982）は，固有名詞はそれによって呼ばれる個体を指し示しはするが，「意味」はない（内包的ではない）のに対し，普通名詞は「意味」を表す，と述べている。しかし，普通名詞であっても固有名詞であっても，その内部に，さらにより内包的なものとそうでないもの等の程度差は当然ありうる。つまり，固有名詞と普通名詞の違いは簡潔に言えば程度差である。したがって，上述したような類似点が両者の間に存在するのである。

4.2.2.3　指示詞

"它"の先行詞が指示代名詞"这／这个"の形式を取るものはさほど多くなく，すべて談話の場にある具体的事物を指示するのに用いられる。この形式で談話に持ち出されると，指示対象は談話の場にあるため比較的容易に同定することが可能であり，すぐに"它"と代名詞化することができそうであるが，(4-57) のように，数回，指示詞または指示詞付きの名詞句で承けられた後に代名詞化する場合も多い。

(4-65)　"<u>这</u>，这不是夜来香，是，是晚香玉，你，你说的……"
　　　　"不，老李，您说它是夜来香，它就是夜来香。"　　　　＝ (3-71)
(4-66)　"<u>这</u>是一种毒药。很毒的一种药。我不敢说它有多大的把握，但是如果我们不试试的话，我们就一点希望也没有。"《生生不已》
　　　　（「<u>これ</u>は毒薬です。とても毒の強い薬です。<u>コレ</u>にどれだけの可能性があるかなどということはとても言えないが，試してみなければ，一縷の望みもないのです。」）

"这／这个"で指し示された後にすぐ代名詞化する場合というのは，普通，上記の例のように，指示対象に関する知識の多い者（例えばその対象の所有者等）が指示対象に言及する場合であり，その逆，すなわち指示対象に関する知識のない者が"它"を使用して，知識を保有する者

のほうが指示詞を使用し続けるという状況は通常考えられない。この点については，4.3 で詳しく分析する。

4.2.2.4 指示詞付きの名詞句

先行詞が指示詞付きの名詞句という形式をとるものは裸の普通名詞に並んで多く，また，そのうちの70％以上が現場にある具体的事物を指示対象とすることから，基本的に，この形式は談話の場にあるものを指示する役割を持つ。この形式によってある対象が談話に持ち出されると，"这／这个" と同様に指示対象の同定が比較的容易であるため，すぐに代名詞化するか，"这／这个" または指示詞付きの名詞句という形式を数回繰り返した後に代名詞化するパターンが多い。

4.2.2.5 限定語句＋"的"＋NP

この形式が先行詞としての形式をとるものは，そのほとんどが具体的事物を示すのに用いられている。"它" と代名詞化するまでに，指示詞，または指示詞付きの名詞句等の形式で承けられることがある。この形式は，談話の場にない具体的事物に対して使用されることが比較的多い。

4.2.2.6 　NP_1＋"这"＋（量詞）＋NP_2［同格］

裸の普通名詞と固有名詞に共通して言えることであるが，指示対象のどの部分，どの属性に焦点をあてて談話が進められるのかをより明確にするために，裸の普通名詞や固有名詞が NP_1＋"这"＋NP_2［同格］の "NP_1" の箇所に入って，指示詞付きの名詞句と同格関係となることがある。

(4-67)　　他的眼神似乎让"贾宝玉"给牵了去："哎，老二你说<u>这块石头</u>，哪点儿像贾宝玉呢？　我怎么看像林黛玉呢。"
　　　　　"你琢磨^①<u>它</u>像谁就是谁吧。"魏爷不想再跟他谈石头了。
　　　　　"这倒是，<u>石头 这东西</u>有灵性，还真是想像^②<u>它</u>是什么，就是什么。"　　　　　　　　　　　　　　　　《北京爷》
　　　　　（彼の目は「贾宝玉」に引かれていったかのようだった。「なあ，お

前はこの石のどこが『賈宝玉』に似てるっていうんだ？　俺にはどう見ても『林黛玉』にしか見えん。」「①ソレが似てると兄さんが思う人に似てるんだろうよ。」ウェイイエはこれ以上，彼と石の話などしたくはなかった。「それもそうだなあ。石ってものは利口だから，まったく②ソレが似てると思ったとおりになっちまうんだ。」）

　（4-67）では，二度"它"が使用されているが，"它"①の先行詞は"这块石头（この石）"で，談話の場にある石を指しているのに対し，"它"②の先行詞は，裸の普通名詞に指示詞付きの名詞句がついた"石头这东西（石というもの）"であり，指示対象は談話の場にある石ではなく，石一般について，つまり，石という類について語られている[注17]。
次は固有名詞の例である。

（4-68）　a. 苏州很美丽。（蘇州は美しい。）
　　　　 b. 苏州 那个城市很美丽。
　　　　　（蘇州，あの都市は美しい。→ 蘇州という都市は美しい。）
　　　　 c. 苏州 这个名称很美丽。
　　　　　（蘇州，この名前は美しい。→ 蘇州という名前は美しい。）

　（4-68）では，a. よりも b. や c. のほうが代名詞化しやすい。同じ指示対象に対する言及であっても，そのどの側面を話題にしているかがより明確になるため，指示対象をより特定しやすくなるからである。そのため，この形式で現れると，次に，同じ指示対象に言及する際には，通常，代名詞"它"が選ばれ，他の形式が選択されることはまずないと言ってよい。

注17　（4-67）で使用されている指示詞付きの名詞句は，"这"＋一般名詞，という形式であるので，前にある裸の普通名詞に何らかの意味的限定が加わっているとは考えにくいが，ここでは，このような意味的に虚であるものを使用することで，「～ってものは」という意味を生み出しているものと考えられる。

4.2.2.7 "一"＋（量詞）＋NP

"它"の先行詞がこの形式をとるものはさほど多くはないものの，その多くは，談話の場にない具体的事物または仮想の事物を指すのに用いられる。この形式中の"一"は本来の計数機能を持たず，個体化機能を有するのみであるが[注18]，この形式を用いるには，少なくとも対象が談話の場にないということが条件となる。対象が談話の場にある場合には，指示詞を使用することで，その事物を際立たせることができるが，談話の場にないものを談話内に導入する場合には，指示詞で指し示すことが困難なために，このような手段を用いて対象を際立たせているのだと考えられる。

4.2.2.8 動詞句・文

この形式はさほど多くはなく，その使用はある事柄を指示対象とする時に限られる。ただし，事柄と言っても，その事柄が総称的，一般的な事態として捉えられており，日本語に訳せばいずれも，「〜ということ（もの）」となるものである。(4-62) 以外にも次のようなものがある。

(4-69)　玉兰：这个礼，咱还得送啊！…（略）…
　　　　老郑：我是真张不开这张口！
　　　　玉兰：你给学生上课怎么不能张开口呢？
　　　　老郑：两码事！ 上课，那是我学过的东西；这送礼，我是头一回。
　　　　　　　我琢磨着，它这里面深奥莫测。　　　《听力篇（下）》
　　　　（玉：贈り物はやっぱりしなきゃだめよ。…（略）…　鄭：俺はそんなこととてもじゃないが言えないよ。　玉：学生に授業をしているのに何で言えないのよ。　鄭：全然違うよ！ 授業は，自分の習ったことを話すんだ。でも，贈り物をするっていうのは，おれは初めてなんだよ。考えたが，コイツのこの中味は深くて計り知れないよ。）

これらには方梅（2002）がすでに定冠詞化していると述べている"这"

注18　計数機能，個体化機能については第3章注81参照。

が使用されており，後ろに来る動詞句や文が，現実世界のある一つの行為を指すのではなく，一般的な事柄として捉えられていることを表している[注19]。

4.2.2.9 先行詞の形式と指示対象の関係

以上のことをまとめると，"它"の先行詞として使用できる形式とその指示対象の関係には，次のような一定の傾向が見られた。

[表 4-3] [注20]

先行詞の形式	概念世界 概念的・抽象的事物	現実世界 具体物談話の場にあり	現実世界 具体物談話の場になし	現実世界 事柄	仮想世界 仮想の事物
裸の普通名詞	◎	○	○	×	○
固有名詞	×	○	○	×	×
指示詞	×	○	×	×	×
指示詞付きの名詞句	○	◎	○	○	×
限定語句＋"的"＋NP	○	○	◎	○	×
NP_1＋"这"＋(量)＋NP_2	○	×	○	×	×
"一"＋(量)＋NP	○	×	○	×	○
動詞句，文	×	×	×	○	×

注19　刘丹青（2002）はこのような動詞句や文は"无界行为（非有界の行為）"を表すもので，名詞句の"类指（類称・総称）"に相当すると述べ，次の例を挙げている（例文内の"这"は軽く読まれる）。
　　这 喝杯水（*这）喝了一杯水／（*这）喝这杯水）就要收五块钱？
　　（水を一杯飲む（*水一杯飲んだ／*この一杯の水を飲む）のに，5元もとるのか？）
　これも，本論で挙げる例と同様の形式をとる。なお，括弧内は，頭に"这"が付くと文が成立しないことを示す。
注20　×をつけている箇所は，今回分析に使用した用例には例がなかったか，あっても1例にとどまるもので，さらに例文を収集すれば用例が見つかる可能性はある。

4.3 "它"の使用の語用論的制約

これまで幾度も述べてきたように，"它"の使用にはさまざまな制約があるが，中でも語用論的制約は，"它"の使用を大きく抑制する。本節では，なぜそのような制約があるのかについて考察する。

4.3.1 話し手の知識状態

第3章では，"它"の「照応性」という特徴から，"它"と先行詞のさまざまな照応のあり方について考察した。"它"を使用するには明示的な先行詞が必要であり，基本的に先行コンテクストの顕著性の高い位置にあって，しかも談話の話題となっている必要がある。また，"它"の先行詞と競合する要素が多い場合には，"它"の使用は阻止される。

しかし，これらの制約のいずれにも抵触していないにもかかわらず，"它"が使用できないことがある。その一つに，話し手の指示対象に対する知識状態と大きく関わるものがある。

次の例を見てみよう。

(4-70) 　約翰：请问，老大爷，您作的这是什么操？
　　　　王方：我不是作操，是太极拳。
　　　　约翰：什么叫太极拳？
　　　　王方：太极拳是中国一种传统的武术。①它的动作柔和缓慢。
　　　　海蒂：练②这种拳对身体有什么好处？
　　　　王方：好处可大了，③它可以增强体质，防治疾病。
　　　　…（略）…
　　　　海蒂：年轻人也可以练④这种拳吗？　　　　　　　《口语篇》
　　　　(約：すみません，おじいさんのやっていらっしゃるのは何という体操ですか？　王：体操じゃないよ，太極拳だよ。　約：太極拳って何ですか？　王：太極拳は中国の伝統的な武術の一種だよ。①コイツの動作は柔らかくてゆったりしているんだ。　海：②その拳を練習すると身体にどういいんですか？　王：利点はそりゃあたくさんあるよ。③コイツは体力をつけることができるし，病気の予防にもなる。

…(略)…　海：若者でも<u>④その拳</u>を練習していいですか？)

　この例では，"王方"は太極拳を"它"で承けているが（①③），"海蒂"は二回とも（②④）"这种拳（この拳）"という指示詞付きの名詞句の形式を用いている。なぜ，同じ対象を指し，共に太極拳にて注目しているにもかかわらず，用いられる語句にこのような違いがあるのであろうか。
　この差異は，指示対象に関する両者の知識状態の差異を反映したものと考えられる。つまり，"王方"は"海蒂"らに太極拳がどういうものかを教えていたわけであるから，当然のことながら太極拳に関する知識を有しているのに対し，"海蒂"や"约翰"は，太極拳のことをその談話の場で初めて知ったのであって，それ以前は太極拳に関する知識を有していなかった。つまり，もともと対象に関する知識を持っていれば"它"が使用できるのに対し，もともと知識のなかった人は"它"を用いることができないのである[注21]。これに違反した場合，たとえば，②と④を"它"に置き換えてみると，この二文は反語的なニュアンスが強くなる[注22]。それは，自分の知らない指示対象をすでに知っているものとして扱った，すなわち「知ったかぶり」をしたからであり，知識保有者との談話において用いた場合には，相手に対して礼を失することにもなりかねない。
　指示対象に関する知識の有無が"它"の使用・不使用に関与することは次の例からも明らかである。

(4-71)　B：哎，最近练气功的人当中流行<u>一种信息卡</u>你听说过吗？
　　　　A：没有。^{??}<u>它</u>是不是和电话磁卡或信用卡一样，插到机器中使用呢？　　　　　　　　　　　　　　　　『NHK中国語会話』
　　　　（B：ねえ，最近気功をしている人たちの間で<u>インフォカード</u>みたいなのが流行ってるのを聞いたことがある？　A：いいえ。^{??}<u>アレ</u>って

注21　"约翰"の発話"什么叫太极拳？（太極拳って何ですか？）"中の"太极拳（太極拳）"は，"王方"がいう"太極拳"とは異なり，音声，すなわち"tàijíquán（タイキョクケン）"という物理的実体と考えるほうが妥当であろう。
注22　第2章でも述べたように，中国語本来の"它"の用法には純粋な疑問文がなく，疑問の形式で現れると，反語文という解釈が強くなる。

225

テレフォンカードみたいに機器に差し込んで使うの？）

　(4-71)における"它"の使用は多くの中国語母語話者がその不自然さを指摘している。それは，聞いたこともない事物に対して，話し手は当然その対象を知り得ないにもかかわらず，"它"が使用されているためである。
　"它"を使用するということは，自分は対象に関する知識を有している，ということを表しているわけでもあるのだが，これを利用して，知識の有無にかかわらず，指示対象に関する自分の否定的態度を表現する場合がある。次のような例がそうである。

(4-72)　　竹心：你在自修英语？
　　　　　慧芳：年轻轻的，总不能把时间都浪费了吧？学一点儿是一点儿。
　　　　　竹心：学它干什么？　知识越多越反动，到头来还得接受再教育。
　　　　　　　　　　　　　　　　　　　　　　　　　《听力篇（下）》
　　　　（竹：英語を独学しているの？　慧：まだ若いんだもん，時間を無駄にしててはいけないでしょ。でも，ちょっとかじっているだけよ。
　　　　竹：ソンナモノ勉強してどうするの？　知識が増えればそれだけ反発的になって，結局，再教育を受ける羽目になるわ。）

　このように，多くの場合，反語文または否定文に使用され，"它"を用いて，自分は指示対象を熟知している，という態度を取ることで，反語の語気を強めているのである。ある事物に対して，「｛こ／そ／あ｝んなもの」といった話し手の主観的態度を表明したり，評価を下すことができるのは，通常，話し手が対象についての知識を有している場合に限られる。このように，"它"の使用と話し手の知識状態は大きく関わるのであるが，(4-70)を再度見てみると，"王方"が太極拳というものを談話の中に話題として導入して以降，"王方"は聞き手の知識状態には関係なく，太極拳を示すのに"它"を使用している。
　田窪行則・木村英樹（1992）は，人間を指示する"他／她"について，

相手の知識の状態を考慮する必要はなく，自分の知識状態のみを基準にして用いることができる，と述べている。また，談話の中に未知の要素が導入された時，英語や中国語は，話し手や聞き手の立場や知識の状態とは関係なく，先行する対話において導入された対象を指すことができるが，日本語は対話における未知要素の共有化は行なわれない，と述べ，次の例を挙げている（一部，表記を変えている）。

(4-73)　a：Do you happen to know anyone who can speak German?
　　　　b：One of my classmates has a good command of German.
　　　　a：Does he have any experience in interpreting?
(4-74)　甲：我在找懂德语的人。
　　　　乙：我们班有一个会德语的男同学。
　　　　甲：他做过翻译没有?
(4-75)　甲：ドイツ語の分かる人を探しているんです。
　　　　乙：私たちのクラスにドイツ語のできる男性が一人いますよ。今度紹介しましょう。
　　　　甲：(? 彼／その人)，通訳したことありますか？

神尾昭雄（1990）によると，Akatsuka（1985）[注23]は，話し手の発言などにより聞き手が初めて得た情報を「新獲得情報（newly learned information：NLI）」と呼び，Kamio & Thomas（in preparation）[注24]は，NLIに対応する「既獲得情報（already learned information：ALI）」という概念を示している。これを先ほどの英語・中国語・日本語の例に関連付けてみると，英語・中国語の三人称代名詞"it"や"他／她"は「新獲得情報」も自分の知識として取り込むことができるが，日本語はできないということになる。このことを中国語の"它"に当てはめて考えてみると，(4-70)や(4-71)で見たように，話し相手の発話によって初めて得た指示対象

注23　Akatsuka, Noriko (1985) 'Conditionals and Epistemic Scale' *Language* 61, 625-639.
注24　Kamio, Akira & M. Thomas (1999) 'Some Referential Properties of English *it* and *that*'. in Kamio, A. & K. Takami (eds.) *Function and Structure: In Honor of Susumu Kuno*, 289-315. Amsterdam / Philadelphia: John Benjamins.

に関する情報を，発話以前に対象に関する知識を有していない者は，通常，談話の続いている間，"它"で指し示すことはできない。

人間を指示する"他／她"の場合と同じく，談話に導入された対象に関して話し手が知識を持っていれば，聞き手の知識状態にかかわらず，"它"で承けることができるが，人間を指す場合には新獲得情報であっても自分の知識の中に組み込みこんで"他／她"を使用することができるのに対し，事物等が指示対象である場合には，新獲得情報を聞き手が自らの知識の中に組み込むことが難しく，それを"它"で指し示すことは通常できない。この点で，人間を指示する"他／她"と事物等を指示する"它"の使用には差異が見られる。

4.3.2 待遇度
4.3.2.1 マイナス待遇とニュートラル待遇

これまで多くの例文を見てきたが，それらは大きく，話し手の指示対象に対する特別な感情を表すものと，特にそのような感情は表さないものとの二種類に分けられる。ここでは，その差異に着目して，"它"とそれに与えられる待遇度について考察する。

待遇，待遇表現と言うと，敬語などプラス面のものにスポットが当たりがちであるが，実際にはすべての言語表現が対象となりうる。"它"に関して述べるならば，その指示対象は人間以外の何かであり，人間がそれらに対して敬意を表すという状況は，たとえ敬意を表すべき人物の所有物であったとしても，少なくとも現代中国語においてはありそうにない[注25]。そこで，本論では，"它"に与えられる待遇度を「マイナス（minus）」と「ニュートラル（neutral）」に分けて考察することにする。なお，マイナスの待遇というのは，話し手の指示対象に対する特別で強い感情——いらだちや不満，憎悪のみならず親しみやいつくしみ，愛着等の感情——を表し得る。言語的にはマイナスという待遇をその対象に与えているが，話し手の気持ち，感情はそれに比例するわけではないということである。これは一見，特殊な現象に思われるが，決して中国語

注25　木村英樹（1987）参照。

のみに見られるものではなく，通常はどの言語においても見られる現象である。日本語を例にとると，ある人や事物に対して「こいつ」と言った場合，表現上はマイナスの待遇をその対象に与えているが，それによって，対象に対するいつくしみの気持ち，親近感を表すこともあるのと同様である。このことを踏まえたうえで分析を進めるが，文内照応等において統語論的な要請によって現れる"它"や，連体修飾語や前置詞の目的語の位置など，顕著性の低い位置に現れる"它"については，語用論的な作用が及びにくいため，ニュートラルなものとみなす。また，組織や動物を指示する用法については，人間を指示する用法に近い場合が多いため，ここでは考察の対象からひとまず除外することにする。

それぞれの指示対象に与えられる待遇については，まず，次のような仮説を立てる。

指示対象の属する世界	待遇
現実世界の事物・事柄	マイナス
信念世界の事物	マイナス
概念世界の事物	ニュートラル
仮想世界の事物	ニュートラル

4.1.2 では仮想世界と信念世界を同類として扱っていたが，ここでは，それぞれの世界に属する指示対象に対する待遇度が異なることから，別に項目を立てる。

4.3.2.2 マイナス待遇を受ける指示対象

マイナス待遇を受けるのは，原則として，現実世界にある事物や事柄と，信念世界にある事物のみである。

3.7.2 で考察したように，現実世界にある具体的事物，特に談話の場にあるものに対して"它"を使用することはゼロ代名詞を使用する場合に比べ，有標（marked）とみなされる。そして，その場合，"它"は話し手の主観的態度，指示対象に対するマイナス面の感情を表すものとし

て機能するか，話し手の聞き手に対する敬意を表すのに使用される。後者は特に，話し手の所有物であることが多く，自分の所有物にマイナスの待遇をすることで，相手への敬意を高めているのであり，この場合に"它"を使用するのとゼロ代名詞を使用するのとでは，"它"を使用するほうがよりフォーマルで丁寧な表現となる。しかし，現実世界に存在する具体的な事物や事柄を指示する"它"が全てこのような特徴を持つわけではない。

(4-76)　"这何必呢？　我把瓷碗传给我的亲侄子，鉴定个啥劲儿呀！"老康不悦。
　　　　熟人说："还是鉴定一下好。如果它属于一般文物，或者压跟儿不是文物，带出不就很容易了嘛。"　　　　　　　　　《无价之宝》
（「そんな必要があるか？　わしは碗を自分の甥に譲るんだ。鑑定なんて馬鹿馬鹿しい！」老康は不機嫌になった。知り合いが言った。「やっぱり鑑定したほうがいいよ。もしソレが普通の文物だったら，あるいは全く文物じゃないと分かれば，（国外に）持ち出すのが楽じゃないか。」）

　(4-76)では指示対象が談話の場にあるが，"它"を使用することで，特に話し手の強い感情を表すということはない。これは，"它"の述語部分と関連があるようである。"它"の述語部分が指示対象の属性や帰属先を表す場合はマイナスの待遇度が薄れ，指示対象が聞き手のものであっても"它"を用いることができる。では，なぜ述語部分がこのような意味を持てば，マイナスの待遇を受けなくなるのであろうか。この理由については第5章で詳しく述べることになるが，主語の位置に立つ"它"は主語に対する判断，属性や特徴づけ等といった意味合いを持つ述語と相性がよいことと関連する。これを第3章で考察した「結束性」という観点から考えてみると，このような文は，話の展開，流れとは大きく関わらず談話の小さな切れ目となり結束性が弱まる。ゼロ代名詞はこの切れ目を飛び越えられないが，もとの名詞句を用いるには談話の切

第4章 "它"の指示対象と語用論的制約

れ目が小さすぎる。そこで選ばれたのが"它"なのである。すなわち，談話という観点からみると，この"它"は選ばれるべくして選ばれたのであり，むしろ，その位置に"它"が使用されることのほうが談話においては無標なのである。したがって，(4-76) では，語用論的な待遇度の影響を受けることなく使用されているのだと考えられる。

　また，信念世界に属する指示対象について考察すると，先にも述べたように，信念世界は現実世界と仮想世界の間に跨って存在している世界であると考えられるが，その世界は原則として話し手だけがのぞき見ることのできる世界であり，また，往々にして話し手が必死に捜し求めていたものが得られた時に発せられる，話し手の主観性に支えられた用法である。話し手はここでその対象に対しマイナスの待遇を与えることにより，「自分の捜し求めていたのはまさにこれだ！」という喜びの気持ちを表すのだと考えられる。

4.3.2.3　ニュートラル待遇を受ける指示対象

　次にニュートラルな待遇を受ける指示対象について考察する。ニュートラルな待遇を受けるということは，話し手はその対象に対して何ら特別な感情を抱かないということを示している。ニュートラルな待遇を受けるのは主として概念世界や仮想世界に属するものである。概念と言うものは普通，一人の人間が所有しているものではなく，人間が共有しているものであり，その概念に対して特別な感情を抱く，マイナスの待遇をする，という状況は考えにくい。仮想世界にある架空の事物に対してはなおさらマイナスの待遇をすることは困難である。したがって，普通はこれらの世界に属する指示対象に"它"を用いることで，話し手の特別な感情を表すという状況は生じないと言える。

4.3.2.4　中国語の本来的用法における待遇度

　第2章で述べたように，事物等を指す"它"の「欧化」以前の用法は，常に話し手の何らかの感情を伴い，それに対し，多くの場合は否定的な評価を加えるものであったと考えられる。それは，中国語本来の用法に

おいて，"它"がマイナス待遇を受けていたということを示すものと考えられる。そう考えれば，なぜ現在，中国語の"它"にマイナスの待遇を受けるものとニュートラルの待遇を受けるものがあるかが容易に理解できるであろう。指示対象が談話の場にある場合には，特に話し言葉と密接な関係を持ち，指示対象が概念的・抽象的事物である場合には書き言葉との関わりが強くなる。さらに，「欧化」は主に書き言葉に影響を与え，話し言葉にはさほど影響がなかったため，二種類の"它"が互いに干渉することなく共存することができたのだと考えられる。

4.4 テクストタイプによる制約

テクストタイプの違いが"它"の使用に影響を及ぼすか否かを調べるため，ここでは公的文書について考察した。

まず，中国の憲法条文について調査を行なった。使用したのは，《中华人民共和国宪法》(全国人民代表大会，1982年12月4日)である。調査前には，公的文書には，本来，口語的な色合いの濃い"它"が使用されることはないであろうと予測していたが，本憲法中には計13箇所に，"它"が使用されていた。

(4-77) 在中国境内的外国企业和其他外国经济组织以及中外合资经营的企业，都必须遵守中华人民共和国的法律。它们的合法的权利和利益受中华人民共和国法律的保护。　　　　　（第十八条）
(中国国境内の外国企業，その他の外国経済組織及び中外合弁の企業は，全て中華人民共和国の法律を遵守しなければならない。ソレラ(の企業)の合法的権利及び利益は中華人民共和国の法律により守られる。)

(4-78) 中华人民共和国全国人民代表大会是最高国家权力机关。它的常设机关是全国人民代表大会常务委员会。　　　　（第五十七条）
(中華人民共和国全国人民代表大会は最高国家権力機関である。ソの常設機関は全国人民代表大会常務委員会である。)

(4-79) 调查委员会进行调查的时候，一切有关的国家机关、社会团体和

公民都有义务向它提供必要的材料。　　　　（第七十一条）
（調査委員会が調査を行なう場合，全ての関連する国家機関，社会団体及び公民は皆ソレに対し必要な情報を提供する義務がある。）

　他の憲法の条文もこれらの例とほぼ同様であり，ある共通点がある。それは"它"の指示対象が全て何らかの組織を表す，ということである。事物等に対して"它"が使用されている例は一例もみられなかった。このことは，憲法条文において，中国の正式名称である「中華人民共和国」が省略されることなく何度も繰り返し用いられていることからも明らかなように，憲法という性質上，曖昧な表現はやはり極力避けられることを示している。組織を指示するもののみが憲法条文においては唯一の例外になると考えられる。
　その他，さまざまな法律や法規の条文を調べても，事物等を指す"它"が使用されている例はほとんど見られない。次の"中華人民共和国文物保護法（全国人民代表大会常務委員会，2002年10月28日）"に一例見られたのみである。

(4-80)　古文化遺址、古墓葬、古建筑、石窟寺、石刻、壁画、近代现代重要史迹和代表性建筑等不可移动文物，根据它们的历史、艺术、科学价值，可以分别确定为全国重点文物保护单位，省级文物保护单位，市、县级文物保护单位。　　　　（第三条）
（古文化遺跡，古墳，古建築，石窟寺，石刻，壁画，近現代の重要な史跡及び代表的建築など移動させることのできない文物は，ソレラの歴史，芸術，科学価値に基づき，全国重点文物保護部門，省レベル文物保護部門，市・県レベル文物保護部門にそれぞれ分類する。）

　(4-80)では，同文内に，先行詞と照応詞"它"が現れており，先行詞が非常に長い語句となっているので，同一語句の使用ができず，"它们"が使用されているが，やはり公的で且つ曖昧性のあってはならないテクストにおいては，できるだけ代名詞の使用が避けられると考えられ

る。このほか，学術論文等における"它"の使用は著者によって異なるが，学術論文等に使用される"它"の指示対象は，その性格上，多くは抽象概念である，というような特徴がある。

4.5 まとめ

　第4章では，"它"の指示対象と先行詞の形式との関係について考察した。絶対的な規則ではないものの，概念的なものが指示対象となる場合には，先行詞に裸の普通名詞を使用し，談話の場にある具体的な事物が指示対象になる場合には，指示詞または指示詞付きの形容詞が用いられやすいなどの傾向が見られた。

　さらに，"它"の使用の語用論的な制約について考察した。"它"の使用には話し手の指示対象に関する知識状態が大きく関わること，その談話において新たに得たある事物に関する情報は，自分の知識体系の中に組み込まれず，談話が一段落するまで代名詞化することは難しいということが明らかとなった。また，"它"にはマイナスの待遇を受けるものとニュートラルの待遇を受けるものの二種類があり，現実世界や話し手の信念の世界に属するものには普通，マイナスの待遇が与えられており，概念世界や仮定世界に属する物に対しては普通ニュートラルの待遇が与えられるということが分かった。"它"の待遇度の違いは，「欧化」以前と「欧化」以降の用法の差異を反映したものと考えられる。このように"它"の使用にはさまざまな制約があるが，統語論的，意味論的には問題がなくとも，語用論的な制約がはたらく場合には，"它"の使用は阻止される。

第5章 有生・無生の対立と無生物主語 "它"

　これまで，"他／她" と "它" は様々な点でそのふるまいが大きく異なると論じられてきたが，具体的にいかなる差異があるのか，またその差異は何によってもたらされるのかということについて論じられることはほとんどなかったと言ってよい。本章では，まず，総称的に解釈される名詞句や代名詞を考察し，そこに〈有生 (animate)〉と〈無生 (inanimate)〉で差異が見られることを述べ，さらにそれが人間のヒトやモノ[注1]に対する捉え方の差異を反映したものであると結論づけたい。

　また，これまで，「"它" は，主語の位置には立たない」という認識が非常に強かったが，実際には日常会話や相声等においても主語の位置に使用されていることを，用例を挙げて証明する。ただし，主語の位置に立つ "它" と "他／她" は，確かにさまざまな点で異なっている。本章では両者にどのような差異があるのかについても具体的に見てゆくことにする。

5.1　個としてのヒトと類としてのモノ

本論では各処で，ヒトを指示する "他／她" とモノを指示する "它" は，同じく三人称代名詞ではあるが，その使用状況や使用頻度等が大きく異なっていると述べてきた。では，一体何が両者の運用面での差異をもたらしているのであろうか。ここで次のような仮説を立てる。

　　［仮説］人間は，ヒトを個体として，モノを類として認識する傾向
　　　　　にある。

　池上嘉彦 (1984) は，『記号表現 (シニフィアン, *signifiant*)』に対する『記号内容 (シニフィエ, *signifie*)』が，『指示物』，すなわち記号表現が適用されている特定の具体的な個体ないし事例そのものであるのか，ある

注1　他章では，「人間」，「事物」等の表現を使用していたが，本章では，「ヒト」，「モノ」という表記に改める。

いは『意味』、すなわち同一の言語表現が適用されうるために一連の指示物が満たしているべき条件であるのかについて、日本語の「同じ」ということばを例に挙げて説明している。このことをまとめると、「同じ」の意味には、記号内容によって表 5-1 のような差異が見られることが分かる。

［表 5-1］

ヒト	同じ人	同一	
動物	同じ犬	同一 ＝	同類
植物	同じ花	同一 ＜	同類
モノ	同じ車（時計，本）	同一 ＜	同類
コト	同じ出来事		同類

さらに，池上（1984）はこのような解釈の差異について，次のように述べている。

〈人間〉のようにそれぞれの個体が重要な文化的意味合いを担っているものから，〈動物〉，〈植物〉を経て〈無生物〉の域に入って行くにつれて，「同じ」の意味は〈同一性〉から〈同種類〉へと移る傾向を見せる。

上記は主として日本語について述べられたものであるが[注2]，ここで，中国語について考えてみることにしよう。中国語では量詞（助数詞）が発達しており，指示されたものが「同一」か「同類」かは，通常，量詞により判断される。「同一」のものは通常，"条、朵、辆、块、本"等のような専用量詞が用いられ，「同類」のものは"种"や"类"等の種類

注2 中国語については，刘丹青（2002）が，人間と蜥蜴について，"相同"（同じ）の意味に差異が見られることがあることを指摘している。

を数える量詞が用いられるが[注3]，日本語の場合も中国語の場合も，〈有生〉，特にヒトの場合には，『指示物』そのものを指すのに対し，〈無生〉のものの場合には，『意味』を指すほうに傾くと考えられる。すなわち，ヒトは通常，それぞれ一個体として認識されるのに対し，〈無生〉という特徴が強まるほど類としての存在が際立つようになる。言い換えれば，無標の場合には[注4]，〈無生〉のものは類として存在すると我々は認識しており，〈有生〉と〈無生〉[注5]は次の図のように，それぞれの際立つ部分が異なっているのではないかと考えられる。

[図 5-1]

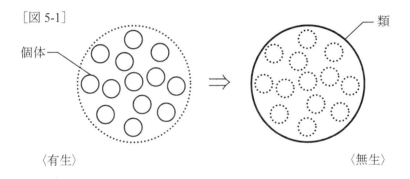

　このことは，その対象が固有名詞を持つか否かによっても，ある程度判断することが可能である。池上（1991）は次のように述べている。

> 〈名前をつける〉ということはある特定のものをそれと同じ類の他のものと間違いなく区別するという営みであり，そのような営みを人間が必要とするのは，言うまでもなく自らともっとも多く，かつ深く関わりを持つ対象に関してであろう。

注3　ただし，相原茂（1990, 1991）によれば，「本, 雑誌, 辞書, 地図, 写真, カセットテープ, レコード, 詩」等，同類のものが印刷やコピー・複製によって多量に存在する「情報名詞」と名づけられるモノの場合，専用量詞を使用していても「同類」のものを指す場合があり，次の例では三種類の形式すべてが「同類指示」として解釈されると言う。
　　｛这本书／这个书／这书｝我也有。　（この本は私も持っている。）
注4　〈無生〉のものでも，何らかの手段により，個が際立つ場合もある。
注5　ここでいう〈無生〉とは特に集合を成すものを指す。

具体的な例を考えてみると，ヒトであれば，ニックネーム等も含めて一人一人に名前（呼び名）がある。動物でもペットであれば，一匹一匹に名前がついているのが普通であろう。しかし，家畜の豚や牛に対して，識別番号がふられていることはあっても，それぞれに名前が付けられることはきわめて稀である。野生の動物となると名前がついていることはまずない。さらに，モノの場合には，石などに一つ一つ名前がついているということは考えられない。たとえそれが宝石であっても，"珍珠（真珠）"，"钻石（ダイヤモンド）"等の「類名」があるのは普通でも，ある一つの石にネーミングされているわけではない。モノには"伦敦塔（ロンドン塔：建物）"や"黄河（黄河（川）：自然物）"，"鉴真号（鑑真号（船）：乗り物）"等，ごく一部のものに固有名詞があるのみである。

　このような我々のヒトやモノ，〈有生〉や〈無生〉のものに対する認識の差異は，少なからず他の言語現象に影響を及ぼしているものと考えられる。

5.2 〈有生〉・〈無生〉の総称的解釈に与える影響
5.2.1 〈有生〉と〈無生〉

　本節では，ヒトとモノに対する認識の差異が，中国語における総称（generic，"通指"，"类指"[注6]あるいは"泛指"）の解釈に与える影響について考察する。

　総称についての研究は中国語においてもさほど進んでいないと言ってよい。本論ではまず，陈平（1987a）で示された総称の形式についてその妥当性を検討し，さらに，総称と絡めながら〈有生〉・〈無生〉が，ある名詞句または代名詞の指示の意味解釈にどのような影響を与えているかについて考察する。

　〈有生〉と〈無生〉は，実際には個別に存在するものではなく，一つの連続体をなしていると考えられる。一般には，〈有生〉とはヒト及び

注6　刘丹青（2002）は"类指"を"kind-denoting"あるいは"reference to kinds"の意味で使用している。本論もほぼ同じ立場をとるが，最も多用されている"generic"という用語を本論でも使用する。

ヒト以外の動物を指し，〈無生〉とは生命を持たない物体や抽象物等のモノやコトを指す。植物には［＋生命］という特徴を認めるものの，多くの場合，モノと同様に扱われており，［±生命］は〈有生〉と〈無生〉を区別する唯一のものさしではない。また，個別の言語現象を見ると，〈有生〉と〈無生〉の対立と言うよりはむしろ人間と非人間，個体と非個体等の対立が際立つものもあり，同一物であっても有生性に差異の生じる場合も考えられる。よって，ここで述べる〈有生〉と〈無生〉とは，これらの区別を含めて捉えた概念である。

5.2.2　総称とは

そもそも総称（generic）とは一体何なのか。一般的に，総称とは「ある成員が属する類そのもの」，すなわち概念的な実体（conceptual entity）を指し，総称文とは，最も一般的には，「その類に属する成員のほぼ全てに当てはまる一般的な事柄を述べる文」と言われる。次のような例が挙げられる。

(5-1)　人是思考的动物。　　　　　　　　　　　　　　　　〈有生〉
　　　（人間は考える動物である。）
(5-2)　鸡尾酒是用几种酒和果汁、香料等混合起来的酒。　　〈無生〉
　　　（カクテルは，数種類の酒と果汁，香料を混ぜあわせた酒である。）

陈平（1987a）は総称（"通指"）について次のように述べている。

> 通指成分在语义上有两个特点值得我们注意。一方面，它并不指称语境中任何以个体形式出现的人物。从这个角度看，它与无指成分有相同之处。另一方面，通指成分代表语境中一个确定的类。从这个角度看，它与定指成分有相同之处。
> （総称を表す名詞句は，意味上二つの特徴が注目に値する。総称名詞句がコンテクスト中のいかなる個体形式で現れる人・物も指さないことから，非指示的（nonreferential）なものと共通する点があること一方

で，コンテクストにおけるある確定した類を表すことから，特定可能な（identifiable）ものとも共通することである。）

　総称は概念レベルでは定的なものであるが，現実世界のある特定の個体を指すものではないために，非指示的（nonreferential，"无指"）なものと混同されがちであり，実際，中国語研究の中では，非指示的な名詞句が総称と言われることも少なくなかった。非指示的名詞句とは，例えば，"小王是一名菜农（王さんは野菜農家である）"や"我是（一）个书呆子（私は本の虫だ）"，"曹禺是剧作家（曹禺は劇作家である）"における"一名菜农"，"（一）个书呆子"，"剧作家"等のように，主語にある名詞句の職業や特徴など何らかの属性（property）を表すものである[注7]。ある名詞句が指示的か否かは，通常，その名詞句を代名詞等で承けることが可能かどうかにより判断することができる。指示的なものはその名のとおり指示対象（referent）を持つが，非指示的なものは指示対象を持たないため，代名詞等を用いてその名詞句に照応することはできないのである[注8]。陈平（1987a）は（5-3）における"研究生"を指示的にも

注7　张伯江（1997）は，これらの例のうち，数量詞を除いた名詞部分（"菜农"，"书呆子"，"剧作家"）のみが非指示的なものであり，数量詞がついた名詞句は非特定（nonspecific）なものと解釈するべきだ，と主張しているが，本論ではこの主張に対して否定的な立場をとる。裸の名詞は本質的に類概念を表すものであるが，それは名詞が固有に持つ特徴であり，ここでいう指示概念（総称的，特定的・非特定的，指示的・非指示的）とはレベルを異にするものである。属性を表すのに，上記のような「裸の名詞」，「（数）量詞＋名詞」という形式を選択するのは，张伯江・李珍明（2002）でも述べられるように，話し手の態度の差異，すなわち，主観的か客観的かという差異によるものであり，数量詞の有無は，ここでは完全に語用論的動機により選択される。张伯江（1997）は，このほか次のようなものも非指示的なものと呼んでいる。
　裸の名詞が直接名詞を修飾し，複合語をなす場合：木头桌子（木製机），精神状态（精神状態），绅士风度（紳士の風格）
　固有名詞が直接名詞を修飾し，複合語をなす場合：雷锋精神（雷鋒精神），龙江风格（龍江風），日本料理（日本料理）
　また，非指示的な名詞が現れやすい文法的位置は次の左に行くほど高いという。"表语"は英文法では通常，補語と呼ばれるもので，動詞"是（～である）"などの後ろにある，主語の属性や性質，特徴，状態などを説明する叙述名詞句を指す。
　　表語＞連体修飾語＞名詞の中心語＞主語＞目的語
注8　张伯江（1997）は，非指示的な成分は語の「外延（extension）」と「内包（intension）」のうち「内包」の方を主に表すものである，と述べている。

非指示的にも解釈することが可能であり，"研究生"が指示的であれば（①），(5-4)のように続けることが可能であると述べている。

(5-3)　他们下星期要考研究生。
　　　①（彼等は来週，大学院生に試験を行なう。）
　　　②（彼等は来週，大学院を受ける。）

(5-4)　他们下星期要考研究生。这批研究生进校已经两个多月了。这是第一次对他们进行考查。
　　　（彼等は来週，大学院生に試験を行なう。この院生達が入学してすでに二ヶ月が経った。今回が初めて彼等に行なう試験だ。）

　総称は，前述のように，特に中国語においては非指示的なものと混同されがちである。他の言語においても，その本質的な部分が明らかになっているとは言いがたい状況でもある。多くの言語において，総称専用の言語形式がなく[注9]，通常，形式のみでは総称か否かを判断することが困難であるということが，その本質を解明できない要因の一つと考えられる。

　本論では，「総称」を「ある類を表す概念的事物」と規定して考察することにするが，前述のような非指示的なものを除き，また，類の成員全員を指し示すような表現，例えば，"人人（人々）"，"个个（個々）"等のような名詞の重ね型や"大家（みんな）"のような表現のほか，"所有（あらゆる）"や"一切（あらゆる）"などの限定語句のついた表現等，語自体が総称（集合，全体）を表すものも考察の対象からはずす。

注9　英語の総称と言えば，[a + N]，[the + N (single)]，[N (plural)]という形式が知られているが，この三種類も等価なものではない。例えば，a.の例はいずれも成立するが，b.では[a + N]を使用することができない。
　　a. {A beaver builds / The beaver builds / Beavers build} dams.（ビーバーはダムを作る。）
　　b. {*A dodo is / The dodo is / Dodos are} extinct.（ドードーは絶滅した。）

5.2.3 総称を表す名詞的要素

総称を表す名詞的要素には，さまざまな形式が考えられる。

[表 5-2]

人称代名詞	－
固有名詞	－
"这／那"＋（量詞）＋名詞	＋
裸の普通名詞	＋
数詞[注10]＋（量詞）＋名詞	＋
"一"＋（量詞）＋名詞	＋
量詞＋名詞	＋

陈平（1987a）は，名詞的要素を表 5-2 のように 7 グループに分け，総称的指示に使用可能か否かをまとめている。ここでは，〈有生〉と〈無生〉それぞれの例を提示しながら，この表の妥当性を検討する。なお，考察の対象は，ここでは原則として，主語・主題の位置にある名詞句に限る。

5.2.3.1 "这／那"＋（量詞）＋名詞[注11]

本形式においては，通常，量詞に種類を表す"种"や"类"等が使用され[注12]，"(几)个"は使用できないと言われる。しかし，専用量詞は使用できないが，実際には〈無生〉の場合に限り，一般量詞"个"を用いても（あるいは量詞を省略してしまっても）総称を表すことが可能である。

注10 陈平（1987a）は［数詞＋（量詞）＋名詞］の数詞に不定数を表す"几"も含めている。また，["一"＋（量詞）＋名詞］の"一"を計数機能のない虚化したものとして，［数詞＋（量詞）＋名詞］と区別している。
注11 张伯江・方梅（1996）は，本形式以外に，「"这（・zhe 軽読）"＋N」という形式を，北京方言の総称の形式として挙げている。方梅（2002）は，さらに踏み込んで，この種の"这"が話題の marker として用いられうる，と述べている。第 1 章注 15 参照。
注12 この形式をとる場合，原則として量詞には種類を表す"种"または"类"等しか使用できないが，"种"，"类"共にそれ自身が種類を表すものであることから，語彙的に総称を表すものとして，他の形式とは区別する必要があるかもしれない。

(5-5)　这种人（*这个人）倒是到哪儿都讨人喜欢。　　　　　〈有生〉
　　　　　　　　　　　　　　　　　　　　　　　　　　《刘慧芳》
　　　（こういう人たちはどこへ行っても人に好かれるのよね。）
(5-6)　算了算了，那种瓜以后再也不买了。　　　　　　　　〈無生〉
　　　　　　　　　　　　　　　　　　　　　　　　　（陈平，1987a）
　　　（もういい，もういい，あんな瓜なんて金輪際買わないわ。）
(5-7)　算了算了，那个瓜（*那只瓜）以后再也不买了。　　〈無生〉

　　(5-5) では〈有生〉であるヒトが指示対象であるため，"个"を使用すると文自体は成り立つが，特定の一人しか指すことができなくなる。また，(5-6)，(5-7) はどちらもある瓜の類を指すが，その範囲は両者の間で微妙に異なるものの，いずれも特定の唯一物を指すのではなく，総称的に解釈される。

5.2.3.2　裸の普通名詞

　本形式は，総称の形式の中で最も多く見られるものであり，〈有生〉と〈無生〉で特に差異は見られない。次の例において，例文中の"日本人"，"青蛙（カエル）"，"史诗（叙事詩）"はそれぞれ総称的に解釈される。

(5-8)　我们都知道日本帝国主义不好，但不能就因此说日本人坏。
　　　　　　　　　　　　　　　　　　　　　　　　　　〈有生〉
　　　（日本の帝国主義が悪いということは皆が知っていることだが，だからと言って，日本人は悪い（人種だ）と言ってはならない。）
(5-9)　青蛙有四条腿。　　　　　　　　　　　　　　　　　〈有生〉
　　　（カエルには四本の脚がある。）
(5-10)　史诗，我一向以为它是文学艺术中的钟鼎。　　　　　〈無生〉
　　　　　　　　　　　　　　　　　　　　　　　　　　《北京爷》
　　　（叙事詩，私はずっとソレが文学芸術の要だと考えている。）

5.2.3.3 数詞＋（量詞）＋名詞

　本形式を用いた場合，数詞に不定数を表す"几"は使えず，計数機能をもつ数詞についても，実際にはほとんどが慣用的な表現のみにとどまり，しかもそれを総称と解釈すべきかどうかには問題が残る。

(5-11)　<u>三个臭皮匠</u>，赛过一个诸葛亮。　？　　　　　　　　〈有生〉
　　　　（<u>三人の皮職人</u>は一人の諸葛亮に匹敵する。　→三人寄れば文殊の知恵）
(5-12)　<u>一个巴掌</u>拍不响。　？　　　　　　　　　　　　　　　〈無生〉
　　　　（<u>一つの手のひら</u>では鳴らない。　→トラブルは必ず両方に責任がある。）

非慣用的な表現としては次のものがある。

(5-13)　<u>三个人</u>睡一张床。　？　　　　　　　　　　　　　　　〈有生〉
　　　　（<u>三人</u>が一台のベッドに寝る。）
(5-14)　<u>一张床</u>够睡三个孩子。　？　　　　　　　　　　　　　〈無生〉
　　　　（<u>一台のベッド</u>には三人の子どもが十分に寝られる。）

　これらの用例に現れている下線を引いた語句は，李艳惠・陆丙甫（2002）の言う"数目短语（Number Phrase）"と理解されるべきもので，"名词短语（Noun Phrase）"とは区別される。そうであれば，陈平（1987a）は本形式で総称を表すことができるとしたが，実際には不可能ということになる[注13]。

5.2.3.4 "一"＋（量詞）＋名詞

　本形式は，書き言葉において比較的多く見られる。

(5-15)　<u>一个学生</u>应当刻苦学习。　　　　　　　　　　　　　　〈有生〉

注13　陈平（1987a）には例が挙げられていないため，どのような文を指して述べているのかは不明である。なお，目的語の例であるが，"喝<u>（一）杯茶</u>（お茶でも一杯どうぞ！）"，"说<u>（一）句话</u>（一言言って。）"等における"（一）杯茶"，"（一）句话"は非指示的なものであって総称ではない。

(劉丹青, 2002)

(学生たる者，一生懸命勉強するべきだ。)

(5-16) 　一个地方的气候跟它的纬度有关。注14　　　　　　　〈無生〉

(ある場所の気候はソレの緯度と関係がある。)

　ただし，この形式は判断文のような一般的な総称文には使用されないことから，典型的な総称形式とは言いがたいものである。この点で，英語の［a＋N］の形式が総称を表す場合とは異なる。

(5-17)　　a. A panda is a mammal.
(パンダは哺乳類だ。)
　　　　　b. *一｛个／只｝熊猫是哺乳动物。
(*一頭のパンダは哺乳類だ。)

5.2.3.5　量詞＋名詞

　本形式は，普通話においては，総称以外であっても主語の位置に使用されることのない形式であり，他の位置にあっても，本形式で総称を表すものは見あたらない。張伯江 (2000) は，[" 一 "＋（量詞）＋名詞]，[量詞＋名詞] の形式をとる総称として，王还 (1985) の以下の例を挙げている。

(5-18)　　小林把一件毛背心织得又肥又长。
(シャオリンは一着の毛のチョッキをだぶだぶに長く編んだ。)
(5-19)　　小张把个孩子生在火车上了。
(シャオチャンは一人の子どもを汽車の中で生んだ。)

　これらはいずれも前置詞 " 把 " の目的語の位置にめるものであるが，

注14　呂叔湘氏が陳平氏に提供したという (5-16) の例は当該名詞句が連体修飾語の位置にあり，典型的な例とは言えないが，主語の例としては，以下のようなものがある。
　　在中国，一部自行车很贵。(中国では自転車はとても高い。) (讃井唯允, 1992)

これらの名詞句をある類を示す総称，とみなすことは困難である。

ただし，方言の状況は普通話と異なっている。刘丹青（2002）は北京方言の指示詞"这"が文法化して定冠詞のように機能しているのと共通する現象が，蘇州方言や広州方言などの量詞に見られると述べている[注15]。

5.2.3.6 人称代名詞

本形式には大きく「直示的（deictic）用法」と「照応的（anaphoric）用法」の二種類がある。直示的に使用される場合には，［人称代名詞］は陈平（1987a）の述べるとおり〈有生〉・〈無生〉ともに総称に使用することはできないが，照応的に使用される三人称代名詞の場合には，次のように総称的に指示することが可能である。

(5-20)　德国人很喜欢吃肉喝酒,他们是名副其实的"大块吃肉、大口喝酒"的民族。　　　　　　　　　　　　　　　　　　　　　〈有生〉
（ドイツ人は肉と酒が大好きである。彼等は名実共に大いに肉と酒を食する民族である。）

(5-20)では，総称として示された"德国人（ドイツ人）"を承けて三人称代名詞"他们"が使用されている。〈無生〉の場合も，(5-10)，(5-16)のように，総称的に示された"史诗（叙事詩）","一个地方（ある場所）"を受けて"它"が使用されている[注16]。ただし，ここで(5-20)のように複数形を使用することは，その集合全体（複数）を指し示しているのであって，類として扱っているのではない。この点で，本論で言うところの類としての総称とは意味がずれることになる。これに対し，"它"のほうは純粋に類として先行詞を承けているという点で，両者には差異が見られる。

注15　蘇州方言では個体量詞"个"が話題となる総称の名詞句の頭に用いられ，広州方言では，複数量詞"啲"が話題となる総称名詞句を示すと言う。

注16　ここでも,指示対象が〈有生〉か〈無生〉かにより差異が見られる。〈有生〉の場合，照応詞に複数形が使用されるのが多いのに対し,〈無生〉の場合は通常,単数形で受けられる。

一方，一・二人称代名詞"我"や"你"等は本質的に直示的（deictic）なものであるため，総称としてははたらかない[注17]。したがって，〈有生〉の場合も〈無生〉の場合も，照応的用法の場合に限って，三人称代名詞を用いて総称を表すことが可能であるということができる。

5.2.3.7　固有名詞

本形式は，どこからどこまでを固有名詞とみなすかにより[注18]，当然，結論も変わってくるであろうが，本論では，固有名詞が総称的に用いられることはない，とみなす。

方梅（2002）は次の"指示詞（这・zhe）＋固有名詞"を，総称を表すものと述べている。

(5-21)　这雷锋可不是那么好当的。
　　　　（雷鋒ってそんなに簡単になれるものじゃないわよ。）

しかし，この形式が総称として解釈されるためには，"雷锋"を固有名詞としてではなく，まず"模范（他人の手本）"と解釈する必要がある[注19]。なぜなら，(5-21)は明らかに比喩表現であり，臨時的な用法であっ

注17　中国語の人称代名詞には実際には具体的な誰かを指すわけでもない"泛指"や"任指"と呼ばれる特別な用法があるが，臨時的かつ修辞的な用法であり，本論で言う総称とは性質の異なるものと考える。以下は孙汝建（1981）が挙げる例である。
　　上车干一天，月底才发给你一天的工钱，要是你今天到晚了一步，派车员喊你没应声，那今天就没有你那五毛四了。《新手表》
　　（車に乗り込んで一日仕事をしても，月末にようやく（オマエに）一日分の給料が支払われる。もし（オマエ，）今日一歩でも遅れて行ってみろ，配車係が（オマエを）呼んで返事がなかったら，今日は（オマエ，）あの5角4分はもらえないんだ。）
　　大伙你看我，我看你，谁也不知从哪里说起。《"东方红"的故事》
　　（みんなは，あなたが私を見，私があなたを見る，というふうで（＝お互いに顔を見合わせ），誰も何から話してよいか分からなかった。）
注18　固有名と類名の間の線引きは極めて難しい。田中克彦（1996）第1部参照。
注19　徐烈炯・刘丹青（1998）は，次の例における"英雄"を非指示的なものとしており，このような語（特に二番目に現れる"英雄"）と方梅（2002）の挙げる例における"雷锋"とはほぼ同じ環境において使用されている。
　　你想当英雄（＝ nonreferential），英雄（＝ nonreferential）我也想当。
　　（英雄になりたいだって，英雄なら俺だってなりたいさ。）

て，固有名詞そのものが総称となる機能を備え持っているわけではないからである。"雷锋"にヒトを指すという意味での指示的な解釈ができれば，後続の文で三人称代名詞"他"を用いて承けることができるが，ここでの"雷锋"は非指示的であり，"他"で承けることはできない。

5.2.4 総称と判断文

総称文の中でもっとも多く見られる形式は，"是"構文に代表される判断文（コピュラ文）であり，その述語部分は主語の位置にある名詞句に対する判断やそのものの属性，帰属先等を表す。判断文の主語に使用でき，且つ総称を表し得る形式は原則として，［裸の普通名詞］と［人称代名詞］に限られ，論理的矛盾が生じない限りにおいて，［"这／那"＋"种／类"＋名詞（上位語，一般語等）］の形式が使用できる。

(5-22)　｛鲸／*这种鲸／*一条鲸／*条鲸／*它｝是哺乳动物。

　　　　　　　　　　　　　　　　　　　　　　　　　　　　　　［"它"＝直示］

　　　　（鯨は哺乳類だ。）

(5-23)　鲸是目前世界上最大的动物，……｛鲸／*这种鲸／*一条鲸／*条鲸／它｝是哺乳动物。　　　　　　　　　　　　　　　　　　　［"它"＝照応］

　　　　（鯨は現在，世界一大きな動物です。……｛鯨／ソレ｝は哺乳類です。）

直示的用法の場合には［裸の普通名詞］のみ，照応的用法の場合には［裸の普通名詞］と［人称代名詞］のみ使用が可能である。このように，同じく総称として扱われている上記それぞれの形式も，実際には相互に置き換えが可能というわけではなく，異なった意味概念を有する。

以上，陈平（1987a）の挙げる7種類の名詞的要素について考察したが，実際に総称を表すのに使用することができるのは，［"这／那"＋（量詞"种／类"）＋名詞］，［裸の普通名詞］，［数詞＋（量詞）＋名詞］，［"一"＋（量詞）＋名詞］，［三人称代名詞（照応的用法）］の5種類であった（［数詞＋（量詞）＋名詞］は，見方によっては総称を表すことができないことを5.2.3.3で述べた）。また，〈有生〉と〈無生〉で，ふるまいに差異が見られたの

は，["这 / 那" ＋（量詞 "种 / 类"）＋名詞] と［三人称代名詞（照応）］
であった[注20]。次は，代名詞に焦点を絞って考察することにする。

5.2.5　特定的解釈と総称的解釈

　ここでは，二つまたはそれ以上の名詞句の間に照応関係が成り立つ場合の意味解釈について考察する。3章（3.4.2.3）でも触れたように，先行詞が特定的に解釈されるにもかかわらず，照応詞（ここでは主として"它"）がその類を指すものとして総称的に解釈されるという例が見られる。このような例が見られるのはおそらく事物や動物に限られ，人間の場合には起こらない現象ではないかと思われる。

　次の (5-24), (5-26), (5-28) は〈有生〉のヒトが指示対象となっており，(5-25), (5-27), (5-29) は〈無生〉のモノが指示対象となっている。

(5-24)　陈大明说着看一眼吴刚，"我吴哥（specific）肯定就这么叫你的，他（specific）什么时候都比我聪明，但我心眼儿比他（specific）好。"　　　　　　　　　　　　　　　　　　　《比如女人》
　　　　（陳大明はそう言いながら呉剛のほうをちらりと見やった。「俺のウー兄貴は絶対そう呼んでくれるよ。彼はいつだって俺より賢いんだから。でも性格は俺の方が彼よりいいぞ。」）

(5-25)　您这几朵花（specific），都是晚香玉，它（specific / generic）什么时候都香。　　　　　　　　　　　　　　　　　　= (3-70)

(5-26)　要是春生（specific）在该有多好，我往远处看看，不知道这孩子（specific）是死是活。　　　　　　　　　　　　　　《活着》
　　　　（春生がいたらどんなにいいだろう。私は遠くのほうをみやった。あの子は生きているのやら死んでいるのやら。）

(5-27)　"这（specific）是一种毒药。很毒的一种药。我不敢说它（specific / generic）有多大的把握，但是如果我们不试试的话，我们就一点希望也没有。　　　　　　　　　　　　　　　　　= (4-66)

注20　ただし，刘丹青（2002）は，["一" ＋（量詞）＋名詞] の形式を取るものも，有生性の差異によってふるまいが異なると述べている。

249

(5-28) 王翔（specific）是新郎的双胞胎弟弟，他（specific）的哥哥叫王飞，所以他（specific）叫王翔。　　　　　　　　《错过一年》
(王翔は新郎の双子の弟だった。彼の兄が王飛だから、彼は王翔という。)
(5-29) "可是孩子呢？ 孩子能和这个环（specific）一块长大吗？"女人问。…（略）…"没有孩子。孩子是和这个铁环（specific）誓不两立的，所以它（specific / generic）叫避孕环。"　　　　《生生不已》
(「でも子どもは？ 子どもとこのリングは一緒に大きくなるの？」女は尋ねた。…（略）…「子どもはいません。子どもはこの鉄リングとは両立しない。だからコレは避妊リングと言うんですよ。」)

（5-24）では，"吴刚"という人物が"我吴哥"という語で導入され，その後"他"と代名詞化して二度言及されているが，いずれも特定的に解釈される。一方，(5-25) では，"您这几朵花（あなたのこの数輪の花）"という眼前にある特定の花が，後に言及される段階で，特定的な解釈もできるものの，総称的に，すなわち，ある個体ではなくその個体の属する類を指示すると解釈される傾向が強くなる。(5-26) と (5-27)，(5-28) と (5-29) も同様で，述語部分が主語の位置にある名詞句の特性や属性等について述べるものである場合，その名詞句に対する意味解釈には次のような差異が見られる。

　　　ヒト（有生）：〈先行詞〉「特定（specific）」
　　　　　　　→〈照応詞〉「特定（specific）」
　　　モノ（無生）：〈先行詞〉「特定（specific）」
　　　　　　　→〈照応詞〉「総称（generic）」または「特定（specific）」

　一方，特定的に提示された〈有生〉のものが再度言及される時に総称として解釈されるためには，現代中国語においては，必ず複数の標識等を必要とする。ただし，その場合は「類」としてではなく「集団」としてのきわだちが与えられることは既に述べたとおりである。
　両者のこのような差異はどこから生まれるものなのか。ここでもう一

度，初めに提示した仮説を見てみたい。

　　［仮説］人間は，ヒトを個体として，モノを類として認識する傾向
　　　　　　にある。

　この仮説が正しければ，次のように解釈することができる。モノは類としてのほうが個体よりも目立った存在であるため，特定的なモノに言及している場合でも，そのものの性質や属性，特徴などに言及される場合には，それとほぼ同様の性質や属性，特徴を持つ類がさらに目立つ。その結果，特定的解釈よりも総称的解釈に傾くという現象が起こる。
　刘丹青（2002）もまた次のように述べている。

　　在人的认知域里，非生命的个体是很不突出的，还不如类凸显，所以在有数范畴的语言里很多物质名词干脆就是不可数名词，其个体性完全被语法系统忽略，即使加上数的标记也往往表示某种类的数量而非个体数量。
　　（人間の認知スコープの中で，生命のない個体は目立たず，類としてのほうが目立つ。したがって，数範疇のある言語においては物質名詞の多くが不可算名詞となってしまって，その個体性は完全に文法体系においては無視され，たとえ数の marker を加えたとしても，往々にしてある類の数量を表し，個体の数量を表さない。）

　このように，〈有生〉と〈無生〉でふるまいに差異が見られるのは，ヒトとモノに対して我々の認知の仕方に差異があることの表れだと考えられる。

5.3　"他" ＋ "它" ＝ "tāmen" ？
　代名詞化は普通，有生性の高いものよりも顕著性の高いもののほうが優先される。このことは次の節でも考察するが，談話の話題になっているものが最も代名詞化しやすい。したがって，先行コンテクストにヒト

とモノが同時に現れていても，モノの顕著性のほうが高ければ，モノのほうが代名詞化することもある。
　では，談話にヒトやモノが持ち出されている場合に，それらが一括りにされて，"tāmen"と言われる状況はあるのであろうか。

(5-30)　?这两个孩子$_i$、你的衣服$_j$、还有这些书$_k$，你把tāmen$_{i+j+k}$都带走吧。
　　　　(?この子どもたち二人$_i$も，おまえの服$_j$も，それからこの本$_k$も，コイツラ$_{i+j+k}$を全部持っていけ！)
(5-31)　?校园中的一草一木$_i$、一景一物$_j$、林老师$_k$、方老师$_l$，我经常想tāmen$_{i+j+k+l}$。
　　　　(?キャンパスにある一本一本の草木$_i$，一つ一つの風景$_j$，林先生$_k$，方先生$_l$，私はいつもソレラ$_{i+j+k+l}$のことを懐かしく思っています。)
(5-32)　每一段历史都会留下它的痕迹。像至今还令人瞩目的万里长城$_i$，历史书上被你称作"暴君"的秦始皇$_j$，民间传说中的"孟姜女$_k$"，tāmen$_{i+j+k}$都是当时那段历史的见证。
　　　　(繰り返す歴史はその度ごとにその痕跡を残していくものだ。いまだに人々の注目を集める万里の長城$_i$，歴史書では「暴君」と呼ばれる秦の始皇帝$_j$，民話に出てくる「孟姜女$_k$」，ソレラ$_{i+j+k}$はみな当時の歴史の証人である。)

　これらの例のうち，(5-30)は最も容認度が低かった。後の2例は書き言葉であり，全く問題がないという人やいずれも不自然であるという人など，中国語母語話者の意見は一致しなかったが，ヒトとモノを一つにまとめて表現することには制約があるようである。
　次の英語の例は，Halliday & Hasan（1976）の挙げるものである。

(5-33)　a. An old man$_i$ came in with his son$_j$.
　　　　　(1人の老人$_i$が息子$_j$と入ってきた。)　　　　They$_{i+j}$ were very dirty.
　　　　b. An old man$_i$ came in with his overcoat$_j$.　(両方$_{i+j}$とても汚れていた。)
　　　　　(1人の老人$_i$が外套$_j$を手に入ってきた。)

この例では，a. と後ろの文とのつながりは認められるが，b. とのつながりは，容認不可能かかなり不自然であるという。

このことから，通常は，ヒトとモノを同等かつ同様に扱って指示することに人間は抵抗を感じるものであり，中国語の場合も英語（複数形）の場合も，ヒトとモノとで同一の語を使用しているからといって，それらを同等の対象とみなしているわけではないということが言える。

5.4 無生物主語"它"

次に，ヒトを指示する"他／她"は統語的な位置を選ばないのに対し，モノやコトなど無生物を指示対象とする"它"は，話し言葉では主語の位置に使用されない，とされてきたことについて論じたい[注21]。《语法讲义》（朱德熙, 1982）には次のような記述がある。

> 在口语里，主语位置上的"他"一定指人，只有在动词或介词之后做宾语的时候，才有可能指事物。例如：
> 这灯泡坏了，扔了他吧。
> 这灯泡坏了，把他扔了吧。
> "他扔了没有？"的"他"一定指人，不可能指灯泡。以上说的是口语里的情形，书面语里没有这个限制。
> （話し言葉において，主語の位置にある"tā"は必ずヒトを指す。動詞または前置詞の目的語となっている場合に限って，モノを指示する可能性が現れる。例えば，「この電球は壊れた。ソイツを捨ててしまえ。」というような場合である。しかし，「tā は捨てたのか？」と言ったときの"tā"は必ずヒトであり，電球を指すことはない。ただし，これは話し言葉の

注21　ただし，Chan (1985), 徐丹 (1989a), 周一民 (1998) に，北京方言では話し言葉にも"它"が主語の位置に使用されている，という記述がある。Chan (1985) は，"它"の使用が少ないのは，中国語が省略可能なものをできるだけ省略する言語であり，特に，普通，主語の位置には，話し手・聞き手の共有する情報がおかれるため，あえて"它"を使用する必要がないからだ，としている。また，徐丹 (1989a) は，否定説が一般的であったのは，動作主の多くがヒトであり，SVO や SOV の語順をとる言語においては，往々にして，動作主が主語となることを人々が直感として思い浮かべるからであろう，と述べている。この指摘は，本論で述べる無生名詞と有生名詞の統語的ふるまいの違いと関わる。

状況であって，書き言葉にはこのような制限はない。)

　現在出版されている文法書等にも，依然として，主語の位置にある"tā"は書き言葉ではモノも指し得るが，話し言葉ではヒトしか指さない，と述べられることが多い。しかし，次の（5-34）では，眼前の個体を指すか概念的なものを指すかという点では微妙に異なるものの，"它"がすべて主語の位置に使用されている[注22]。

(5-34)　忽然看见店主握只凹腰杯子喝茶，何碧秋惊讶道："您也用这个呀？"店主奇怪道："①它有什么呢？"何碧秋说："我一路打这桩官司，乡李公安员，县公安局承办人，市里严局长，开庭的审判长几个，管上诉的两位审判，都用凹腰杯子，疑心②它跟制服一样，是政法口专用的呢。"店主忍不住笑道："哪里，③它本是装秋梨膏的，人一年总要咳上几回，吃完药，看④它顺眼，就用来喝茶，慢慢在城里流行了。…(略)…"　　　　　　　　　《万家诉讼》
（店主がボディーにくびれのあるコップを手にお茶を飲んでいるのを見て，何碧秋は驚いて言った。「あなたもこれをお使いなの？」店主がいぶかしそうに言った。「①コイツが何か？」何碧秋は言った。「今回の裁判で，郷の公安員の李さんや県公安局の担当者，市の厳局長，法廷の裁判長達，それに控訴裁判所の判事お二人も，みんなくびれのあるコップを使っていたものだから，てっきり②コレは制服と同じように公安や司法機関の人専用の物だとばかり思っていたので。」店主はこらえきれずに笑って言った。「いや，③コイツはもともと秋梨膏（咳止め薬）が入っていたものさ。人間誰だって一年に何回かは咳が出るだろ。薬を飲み終わっても，④コイツが気に入って，お茶を飲むのに使うようになって，それが段々と街で流行りだしたというわけだ。…(略)…」）

注22　ただし，②と④は，研究者によって「兼語」とみる場合もある。兼語については，第2章注7を参照。

これらの例では，"它"が地の文ではなく会話部分に用いられており，また，4例ともに容認度が極めて高い。このように，"它"は，ヒトの場合と比べれば使用頻度が極端に低いものの，一般的な会話においても主語の位置に使用されている[注23]。

本節では，部分的に，ヒトを指示対象とする"他/她"（以下"他"）との比較をしながら，主として談話における主語[注24]の位置にある"它"を観察した上で，"它"が主語の位置に使用されるコンテクストがどのようなものかを明らかにし，さらに，"它"が談話においてどのような役割を担っているかについて考察する。また，何が両者にそのような差異をもたらすのかについても言及したい。なお，今回の分析では，小説，テレビドラマや演劇の脚本，教科書，相声等から集めた用例のうち，擬人法，「虚指」用法によるもの，動物を指示するものを除いた100例を対象とした。

5.4.1 代名詞とその先行詞の統語的位置
5.4.1.1 代名詞の統語的位置

ヒトを指示対象とする"他"がどのような統語的位置に現れるかについて話し言葉を対象として分析されたものはないが，徐赳赳（1990）が，主に新聞記事からとった1273例の叙述文について分析しており，その統語的位置の比率は，表5-3のように主語の位置にくる割合が最も高い。

［表5-3］

主　語	目的語	連体修飾語
787 例	231 例	255 例
61.82%	18.15%	20.03%

徐赳赳（1990）は，その理由として，叙述文においては，ヒトが往々

注23　実際には，第1章でみたように，『紅楼夢』や『児女英雄伝』など清朝の白話小説に，現在用いられる一部の"它"の用法がすでに見られる。
注24　主語に節（clause）の主語や主題（sentence topic）を含む。また，文には節を含む。

にして論述の中心となること，また，主語の位置には文の主題がくることが多いことを挙げ，目的語位置に来ることが少ない理由の一つに，目的語をとらない動詞があるため，ということを挙げている。

一方，モノを指示対象とする"它"がどのような統語的位置に現れうるかについて，話し言葉を大きく反映していると考えられる《単口相声伝統作品选》を例にとると，"它"は計 50 箇所に用いられており，その比率は表 5-4 のようになった。

[表 5-4]

主　語	目的語		連体修飾語
	動詞目的語	前置詞目的語	
16 例	9 例	24 例	1 例
32%	18%	48%	2%

目的語の位置に"它"が来る割合が全体の 6 割以上を占め，ヒトの場合よりも，かなり比率が高い。また，これまで"它"は主語の位置に用いられないと言われてきたが，主語の割合は全体の約 3 割と，実際には，その使用比率は決して低くはなく，比率が低いのは主語よりもむしろ連体修飾語であることがわかる[注25]。

表 5-3 と表 5-4 から，"他"と"它"では，統語的位置の分布状況が大きく異なることがわかる。このことは，名詞と代名詞が全く同じふるまいをするわけではないものの，有生名詞と無生名詞とで統語的ふるまいが異なる，つまり，無生物が主語となることが相対的に少ないことと大きく関わると思われる。であれば，"tā"と代名詞化する以前，つまり先行詞の段階ですでに差異がみられるはずである。そこで，次に，代名詞の先行詞となるものの統語的位置について考察することにする。

注25　短編小説《万家诉讼》には，計 25 箇所（会話部分に 13 回，地の文に 12 回）に"它"が使用されており，その比率はそれぞれ，主語 52%，目的語 40%（うち動詞の目的語 16%，前置詞の目的語 24%），定語 8% であった。主語が目的語の割合を上回っているものの，ヒトの場合と比べると，目的語の割合がかなり大きい。

5.4.1.2 "它"の先行詞の統語的位置

ヒトを指示対象とする"他"の先行詞がどのような統語的位置に現れうるかについては，王灿龙（2000）で計 116 例分析されており，表 5-5 のような比率となっている。

[表 5-5]

主　語	目的語	連体修飾語
101 例	6 例	9 例
87.1%	5.2%	7.8%

王灿龙（2000）には，主語の位置の"他"は，前文の主語の位置にある名詞句を先行詞とする傾向が非常に強い（subject-orientation），という指摘がある。このことを便宜上，図 5-2 のように示す。

[図 5-2]

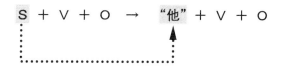

これに対し，モノを指示対象とする"它"の先行詞について，小説などにおける主語位置の"它"100 例の先行詞の統語的位置を考察すると，その比率は表 5-6 のようになり，これを図示したものが図 5-3 である。

[表 5-6]

主語	動詞 目的語	前置詞 目的語	主語/ 目的語[注26]	連体修飾語
66例	28例	2例	3例	1例
66%	28%	2%	3%	1%

[図 5-3]

　表5-6を見ると，主語の位置にある名詞句が"它"の先行詞となる割合が半数以上を占めているものの，"他"と比べると，その割合が下がっていることが分かる。一方，目的語の位置にある名詞句が"它"の先行詞となる割合は高くなっている。"它"の先行詞が目的語の位置にあるのは，主として，主語が"我"や"你"など一・二人称代名詞である場合（後掲の（5-39））や，動詞に"有"を用いていて，その文の主語がない（後掲の（5-41）），あるいは場所名詞の場合であり，これらは，先行詞と競合する可能性を持つ三人称の名詞句がなく，目的語の位置にある名詞句が，三人称としては最も顕著性が高いという点で共通している。このように，"它"は，基本的に，相対的に顕著性の高い位置にある名詞句を先行詞とし，前置詞の目的語や連体修飾語など顕著性の低い位置にあるものを先行詞とすることはきわめて稀である。
　では，前文の主語の位置に，より有生性の高い三人称の有生名詞があるような場合，すなわち，先行詞と競合する可能性のある三人称の名詞句がある状況下では，一体どうなるのであろうか。

注26　"它"の先行詞がどちらの位置にあるものか判断しかねるもの。

(5-35) 何碧秋惊讶道:"您也用这个呀?"店主奇怪道:"①它有什么呢?"何碧秋说:"我一路打这桩官司,乡李公安员,县公安局承办人,市里严局长,开庭的审判长几个,管上诉的两位审判,都用凹腰杯子,疑心②它跟制服一样,是政法口专用的呢。"　　＝(5-34)①②

(5-35)②では,前文の主語の位置に裁判所関係者の名詞句(波線部分),目的語の位置に"凹腰杯子"があり,ここでは,目的語の位置にある"凹腰杯子"が代名詞化している。このことは,文の主語や主題(sentence topic)よりも談話の話題(discourse topic)が優先することを示すと考えられる。つまり,談話の中ですでに話題となっているもの,(5-35)では"凹腰杯子"のほうが代名詞化しやすいのである[注27]。

5.4.2　"它"に後続する形式と総称的解釈
5.4.2.1　後続形式

次に,"它"がどのような構文の主語の位置に立ち得るのかについて考察を加えた。"它"に後続する形式,すなわち関連する文の述語部分について分析したところ,表5-7のような結果が出た。

[表5-7]

"是"型 37%	"是"+名[注28]	25%	"在"型		2%
	"是…的"	9%	"有(无)"型		10%
	"是"+動	2%	主述型		7%
	"是"+形	1%	動詞型 32%	自動詞	17%
形容詞型		12%		他動詞	15%

注27　山崎直樹(1990)も,ヒトについて同様の現象を挙げており,「視線がより集中しているものは連鎖を形成しやすい」と述べている。
注28　ここには,"是"に順ずる"属于(〜に属する)""成(〜になる)""像(〜に似ている)","叫(〜という)"等の動詞も含める。

述語には"是（～である）"型，中でも"是＋名詞（句）"の形式をとるものが最も多く，次いで，動詞型，形容詞型と続いている。"是"型の例としては（5-36）①や（5-37）①②が挙げられる。

(5-36)　梅杰音：伦敦塔倒是一个很值得研究的建筑。
　　　　 马金川：真的吗？ 我们知道①它是一个老塔，至于②它真正好在
　　　　　　　　哪里，我们倒不知道。　　　　　　　　　　　＝(4-19)
(5-37)　"这，这不是夜来香，是，是晚香玉，你，你说的……"
　　　　"不，老李，您说①它是夜来香，②它就是夜来香。"　＝(3-71)

　　このほか，主語が無生物にもかかわらず動詞型をとる割合が32％と高いことが目につくが，それらの多くは自動詞等，動作性の弱いもので，他動詞であっても，(5-38)の"体现（～を表している）"や(5-39)の"引起（～を引き起こす）"のほか，"反映（～を反映する）"，"表达（～を言い表す）"，"保留（～を保つ）"など，積極的に無生物主語構文を作る動詞がほとんどである。また，(5-40)のように，指示対象が会社や地域，国家などの組織を表したり，車を表す表現で運転手を指すなどメトニミーと関わるような場合には，"他"と同じようなふるまいをし[注29]，動作性の強い動詞をその述語部分に使用し得る。

(5-38)　哎，你看，我这种衣服就不错吧？ 它体现了劳动人民质朴的美德，
　　　　怎么样？　　　　　　　　　　　　　　　　　《编辑部的故事》
　　　　（ねえ，私の着ている服なんていいと思わない？ コレは労働者の質
　　　　素という美徳を表しているのよ，どう？）
(5-39)　可是没想到，到了新疆以后，我们听到和见到了很多非常有意思
　　　　的事情。它引起了我们很大的兴趣。　　　　《实用汉语课本Ⅲ》
　　　　（でも思いもしませんでした。新疆に着いてから，あんなに沢山面白
　　　　いことを見聞きするなんて。ソレがとても私達の興味を引きました。）
(5-40)　一个男人说：伙计们，这房要拆了。另有人立刻问：我们住哪儿？
―――――――――
注29　ヒトを指示する用法に準じるということと擬人法とは全く別のものである。

第 5 章　有生・無生の対立と無生物主語 "它"

　　　答：管你住哪儿！　是这个单位的它安排，不是的一律滚蛋。
　　　　　　　　　　　　　　　　　　　　　　　　　　＝ (4-1)

　組織が指示対象となる場合やメトニミーが関わるものなど，ヒトを指示する用法に準じるものを除くと，"它"が主語に用いられる文の述語部分は，"是"型に代表されるような，主語に対する判断，属性や特徴づけ等といった意味あいを持つことが多い。これは，モノがある動作の主体となることは稀であるという事実を反映したものともいえる。では，これらは"它"の指示対象とどのような関わりを持つのであろうか。

5.4.2.2　指示対象

　5.4.2.1 で述べた理由から，組織が指示対象となる例やメトニミーが関わる 5 例を除いた 95 例の "它" の指示対象を大きく分類してみると，表 5-8 のような結果になった。ここでは，具体的事物と概念的事物について考察することにする[注30]。

［表 5-8］

具体的事物	概念的事物		コト
49 例	44 例		2 例
51.6%	46.3%		2.1%
	具体→概念 6.3%	概念→概念 40%	

　"他"の指示対象の大多数が具体的事物，すなわち，実在の具体的人物であり，しかもそのほとんどが固有名詞を持つのに比べ，モノの場合は，固有名詞を持たないことの方が一般的であり，また，表 5-8 より，概念的事物を指示対象とする割合が具体的事物と並んでかなり高いこと

注30　実際には，全ての "它" の指示対象を，物理的実体と概念的実体とにクリアカットに分けられるわけではない。

がわかる。具体的事物とは，現実世界に存在する具体的な個体を指し，現実世界において唯一性・特定性が保証されるのに対し，概念的事物とは，概念世界，百科事典的なレベルにおいて，その唯一性・特定性を保証されるもので，ここに，総称などの類概念や一般概念，抽象物といったものが含まれる。唯一性・特定性が最も保証されやすいのは，固有名詞を持つ具体的事物と考えられる。なぜなら，固有名詞は一時的に話し手・聞き手に共有されるものではなく，その指示対象について知ってさえいれば，半永久的に特定，共有が可能だからである。そのため，ヒトの場合,固有名詞が"他"の先行詞となることが多いのだと考えられる。固有名詞に次いで，あるいは同レベルで唯一性・特定性が保証されやすいものとして,類概念などを表す概念的事物が挙げられる。これらは，"那把椅子（あの椅子）"や"小王的椅子（王さんの椅子）"であれば，眼前にあるなどの状況の下で，指示対象の同定が容易ではあるものの，談話ごとにその指示対象が変化する可能性があるのとは大きく異なる。モノの場合，(5-36) の"伦敦塔"のように固有名詞を持つことが少ないため，それに代わって類概念などの概念的事物を指示対象とする割合が高くなったのだと考えられる。具体的事物の例としては，次のようなものがある。

(5-41)　如果你的视线能看到窗外天空的话，你会看到在满天的星星中，有<u>一个还没有长圆的月亮</u>。明天早晨当<u>它</u>消失在晨曦的时候，我也消失了。　　　　　　　　　　　　　　　　　　　　＝ (3-5)

また，概念的事物の例は次のようなものである。

(5-42)　"<u>甘蔗</u>本来就很甜，假如我拿甘蔗汁去浇<u>它</u>，那<u>它</u>还会不加倍的甜么？"　　　　　　　　　　　　　　　　　　　　＝ (4-39)

　(5-42) では,現実世界に存在する特定の個体を指しているのではなく，総称物，概念的事物としての"甘蔗"を指示している。

(5-34)③のように，指示対象が具体的事物と概念的事物のいずれにも解釈できるものと関連して，第3章（3.4.2.3）や第5章（5.2.5）でみたように，先行詞と"它"とでそれぞれの指示対象が微妙に異なるようにみえるもの，つまり，指示対象が，先行詞では具体的事物であるのに対し，照応詞の"它"では概念的事物に変化していると思われる例も数例みられた[注31]。(5-25)＝(3-70)や(5-37)でみたような例である。(5-25)や(5-37)では，"它"の指示対象として，眼前にある花とその類の両方が考えられる。前者の場合，"它"は具体的事物を，後者の場合，"它"は概念的事物を指すことになるが，後者であれば，眼前の個体など具体的・具体的事物から，一種の推論を経て，その個体が属する類へと指示範囲が拡大したとも考えられ，実際には，後者の解釈の方が優勢である。指示対象が個体かその類かということは，非総称か総称かと言い換えられるが，先行詞が非総称的なものであれば，その照応詞である"它"も必ず非総称的なものとは限らず，"它"は，総称・非総称，両方の解釈の可能性を持つ。廖秋忠（1986）も，同一語句の繰り返しについて，"词语的重现只能保证语义（sense）相同，而不能保证所指相同。（同一語句の使用は意味が同じであることを保証できるだけであって，指示対象の同一性を保証するものではない）"と述べている。同一語句でさえ指示の同一性は保証されないのであるから，代名詞を使用する時にはなおさらであろう[注32]。では，代名詞の指示対象を具体的事物ととるか概念的事物ととるかの判断は，どこでどのように決まるのであろうか。

5.4.2.3　総称的解釈

総称については，他の章で幾度も触れてきたので，ここでは，簡単に触れるだけにする。

総称的な解釈は，"它"と発せられると同時にされ得るのだろうか。5.2.5で，先行詞が具体的事物を指すにもかかわらず，その照応詞である"它"

注31　3.4.2.3で述べたように，先行詞が概念的事物を指し，"它"が具体的事物を指す例はなかった。
注32　ただし，ヒトの場合には，先行詞が非総称的なものであれば，通常は，照応詞の"他"も同様に非総称的に解釈される。

が概念的事物を指示するというような例をみた。この例が示すように，聞き手にとっては，"它"と聞いた時点で，その指示対象が具体的事物か概念的事物かを判断することは容易ではない。では，何が総称的な解釈をもたらすのか。5.4.2.1 で見たように，"它"の後続形式（主に述部）としては，"是"型など主語に対する判断，属性や特徴づけ等といった意味あいを持つものが多く，これが，"它"の指示対象を，個体（＝具体的事物）から個体の属する類そのもの（＝概念的事物）へ，すなわち，聞き手に総称的な解釈をとるように促すものと思われる。池内正幸 (1985) は，「ある名詞句が総称的な読みを持ち得るかどうかについては，たとえば，その名詞句が主語であれば，その述部自体が一般的・総称的な叙述をしている，あるいは，特有の属性・傾向を述べている，と考えられるかに拠っている」と述べている。つまり，主語の位置にある名詞句が総称かどうかを決定するのは，多くの場合，述語部分であり，同様のことが代名詞についても当てはまると考えられる。また，"它"が総称的な解釈を引き起こす述語部分と相性がよいということは，言い換えれば，ある対象に対して一般的・総称的な叙述をする場合に"它"が用いられやすい，ということでもある。"它"と総称的解釈とは強い結びつきを持つようである。

5.4.3　主語の位置に立つ"它"の談話における役割

　一体，無生物主語"它"が談話の中で果たす役割とはどういうものなのだろうか。まず，談話の切れ目と"它"の関係について考察するため，先行詞と照応詞"它"との照応関係について，一度目の代名詞化のみに限り，全 88 例を表 5-9 のように文内照応と文間照応に分け，さらにそれを独言型と対話型に分類した（表中の「甲」，「乙」は異なる話者を表す）。

[表 5-9]

文内照応		先行詞[甲], "它"[甲]……,	10 例	11.4%
文間照応	独言型	先行詞[甲]……, "它"[甲]……,	56 例	63.6%
	対話型 a	先行詞[甲]……, [乙]……, "它"[甲]……,	6 例	6.8%
	対話型 b	先行詞[甲]……, "它"[乙]……,	16 例	18.2%

　最も割合の高かった「文間照応・独言型」は，(5-34)②,(5-38),(5-39),(5-40),(5-41),(5-42) が例として挙げられる。対話相手の発話中にあった先行詞を"它"で承ける「文間照応・対話型 b」が次いで割合が高く，(5-34)①,(5-36)①,(5-37)①②が例として挙げられる。また，「文内照応・独言型」とは (5-43) のようなもの，「文間照応・対話型 a」(対話相手の発言を挟んで，自らの発話中にあった先行詞を"它"で承けるもの) とは (5-44) のようなものを指す。

(5-43)　熬粥，它也是粮食呀！　　　　　　　　　　　　　　　＝ (4-37)
(5-44)　志华：芳，看着我的眼睛亮吗？
　　　　雨芳：亮。
　　　　志华：它就是我的心。　　　　　　　　　　《听力篇（下）》
　　　　(志：芳，僕の目を見て。輝いてるかい？　雨：輝いてるわ。　志：コレが僕の気持ちだよ。)

　「文間照応・独言型」，すなわち，人がある対象について叙述を加えてゆくタイプが半数以上を占めており，このことから，あるモノに対して叙述を加える際に大きな切れ目が少ないほど，ある話題について連続して語られる時ほど，"它"が使用されやすいと言える。しかし，連続

して語られているのであれば，ゼロ代名詞でもよいはずだが，なぜここで"它"が使用されるのであろうか？このことを結束性の点から考えてみると，前述の通り，指示対象が具体的事物，概念的事物にかかわらず，"它"はある対象に対する判断や属性付けをする文に多用されており，このような文は，話の展開，流れとは大きく関わらず談話の小さな切れ目となり結束性が弱まる。ゼロ代名詞はこの切れ目を飛び越えられないが，もとの名詞句を用いるには談話の切れ目が小さすぎるために，"它"が使われるのだと考えられる。

また，"它"は基本的に必ず先行詞を必要とするが，先行コンテクストにモノを指示対象とする名詞句があればいつでも"它"が使用できるというわけではない。"它"の指示対象が，先行詞の提示された段階で談話の話題となっているか，それに準ずるきわだちを与えられていなければならない。

これらのことをまとめると，"它"は，先行コンテクストにおいてすでに話題となっているモノがある（＝顕著性の高い位置に話題となっている無生名詞がある）場合，特に，そのモノに対する判断や特徴・属性付けをする場合，総称的・一般的な叙述をする場合に使用される傾向が強く，その結果，"它"は，談話の小さな切れ目を示しながらも，ある話題が文を越えて続いていることを示す marker となり，また，先行詞と同格関係となる文内照応においては，日本語のように「は」と「が」という主題・主語の区別を表面的に持たない中国語において，主題を顕在化する働きを担っていると考えられる。

以上，分析対象は100例と多くはないが，談話において，無生物主語"它"が使用される状況とその機能について考察した。"它"と"他"は，同一の発音であるにもかかわらず，使用状況が様々な点で大きく異なっている。それは，指示対象であるヒトとモノ，すなわち有生名詞と無生名詞の統語的ふるまいに差異があることと大いに関わる。無生名詞が主語の位置に来ることは，中国語では一般的と言えるが，名詞の場合も代名詞の場合も，ヒトの場合とは様々な点でそのふるまいが異なる。5.4の冒頭で指摘した従来の説と言語事実との食い違いは，"它"が主語

位置に現れるのに必要な条件が適切に設定,想定されていなかったこと[注33],また,代名詞にのみ着目し,その先行詞となる有生名詞と無生名詞の統語的ふるまいの差異が考慮されなかったこと等に起因するものと思われる。

5.5 まとめ

本章では,主に"它"と"他／她"とのふるまいの差異を,〈有生〉と〈無生〉の対立という角度から捉えて論じた。〈有生〉のものが無標の場合に最も目立つのは〈個〉であり,〈無生〉という特徴が強まるほど,その〈類〉が目立つようになるという差異が見られ,この差異がいくつかの言語現象にも反映されているということを簡潔に示した。

また,"它"と"他／她"のふるまいの差異は,代名詞のレベルだけではなく,それぞれの先行詞が提示された段階ですでに見られるということも明らかにした。これは,有生名詞と無生名詞とで統語的ふるまいが違うということとも関わるが,このことからも,〈有生〉のものと〈無生〉のものに対する人間の認知の仕方に差異があることが分かる。

さらに,これまで,話し言葉において,"它"が主語の位置には立たないと述べられてきたにもかかわらず,実際の会話等において主語の位置に立つ例が多く見られる,という事実を挙げたが,これまでの主張とのズレは,主として"它"を「談話」というレベルで捉えているか否かによるものであると考えられる。"它"は談話レベルで大きく活躍する語で,その談話における役割は,一言で言えば,何がその談話において話題となっているのかを示すことであり,適切なコンテクストを想定することなく論じるのはきわめて困難なのである。

注33 これまで,"它"が主語の位置に来ないと主張される場合に挙げられる用例は,"它"が直示的に用いられているような例が多いが,すでに述べているように,"它"に直示的用法はない。

終章　おわりに

　以上，現代中国語のモノやコトを指示する三人称代名詞"它"について，"它"が三人称代名詞として確立するまでの過程を確認したうえで，主として「談話」という観点から考察・分析をおこなった。その結果，"它"は，主に談話において活躍し，その「照応性」という特徴から，談話の「結束性」を表すことに貢献し，結果として，談話の話題が何であり，その話題が続いていることを示す役割を果たすことが明らかとなった。

　"它"はまた，通時的にみても共時的にみても，きわめて興味深い様相を呈している代名詞である。通時的にみると，三人称代名詞の発展の過程で，"它"と同じ起源を持つ"他／她"とは進化の速度が異なっていたこと，他の言語による干渉などが，現在の"它"と"他／她"のふるまいに差異をもたらしている要因の一部であること等が分かる。また，五四運動期のいわゆる「欧化」文法が"它"に与えた影響は非常に大きいが，「欧化」によって新しい用法が生まれた結果，"它"には二種類の異なる用法が併存することとなった。中国語のみならず他の言語においても，一，二人称代名詞に比べ，三人称代名詞はいまだ不安定な位置付けがなされるものであり，言語，方言によってそのふるまいが大きく異なるという点で，扱いにくい要素ではあるが，本論で考察したように，"它"には中国語特有の用法があり，その性質や特徴を理解することなくして，"它"を使用することは困難である。特に，話し言葉で見られる用法は，直接，談話の参加者（聞き手）に対する敬意等に関わったり，話し手の特別な感情を表したりすることが多いため，"它"の使用に当たっては，談話の参加者との関係などを考慮しなくてはならず，その使用には慎重を要する。

　本論の研究成果が，特に，事物等を指示対象とする三人称代名詞を持たない日本語の母語話者の中国語学習や他言語の研究者の研究に少しでも役立つことができれば幸いである。

参考文献

[中国語]
相原茂（1991）〈一种名词〉《中国语文》第 5 期，pp.351-353
北京大学中国语言文学系语言学教研室编（1995）《汉语方言词汇（第二版）》北京：语文出版社
曹翠云（1988）〈汉、苗、瑶语第三人称代词的来源〉《民族语文》第 5 期，pp.58-61
曹秀玲（2000）〈汉语"这／那"不对称性的语篇考察〉《汉语学习》第 4 期，pp.7-11
常理（1988）〈汉语空语类及其相关现象（提纲）〉《学术交流》第 2 期，pp.136-143
陈昌仪（1995）〈江西铅山方言人称代词单数的"格"〉《中国语文》第 1 期，pp.45-47
陈鸿迈（1991）〈海口方言的指示代词和疑问代词〉《中国语文》第 1 期，pp.34-40
陈鸿迈（1992）〈海口方言的"妳"〉《语言研究》第 1 期，pp.31-36
陈建民（1982）〈北京口语漫谈〉《中国语文》第 1 期，pp.24-27
陈建民（1984）《汉语口语》北京：北京出版社
陈建民（1986）《现代汉语句型论》北京：语文出版社
陈建民（1990）〈北京口语里的同义重复现象〉《中国语文》第 5 期，pp.355-361
陈建民（1991）〈汉语口语研究〉《语文建设》第 4 期，pp.37-38
陈宁萍（1987）〈现代汉语名词类的扩大——现代汉语动词和名词分界线的考察〉《中国语文》第 5 期，pp.379-389
陈平（1987a）〈释汉语中与名词性成分相关的四组概念〉《中国语文》第 2 期，pp.81-92
陈平（1987b）〈话语分析说略〉《语言教学与研究》第 3 期，pp.4-19
陈平（1987c）〈汉语零形回指的话语分析〉《中国语文》第 5 期，pp.363-378
陈平（1994）〈试论汉语中三种句子成分与语义成分的配位原则〉《中国语文》第 3 期，pp.161-168
陈祺生（1990）〈无锡方言的代词〉《汉语论丛》上海：华东师范大学出版社，pp.137-146
陈松岑（1986）〈北京话"你""您"使用规律初探〉《语文研究》第 3 期，pp.24-31
陈卫兰（1994）〈试析"这"（者、遮）字早期用例和作用〉《语文研究》第 4 期，pp.25-27
陈霞村（1996）〈关于古代汉语词类的两个问题〉《中国语文》第 3 期，pp.209-211
陈兴伟（1992）〈义乌方言量词前指示词与数词的省略〉《中国语文》第 3 期，p.206
陈有恒（1990）〈湖北蒲圻话的人称代词〉《方言》第 3 期，pp.213-214
陈章太（1983）〈略论汉语口语的规范〉《中国语文》第 6 期，pp.401-408
陈章太（1996）〈普通话词汇规范问题〉《中国语文》第 3 期，pp.194-205
陈章太、李行健主编（1996）《普通话基础方言基本词汇集（词汇卷下及地图）》北京：语文出版社

陈治文（1964）〈近指指示词"這"的来源〉《中国语文》第 6 期，pp.442-444
陈治文（1988）〈元代有指物名词加"每"的说法〉《中国语文》第 1 期，pp.71-72
陈忠敏、潘悟云（1999）〈论吴语的人称代词〉《（中国东南部方言比较研究丛书 第四辑）代词》李如龙、张双庆主编，广州：暨南大学出版社，pp.1-24
程从荣（1997）〈浠水方言的人称代词〉《语言研究》第 2 期，pp.97-98
程湘清主编（1988）《魏晋南北朝汉语研究》济南：山东教育出版社
程湘清主编（1992）《隋唐五代汉语研究》济南：山东教育出版社
崔卫（1998）《口语共性》北京：军事谊文出版社
崔希亮（2000）〈人称代词及其称谓功能〉《语言教学与研究》第 1 期，pp.46-54
崔应贤（1997）〈"这"比"那"大〉《中国语文》第 2 期，pp.126-127
崔应贤、朱少红（1993）〈主语宾语问题研究概观〉《河南师范大学学报（哲社版）》第 3 期，pp.60-64
戴耀晶（1999）〈赣语泰和方言的代词（稿）〉《（中国东南部方言比较研究丛书 第四辑）代词》李如龙、张双庆主编，广州：暨南大学出版社，pp.167-175
邓兴锋（1992）〈明代官话基础方言新论〉《南京社会科学》第 5 期，pp.112-115
丁邦新（1987）〈论官话方言研究中的几个问题〉《历史语言研究所集刊》第 57 第 4 分，pp.809-841，载于丁邦新（1998）《丁邦新语言学论文集》北京：商务印书馆，pp.209-245
丁声树、吕叔湘、李荣等（1961）《（中国语文丛书）现代汉语语法讲话》中国语文杂志社编，北京：商务印书馆
董志翘（1997）〈近代汉语指代词札记〉《中国语文》第 5 期，pp.373-378
杜克俭、李延（1999）〈临县方言的指示代词〉《语文研究》第 2 期，pp.58-62
段德森（1992）〈古汉语指示代词的转化〉《语文研究》第 1 期，pp.12-17
远藤光晓（1984）〈《翻译老乞大·朴通事》里的汉语声调〉《语言学论丛》第 13 辑，北京大学中文系《语言学论丛》编委会编，北京：商务印书馆，pp.162-182
范开泰（1985）〈语用分析说略〉《中国语文》第 6 期，pp.401-408
范伟（2001）〈关于"这是……"和"这个是……"用法差异的认知解释〉《语言教学与研究》第 3 期，pp.73-76
方立、纪凌云（1999）〈主题化结构〉《语言教学与研究》第 4 期，pp.69-79
方梅（1994）〈北京话句中语气词的功能研究〉《中国语文》第 2 期，pp.129-138
方梅（1995）〈汉语对比焦点的句法表现手段〉《中国语文》第 4 期，pp.279-288
方梅（2000）〈自然口语中弱化连词的话语标记功能〉《中国语文》第 5 期，pp.459-470
方梅（2002）〈指示词"这"和"那"在北京话中的语法化〉《中国语文》第 4 期，pp.343-356
方梅、张伯江（1995）〈北京话指代词三题〉《吕叔湘先生九十华诞纪念文集》，《纪念文集》编辑组编，北京：商务印书馆，pp.149-158

方若（1982）〈关于"您们"〉《中国语文》第 4 期，p.320
冯春田（1988）〈魏晋南北朝时期某些语法问题探究〉《魏晋南北朝汉语研究》程湘清主编，济南：山东教育出版社，pp.179-239
冯春田（2000）《近代汉语语法研究》济南：山东教育出版社
冯荣昌（1992）〈潍坊方言的代词〉《语言研究》第 2 期，pp.83-88
冯蒸（1983）「关于汉藏语系空间指示词的几个问题」『均社論叢』（日本）13 号，pp.1-19
甘于恩（1997）〈广东粤方言人称代词的单复数形式〉《中国语文》第 5 期，pp.351-354
高名凯（1946）〈汉语的人称代名词〉《燕京学报》第 30 期，pp.1-26
高名凯（1948a）《汉语语法论》上海：开明书店，（1986）《〈汉语语法丛书〉汉语语法论》北京：商务印书馆
高名凯（1948b）〈唐代禅家语录所见的语法成分〉《燕京学报》第 34 期，pp.49-84
高顺全（1994）〈从单项 NP 句看句子的主语和主题〉《河南大学学报（社科版）》第 4 期，pp.76-81
高顺全（1999）〈与汉语话题有关的几个问题——与徐烈炯、刘丹青二位先生商榷〉《语言教学与研究》第 4 期，pp.80-91
高有祥、牟治媛（1995）〈"规范口语"特色新论〉《陕西师大学报（哲社版）》第 2 期，pp.161-166
郭芹纳（1995）〈近代汉语中的时间词语〉《语言研究》第 2 期，pp.141-155
郭锡良（1980）〈汉语第三人称代词的起源和发展〉《语言学论丛》第 6 辑，北京大学中文系《语言学论丛》编委会编，北京：商务印书馆，pp.64-93
郭锡良（1989）〈试论上古汉语指示代词的体系〉《语言文字学术论文集 庆祝王力先生学术活动五十周年》上海：知识出版社，pp.57-76
郭校珍（1997）〈娄烦方言的人称代词〉《语文研究》第 2 期，pp.56-62
何乐士（1988）〈从《史记》和《世说新语》的比较看《世说新语》的语法特点〉《魏晋南北朝汉语研究》程湘清主编，济南：山东教育出版社，pp.86-178
何乐士（1992）〈敦煌变文与《世说新语》若干语法特点的比较〉《隋唐五代汉语研究》程湘清主编，济南：山东教育出版社，pp.133-268
贺巍（1962）〈中和方言的代词〉《中国语文》1 月号，pp.50-53
贺巍（1988）〈获嘉方言的代词〉《中国语文》第 1 期，pp.56-59
平山久雄（1987）〈论"我"字例外音变的原因〉《中国语文》第 6 期，pp.409-414
洪波（1991a）〈上古汉语指代词书面体系的再研究〉《语言研究论丛》第 6 辑，天津：南开大学出版社，pp.38-69
洪波（1991b）〈不同系统结构的指示代词在功能上没有可比性——《指示代词的二分法和三分法》读后〉《中国语文》第 3 期，pp.192-194
胡明扬（1957）〈海盐通园方言的代词〉《中国语文》6 月号，pp.17-22

胡明扬（1987a）〈海盐方言的人称代词〉《语言研究》第 1 期，pp.82-84
胡明扬（1987b）《北京话初探》北京：商务印书馆
胡盛仑（1988）〈代词理解和称代类型〉《语言教学与研究》第 3 期，pp.34-46
胡盛伦、王健慈（1989）〈疑问代词的任指用法及其句式〉《汉语学习》第 6 期，pp.8-11
胡双宝（1983）〈文水话的量词、代词和名词〉《语文研究》第 1 期，pp.51-57
胡显仁（1987）〈"它"与"人称代词"的关系〉《汉语学习》第 3 期，pp.18-19
胡裕树（1982）〈试论汉语句首的名词性成分〉《语言教学与研究》第 4 期，pp.13-20
胡裕树、范晓（1994）〈动词形容词的"名物化"和"名词化"〉《中国语文》第 2 期，
　　pp.81-85
黄伯荣主编（1996）《汉语方言语法类编》青岛：青岛出版社
黄丁华（1959）〈闽南方言里的人称代词〉《中国语文》12 月号，pp.571-574
黄丁华（1961）〈闽南方言里的指示代词〉《中国语文》12 月号，pp.23-29
黄南松（2001）〈现代汉语的指称形式及其在篇章中的运用〉《世界汉语教学》第 2 期，
　　pp.28-37
黄盛璋（1963）〈古汉语的人身代词研究〉《中国语文》第 6 期，pp.443-472
黄盛璋（1983）〈先秦古汉语指示词研究〉《语言研究》第 2 期，pp.136-157
黄智显（1992）〈说代词"其"、"他"〉《汉语学习》第 5 期，pp.21-23
蒋绍愚（1994）《近代汉语研究概况》北京：北京大学出版社
蒋绍愚（2000）《汉语词汇语法史论文集》北京：商务印书馆
蒋希文（1957）〈赣榆方言的人称代词〉《中国语文》8 月号，p.27，p.19
津化（1988）〈指示代词三分法说补证〉《中国语文》第 5 期，p.393
金立鑫（1991）〈对现代汉语主语的再认识〉《烟台大学学报（哲社版）》第 3 期，pp.88-91
金有景（1981）〈"人称代词"前带定语〉《汉语学习》第 1 期，pp.17-24
金有景（1981）〈"其他"和"其它"－词形规范问题举例〉《汉语学习》第 6 期，pp.45-47
金中歧（1984）〈浅说"他"的来源〉《汉语学习》第 3 期，p.251
劲松（1989）〈北京口语的语体〉《中国语文》第 5 期，pp.341-347
木村英树（1990b）〈汉语第三人称代词敬语制约现象的考察〉《中国语文》第 5 期，
　　pp.344-354
兰大中文语言研究小组（1963）〈兰州方言〉《兰州大学学报》第 2 期，pp.81-141
黎锦熙（1924）《新著国语文法》北京：商务印书馆
黎锦熙、刘世儒（1960）〈语法再研讨－－代词和代名词问题〉《中国语文》6 月号，
　　pp.285-288，p.300
李改样（1997）〈芮城方言的人称代词〉《语文研究》第 4 期，pp.63-65
李功成（1997）〈他称代词"他"的起源〉《中国语文》第 4 期，p.310
李连进（1998）〈平话人称代词的单复数形式〉《语文研究》第 3 期，pp.63-65

李荣（1965）〈語音演变規律的例外〉《中国语文》第 2 期，pp.116-126
李荣（1990）〈普通话与方言〉《中国语文》第 5 期，pp.321-324
李如龙（1999）〈闽南方言的代词〉《〈中国东南部方言比较研究丛书 第四辑〉代词》李如龙、张双庆主编，广州：暨南大学出版社，pp.263-288
李如龙（2001）〈论汉语方言特征词〉《中国语言学报》第 10 期，pp.118-134
李绍林（1994）〈论书面语和口语〉《齐齐哈尔师范学院学报（哲社版）》第 4 期，pp.72-78
李树兰、仲谦、王庆丰（1984）《锡伯语口语研究》北京：民族出版社
李思明（1986）〈《水浒全传》的指示代词〉《语文研究》第 1 期，pp.6-12
李思明（1991）〈《红楼梦》的指示代词〉《语文论集》第 4 辑，张志公主编，北京：外语教学与研究出版社，pp.137-154
李小凡（1984）〈苏州话的指示代词〉《语言学论丛》第 13 辑，北京大学中文系《语言学论丛》编委会编，北京：商务印书馆，pp.99-110
李艳惠、陆丙甫（2002）〈数目短语〉《中国语文》第 4 期，pp.326-336
李新魁（1997）〈近代汉语南北音之大界〉《中国语言学报》第 8 期，pp.75-93
李一毅、王了一（1955）〈关于"它们"的解释问题〉《语文学习（北京）》第 4 期，pp.78-79
李义琳（1990）〈上古汉语和现代汉语人称代词比较〉《山西师大学报（社科版）》第 3 期，pp.91-94
李永燧（1985）〈汉语藏缅语人称代词探源〉《中国语言学报》第 2 期，pp.271-287
李宇明（1984）〈试论"们"在现代汉语人称代词中的类化作用〉《华中师范学院学报（哲社版）》第 1 期，pp.122-126
李作南（1965）〈客家方言的代词〉《中国语文》第 3 期，pp.224-231，p.205
力量（1989）〈一种带"他"结构中"他"的词性及其结构的句法分析〉《语文月刊》第 6 期，pp.15-16
力量、庄义友（1995）〈"V 他（个）R"与"V 得（个）R"结构的深层比较〉《韶关大学学报（社科版）》第 1 期，pp.62-67
梁晓虹（1992）〈简论佛教对汉语的影响〉《汉语学习》第 6 期，pp.33-38
廖秋忠（1984）〈《语言的共性与类型》述评〉《国外语言学》第 4 期，pp.1-15
廖秋忠（1986）〈现代汉语篇章中指同的表达〉《中国语文》第 2 期，pp.88-96
廖斯级（1982）〈谈"您们"〉《汉语学习》第 5 期，pp.36-37
林立芳（1999）〈梅县方言的代词〉《〈中国东南部方言比较研究丛书 第四辑〉代词》李如龙、张双庆主编，广州：暨南大学出版社，pp.176-200
林焘（1987）〈北京官话溯源〉《中国语文》第 3 期，pp.161-169
林祥楣（1958）《汉语知识讲话（语法部分）代词》上海：新知识出版社
林运来（1957）〈〈客家方言里的一些语法现象〉梅县方言名词、代词、动词的一些构词特点〉

《中国语文》11 月号，pp.30-31

蔺璜（1993）〈关于话题与主语的几个问题〉《山西大学学报（哲社版）》第 2 期，pp.70-73

凌远征（1989）〈"她"字的创造历史〉《语言教学与研究》第 4 期，pp.139-151

刘村汉（1995）〈随州方言代词四指〉《中国语言学报》第 7 期，pp.156-162

刘丹青（1999）〈吴江方言的代词系统及内部差异〉《中国东南部方言比较研究丛书 第四辑）代词》李如龙、张双庆主编，广州：暨南大学出版社，pp.102-125

刘丹青（2002）〈汉语类指成分的语义属性和句法属性〉《中国语文》第 5 期，pp.411-422

刘丹青、徐烈炯（1998）〈焦点与背景、话题及汉语"连"字句〉《中国语文》第 4 期，pp.243-252

刘又辛、鲍廷毅（1984）〈关于"她"字的商榷〉《语言教学与研究》第 3 期，pp.188-192

刘勋宁（1998）〈中原官话与北方官话的区别及《中原音韵》的语言基础〉《中国语文》第 6 期，pp.463-469

刘一之（1988）〈关于北方方言中第一人称代词复数包括式和排除式对立的产生年代〉《语言学论丛》第 15 辑，北京大学中文系《语言学论丛》编委会编，北京：商务印书馆，pp.92-140

刘月华、潘文娱、故韡（1983）《实用现代汉语语法》北京：外语教学与研究出版社

刘哲（1994）〈论话语的衔接手段与话语的连贯及语义分层〉《解放军外语学院学报》第 3 期，pp.52-56

柳应九（1993）〈《老乞大》中的'这们''那们'与'这般''那般'〉《语言研究》第 2 期，pp.140-143

柳士镇（1992）《魏晋南北朝历史语法》南京：南京大学出版社

卢烈红（1998）〈《古尊宿语要》的近指代词〉《武汉大学学报（哲社版）》第 5 期，pp.97-103

卢烈红（2002）〈湖北黄梅话的指示代词〉《方言》第 4 期，pp.322-330

卢曼云（1988）〈句子结构的内外层和名词性的外层成分——题解关系刍议〉《杭州大学学报（哲社版）》第 4 期，pp.101-110

鲁国尧（1985）〈明代官话及其基础方言问题——读《利玛窦中国札记》〉《南京大学学报（哲学社会科学）》第 4 期，pp.47-52

鲁健骥（1995）〈"它"和"it"的对比〉《中国语文》第 5 期，pp.390-396

陆俭明（1980）〈汉语口语句法里的易位现象〉《中国语文》第 1 期，pp.28-40

陆俭明（1982）〈关于定语易位的问题〉《中国语文》第 3 期，pp.179-181

陆俭明（1999）〈"这是……"和"这个是……"〉《语言教学与研究》第 2 期，pp.25-35

吕叔湘（1944）《中国文法要略》上海：商务印书馆，（1982）《（汉语语法丛书）中国文法要略》北京：商务印书馆

吕叔湘（1955）〈语法札记〉《语言学专刊 汉语语法论文集》中国科学院语言研究所编辑，北京：科学出版社

吕叔湘（1963）〈现代汉语单双音节问题初探〉《中国语文》第 1 期，pp.10-22
吕叔湘（1979）《汉语语法分析问题》北京：商务印书馆
吕叔湘（1980）〈丹阳方言的指代词〉《方言》第 4 期，pp.241-244
吕叔湘主编（1980），增订本（1999）《现代汉语八百词》北京：商务印书馆
吕叔湘著，江蓝生补（1985）《近代汉语指代词》上海：学林出版社
吕叔湘（1986）〈主谓谓语句举例〉《中国语文》第 5 期，pp.334-340
吕叔湘（1987）〈《朴通事》里的指代词〉《中国语文》第 6 期，pp.401-403
吕叔湘（1990）〈指示代词的二分法和三分法—纪念陈望道先生百年诞辰〉《中国语文》
　　　第 6 期，pp.401-405
吕叔湘（1991）〈未晚斋语文漫谈〉《中国语文》第 4 期，pp.312-314
吕叔湘、朱德熙（1952）《语法修辞讲话》北京：开明书店
罗福腾（1998）〈山东方言"V 他 V"结构的历史与现状〉《语言研究》第 1 期，pp.118-126
罗康宁（1986）〈信宜话数词、代词、副词的变音—对《信宜方言的变音》一文的补充〉《中
　　　国语文》第 3 期，pp.185-189 马贝加（1988）〈双项 Np 句的"话题"和"主语"〉
　　　《温州师范学院学报（哲社版）》第 4 期，pp.1-8
梅祖麟（1984）〈从语言史看几本元杂剧宾白的写作时期〉《语言学论丛》第 13 辑，北
　　　京大学中文系《语言学论丛》编委会编，北京：商务印书馆，pp.111-153
梅祖麟（1986）〈关于近代汉语指代词—读吕著《近代汉语指代词》〉《中国语文》第 6 期，
　　　pp.401-412
梅祖麟（1987）〈唐、五代"这、那"不单用作主语〉《中国语文》第 3 期，pp.205-207
梅祖麟（1988）〈北方方言中第一人称代词复数包括式和排除式对立的来源〉《语言学论
　　　丛》第 15 辑，北京大学中文系《语言学论丛》编委会编，北京：商务印书馆，
　　　pp.141-145
梅祖麟（2000）《梅祖麟语言学论文集》北京：商务印书馆
孟庆惠（1997）〈合肥话的"这""那"和"什么"〉《中国语文》第 4 期，p.297
孟守介（1994）〈诸暨方言的代词〉《语言研究》第 1 期，pp.166-169
米青（1986）〈指示代词三分法说补例〉《中国语文》第 1 期，p.37
南保顺（1988）〈乾具话的指示代词〉《语言学论丛》第 15 辑,北京大学中文系《语言学论丛》
　　　编委会编，北京：商务印书馆，pp.215-220
宁源声（1982）〈"她"的兼职太多了〉《语文学习（上海）》第 6 期，pp.48-49
小川環樹（1981）〈苏州方言的指示代词〉《方言》第 4 期，pp 287-288
奥田宽著,周刚译（1998）〈汉语的任意性指示词"这"—有关语用学的探讨〉《汉语学习》
　　　第 2 期，pp.29-33
潘允中（1982）《汉语语法史概要》郑州：中州书画社
彭逢（1983）〈谈"她"指称事物〉《中国语文通讯》第 2 期，pp.9-12，p.15

钱乃荣（1999）〈北部吴语的代词系统〉《(中国东南部方言比较研究丛书 第四辑) 代词》李如龙、张双庆主编，广州：暨南大学出版社，pp.68-84
乔全生（1996）〈山西方言人称代词的几个特点〉《中国语文》第 1 期，pp.27-30
饶长溶（1989）〈长汀方言的代词〉《中国语文》第 3 期，pp.193-200
山石（1955）〈"他、她、它"不是汉语形态〉《中国语文》1 月号，p.40
申仲莱（1982）〈动物称"们"〉《中国语文》第 3 期，p.185
沈慧云（1986）〈晋城方言的指示代词〉《语文研究》第 2 期，pp.52-55
沈家煊（1989）〈不加说明的话题——从"对答"看"话题—说明"〉《中国语文》第 5 期，pp.326-333
沈家煊（1995）〈"有界"与"无界"〉《中国语文》第 5 期，pp.367-379
沈家煊（2002）〈如何处置"处置式"？——论把字句的主观性〉《中国语文》第 5 期，pp.387-399
沈开木（1992）〈话题、述题和已知信息、未知信息〉《语言教学与研究》第 4 期，pp.58-69
沈同（1983）〈祁门方言的人称代词〉《方言》第 4 期，pp.244-247
沈志刚（1993）〈人称代词意义在语境中的变化〉《汉语学习》第 5 期，pp.25-27
施光亨（1995）〈说"它"〉《第四届 国际汉语教学讨论会论文选》北京：北京语言学院出版社，pp.343-350
施其生（1993）〈汕头方言的人称代词〉《方言》第 3 期，pp.185-190
施其生（1995）〈汕头方言的指示代词〉《方言》第 3 期，pp.201-207
施其生（1999）〈汕头方言的人称代词〉《(中国东南部方言比较研究丛书 第四辑) 代词》李如龙、张双庆主编，广州：暨南大学出版社，pp.289-324
石定栩（1999）〈主题句研究〉《(汉语语言学世纪丛书) 共性与个性——汉语语言学中的争议》徐烈炯主编，北京：北京语言文化大学出版社，pp.1-36
石汝杰、刘丹青（1985）〈苏州方言量词的定指用法及其变调〉《语言研究》第 1 期，pp.160-166
石汝杰（1999）〈苏州方言的代词系统〉《(中国东南部方言比较研究丛书 第四辑) 代词》李如龙、张双庆主编，广州：暨南大学出版社，pp.85-101
石毓智、李讷（2001）《(语言学前沿丛书 第二种) 汉语语法化的历程——形态句法发展的动因和机制》北京：北京大学出版社
宋秀令（1992）〈汾阳方言的人称代词〉《语文研究》第 1 期，pp.32-38
宋玉柱（1982）〈关于"们"的语法意义及其它〉《语文学习（上海）》第 11 期，pp.50-51
杉村博文（1992）〈现代汉语"疑问代词＋也／都……"结构的语义分析〉《世界汉语教学》第 3 期，pp.166-172
杉村博文（2002）〈论现代汉语特指疑问判断句〉《中国语文》第 1 期，pp.14-21
孙立新（2002）〈关中方言代词概要〉《方言》第 3 期，pp.246-259

孙汝建（1981）〈人称代词的活用〉《汉语学习》第 3 期，pp.15-19
孙锡信（1990）〈元代指物名词后加"们（每）"的由来〉《中国语文》第 4 期，pp.302-303
唐志东（1986）〈信宜方言的指示词〉《语言研究》第 2 期，pp.98-108
唐作藩（1980）〈第三人称代词"他"的起源时代〉《语言学论丛》第 6 辑，北京大学中文系《语言学论丛》编委会编，北京：商务印书馆，pp.55-63
唐作藩（1991）《音韵学教程》北京：北京大学出版社
陶红印、张伯江（2000）〈无定式把字句在近、现代汉语中的地位问题及其理论意义〉《中国语文》第 5 期，pp.433-446
陶振民（1991）〈物类名词后用"们"的语法现象——兼论修辞现象和构词现象的差异〉《华中师范大学学报（哲社版）》第 1 期，pp.115-118
田希诚（1962）〈运城话的人称代词〉《中国语文》第 8、9 月号，p.411
田希诚（1981）〈临汾方言语法的几个特点〉《语文研究》第 2 期，pp.138-141
万波（1996）〈安义方言的人称代词〉《方言》第 2 期，pp.119-124
汪平、李崇兴、蒋平（1988）〈平江长寿方言的语音、语法特点〉张志公主编，《语文论集》第三辑，北京：外语教学与研究出版社，pp.107-127
王灿龙（2000）〈人称代词"他"的照应功能研究〉《中国语文》第 3 期，pp.228-237
王福堂（1999）《汉语方言语音的演变和层次》北京：语文出版社
王还（1985）〈"把"字句中"把"的宾语〉《中国语文》第 1 期，pp.48-51
王力（1944a）《中国现代语法（下册）》，增订本（1955）北京：中华书局，（1980）《（汉语语法丛书）中国现代语法》北京：商务印书馆
王力（1944b）《中国语法理论（下册）》，（1954）北京：中华书局
王力（1957-1958）《汉语史稿（上册‧中册‧下册）》北京：科学出版社
王力（1989）《汉语语法史》北京：商务印书馆
王了一（1955）〈语文知识［十六］，（三）常用虚词，一．我、你、他、这、那，等等〉《语文学习（北京）》第 1 期，pp.48-60
王松茂、吴志霄、杨从洁等编著（1983）《（中国人民大学函授学院现代汉语课程参考读物之四）汉语代词例解》金锡谟等编著，北京：书目文献出版社
王苏仪（1995）〈汉语代词所指研究的新设想〉《浙江大学学报（社科版）》第 3 期，pp.112-118
王维贤（1985）〈说"省略"〉《中国语文》第 6 期，pp.409-414
王志（1998）〈篇章代词"它"用法探析〉《世界汉语教学》第 3 期，pp.37-42
王志瑛（1992）〈浅论言语交际中复数人称的灵活运用〉《广西师范大学学报（哲社版）》第 4 期，pp.61-65
吴炽堂（1954）〈简化汉字不应取消词的形态区分〉《中国语文》11 月号，p.34
吴福祥（1996）〈敦煌变文的近指代词〉《语文研究》第 3 期，pp.30-36

吴丽君（1993）〈《敦煌变文集》中的人称代词〉《语言学论丛》第 18 辑，北京大学中文系《语言学论丛》编委会编，北京：商务印书馆，pp.162-177
吴蒙（1982）〈"您们"、"妳"、"亻二"和"两"〉《中国语文》第 2 期，p.152
吴延枚（1983）〈代词一般不受其他词类的修饰吗？〉《淮阴师专学报》第 4 期，pp.56-59
席枚（1938）〈苏州话也有"三分"〉《译报》副刊《语文周刊》第 11 期，收于（1980）复旦大学语言研究室编，《陈望道语文论集》上海：上海教育出版社，pp.319-321
项梦冰（1992a）〈连城（新泉）方言的人称代词〉《方言》第 3 期，pp.172-180
项梦冰（1992b）〈连城（新泉）方言的指示代词〉《方言》第 4 期，pp.294-299
项梦冰（1999）〈清流方言的代词系统〉《（中国东南部方言比较研究丛书 第四辑）代词》李如龙、张双庆主编，广州：暨南大学出版社，pp.201-232
向熹（1965）〈关于"他"的上古用法〉《中国语文》第 3 期，p.251
谢俊英（1993）〈汉语人称代词"您"的变异研究〉《语文研究》第 4 期，pp.27-34
邢福义（1960）〈论"们"和"诸位"之类并用〉《中国语文》6 月号，p.289，p.291
邢福义（1965）〈再谈"们"和表数词语并用的现象〉《中国语文》第 5 期，pp.365-366
邢福义（1980）《现代汉语语法知识》武汉：湖北人民出版社
邢福义（1996）〈说"您们"〉《方言》第 2 期，pp.100-106
邢公畹（1949）〈《论语》中的对待指别词〉《国文月刊》开明版第 75 期，载于（2000）《邢公畹语言学论文集》北京：商务印书馆，pp.186-211
徐丹（1988）〈浅谈这／那的不对称性〉《中国语文》第 2 期，pp.128-130
徐丹（1989a）〈北京口语中非指人的"他（它）"〉《方言》第 1 期，pp.7-8
徐丹（1989b）〈第三人称代词的特点〉《中国语文》第 4 期，pp.281-283
徐赳赳（1990）〈叙述文中"他"的话语分析〉《中国语文》第 5 期，pp.325-337
徐赳赳（1996）〈篇章中的段落分析〉《中国语文》第 2 期，pp.81-91
徐赳赳、Jonathan J. Webster（1999）〈叙述文中名词回指分析〉《语言教学与研究》第 4 期，pp.92-109
徐烈炯（1996）〈汉语语义研究的空白地带〉《中国语文》第 4 期，pp.255-259
徐烈炯（1999a）〈从句中的空位主语〉《（汉语语言学世纪丛书）共性与个性——汉语语言学中的争议》徐烈炯主编，北京：北京语言文化大学出版社，pp.159-175
徐烈炯（1999b）〈名词性成分的指称用法〉《（汉语语言学世纪丛书）共性与个性——汉语语言学中的争议》徐烈炯主编，北京：北京语言文化大学出版社，pp.176-190
徐烈炯（2002）〈汉语是话语概念结构化语言吗？〉《中国语文》第 5 期，pp.400-410
徐烈炯、刘丹青（1998）《（《中国当代语言学》丛书）话题的结构与功能》上海：上海教育出版社
徐默凡（2001）〈"这"、"那"研究述评〉《汉语学习》第 5 期，pp.47-54
雪帆（1938）〈说存续表现的两式三分〉《译报》副刊《语文周刊》第 9 期，收于（1980）

复旦大学语言研究室编,《陈望道语文论集》上海：上海教育出版社, pp.315-319
谢·叶·雅洪托夫（Yakhotov, S. E.）著, 唐作藩、胡双宝选编（1986）《汉语史论集》北京：北京大学出版社
杨伯峻（1955）《文言语法》北京：北京大众出版社
杨福绵（1995）〈罗明坚、利玛窦《葡汉辞典》所记录的明代官话〉《中国语言学报》第 5 期, pp.35-81
杨剑桥（1988）〈吴语"指示词＋量词"的省略式〉《中国语文》第 4 期, p.286
杨剑桥（1989）〈吴语"指示词＋量词"的省略式再探〉《语文论丛》第 4 辑, 上海：上海市语文学会编, pp.178-182
杨俊萱（1984）〈口语和书面语〉《语言教学与研究》第 1 期, pp.137-146
杨耐思、沈士英（1958）〈藁城方言里的"们"〉《中国语文》6 月号, p.278
杨树达（1930）《高等国文法》北京：商务印书馆,（1984）《《汉语语法丛书》高等国文法》北京：商务印书馆
杨增武（1982）〈山阴方言的人称代词和指示代词〉《语文研究》第 2 期, pp.152-156
姚振武（2000）〈指称与陈述的兼容性与引申问题〉《中国语文》第 6 期, pp.564-570
严修鸿（1998）〈客家话人称代词单数"领格"的语源〉《语文研究》第 1 期, pp.50-56
叶友文（1988）〈"这"的功能嬗变及其他〉《语文研究》第 1 期, pp.17-21
游汝杰（1995）〈吴语里的人称代词〉《中国东南方言研究丛书》第 1 辑, 上海：上海教育出版社, pp.32-49
俞光中（1986）《《水浒全传》句末的"在这（那）里"考〉《中国语文》第 1 期, pp.63-69
俞光中、植田均（1999）《近代汉语语法研究》上海：学林出版社
俞理明（1988）〈从汉魏六朝佛经看代词"他"的变化〉《中国语文》第 6 期, pp.469-471
俞敏（1984）〈北京音系的成长和它受的周围影响〉《方言》第 4 期, pp.272-277
于细良（1965）〈疑问代词的任指用法〉《中国语文》第 1 期, pp.30-36
于夏龙（1965）〈敦煌变文"是"字用法分析〉《中国语文》第 4 期, pp.293-295
玉柱（1986）〈"这个"的一种别义用法〉《语文学习（上海）》第 10 期, p.56
袁家骅等（1983）《汉语方言概要（第二版）》北京：文字改革出版社
袁毓林（1994）〈一价名词的认知研究〉《中国语文》第 4 期, pp.241-253
袁毓林（1996）〈话题化及相关的语法过程〉《中国语文》第 4 期, pp.241-254
袁毓林（1998）《汉语动词的配价研究》南昌：江西教育出版社
袁毓林（2002）〈名词代表动词短语和代词所指的波动〉《中国语文》第 2 期, pp.99-110
元元（1981）〈"㑚"和"们"〉《汉语学习》第 2 期, pp.26-28
曾毓美（1998）〈湘潭方言的代词〉《方言》第 1 期, pp.71-74
张伯江（1997）〈汉语名词怎样表现无指成分〉《庆祝中国社会科学院语言研究所建所 45 周年学术论文集》中国语文编辑部编, 北京：商务印书馆, pp.192-199

张伯江（2000）〈论"把"字句的句式语义〉《语言研究》第 1 期，pp.28-40
张伯江、方梅（1996）《汉语功能语法研究》南昌：江西教育出版社
张伯江、李珍明（2002）〈"是 NP"和"是（一）个 NP"〉《世界汉语教学》第 3 期，pp.59-69
张成才（1958）〈商县方言的人称代词〉《中国语文》3 月号，pp.127-128
张惠英（1991）〈第二人称"贤、仁、恁、您"语源试探〉《中国语文》第 3 期，pp.226-232
张惠英（1994）〈闽南方言常用指示词考释〉《方言》第 3 期，pp.212-217
张惠英（1995）〈复数人称代词词尾"家""们""俚"〉《中国语言学报》第 5 期，pp.28-34
张惠英（1997）〈汉语方言代词研究〉《方言》第 2 期，pp.88-96
张惠英（2001）《汉语方言代词研究》北京：语文出版社
张黎、于康（2000）〈汉语指称性成分的等级分类及其对判断句的影响〉《(中国语法丛书) 语法研究和探索（十）》北京：商务印书馆，pp.287-299
张炼强（1982）〈人称代词的变换〉《中国语文》第 3 期，pp.182-185
张敏（1998）《认知语言学与汉语名词短语》北京：中国社会科学出版社
张清常（1982）〈汉语"咱们"的起源〉《语言研究论丛》第 2 辑，天津:南开大学出版社，pp.91-95
张寿康（1981）〈浅谈礼貌语言兼及"您们"的用法〉《语文研究》第 2 期，p.67，p.71
张树铮（1989）〈寿光方言的指示代词〉《中国语文》第 2 期，p.156
张双庆（1999）〈香港粤语的代词〉《(中国东南部方言比较研究丛书 第四辑) 代词》李如龙、张双庆主编，广州：暨南大学出版社，pp.345-360
张万起（2001）〈《水浒传》量词"个"的使用考察兼及汉语量词的发展趋向〉《中国语言学报》第 10 期，pp.231-236
张卫东（1998）〈试论近代南方官话的形成及其地位〉《深圳大学学报(人文社科版)》第 3 期，pp.73-78
张延华（1980）〈山西临猗方言的人称代词〉《中国语文》第 6 期，p.426
张谊生（2001）〈"N"+"们"的选择限制与"N 们"的表义功用〉《中国语文》第 3 期，pp.201-211
张志公（1953）《(语文学习丛书) 汉语语法常识》北京：中国青年出版社
赵杰（1989）《现代满语研究》北京：民族出版社
赵元任（1928）《现代吴语的研究》清华学校研究院丛书第四种，北平（北京）。
甄尚灵（1983）〈四川方言代词初探〉《方言》第 1 期，pp.36-46
郑张尚芳（1995）〈方言中的舒声促化现象〉《中国语言学报》第 5 期，pp.172-183
中国科学院语言研究所语法小组（1953）〈语法讲话（十二）〉《中国语文》6 月号，pp.26-31
中国科学院语言研究所语法小组（1953）〈语法讲话（十三）〉《中国语文》7 月号，pp.20-24

周法高（1963）『中國語文論叢』臺北：正中書局
周生亜（1980a）〈论上古汉语人称代词繁复的原因〉《中国语文》第 2 期，pp.127-136
周生亜（1980b）〈代词性质浅议〉《语言论集（中国人民大学中国语言文学系）》第 2 辑，
　　pp.1-16
周一民（1987）〈口语"这那哪"的语音变异〉《汉语学习》第 2 期，pp.13-14
周一民（1998）《北京口语语法（词法卷）》北京：语文出版社
朱德熙（1982）《语法讲义》北京：商务印书馆
朱德熙（1987a）〈句子和主语——印欧语影响现代书面汉语和汉语句法分析的一个实例〉
　　《世界汉语教学》第 3 期，pp.31-34
朱德熙（1987b）〈现代汉语语法研究的对象是什么？〉《中国语文》第 5 期，pp.321-379
朱建颂（1986）〈武汉的指示代词也是三分的〉《中国语文》第 6 期，p.469
朱庆仪（1988）〈武汉的指示代词不是三分的〉《中国语文》第 5 期，p.397
庄正容（1984）〈《世说新语》中的人称代词〉《福建师范大学学报（哲社版）》第 4 期，
　　pp.77-82
宗守云（2001）〈也谈"这是……"和"这个是……"〉《语言教学与研究》第 3 期，
　　pp.77-80

［日本語］
相原茂（1990）「"这""这个"および"这块"など」『中国語』2 月号，東京：大修館書店，
　　pp.26-29
馬場俊臣（1992）「指示語—後方照応の類型について」『表現研究』55，pp.20-27
Bekeš, Andrej（1995）「文脈から見た主題化と『ハ』」『日本語の主題と取り立て』益岡隆志・
　　野田尚史・沼田善子編，東京：くろしお出版，pp.155-174
福原みどり（1988）「コノ人，ソノ人，アノ人，彼，彼女—マラヤ大学語学センター
　　における日本語教育を通して—」『日本語教育』66 号，pp.229-239
福地肇（1985）『（新英文法選書第 10 巻）談話の構造』太田朗・梶田優責任編集，東京：
　　大修館書店
古川裕（1997）「数量詞限定名詞句の認知文法—指示物の〈顕著性〉と名詞句の〈有標性〉
　　—」『中国語学論文集　大河内康憲教授退官記念』大河内康憲教授退官記念
　　論文集刊行会編，東京：東方書店，pp.237-266
古屋昭弘（1998）「明代知識人の言語生活——万暦年間を中心に——」『現代中国語学
　　への視座』東京：東方書店，pp.147-165
顧海根（1981）「中国人学習者によくみられる誤用例（二）—動詞，形容詞，代名詞
　　などを中心に—」『日本語教育』44 号，pp.57-69

橋内武（1999）『ディスコース 談話の織りなす世界』東京：くろしお出版
平山久雄（1993）「中國語における音韻變化規則の例外―それを生みだす諸原因について―」『東方學』第85輯, pp.140-126
平山久雄（1996）「ドミエヴィル氏の『白話語彙における古音の保存』説について」『中國文學研究（長谷川良一教授古稀記念）』第22期, pp.106-117
李基文著, 藤本幸夫訳, 村山七郎監修（1975）『韓国語の歴史』東京：大修館書店,（原本：『改訂國語史概説（改訂三版）』(1974) ソウル：民衆書館）
池上嘉彦（1983）「テクストとテクストの構造」『(日本語教育指導参考書11) 談話の研究と教育1』東京：国立国語研究所
池上嘉彦（1984）『記号論への招待』岩波新書（黄版）258, 東京：岩波書店
池上嘉彦（1991）『〈英文法〉を考える――〈文法〉と〈コミュニケーション〉の間』東京：筑摩書房
池内正幸（1985）『(新英文法選書第6巻) 名詞句の限定表現』太田朗・梶田優責任編集, 東京：大修館書店
今西典子・浅野一郎（1990）『(新英文法選書第11巻) 照応と削除』太田朗・梶田優責任編集, 東京：大修館書店
井上和子・山田洋・河野武・成田一（1985）『(現代の英文法第6巻) 名詞』荒木一雄・長谷川欣佑・安井稔編集, 東京：研究社出版
伊藤さとみ（1999）「虚指の『他』」『中国語学』246号, pp.68-78
神尾昭雄（1990）『情報のなわ張り理論―言語の機能的分析』東京：大修館書店
神崎高明（1994）『日英語代名詞の研究』東京：研究社出版
木村英樹（1983）「指示と方位――『他那本书』の構造と意味をめぐって」『中国語学・文学論集　伊地智善継・辻本春彦両教授退官記念』東京：東方書店, pp.292-317（部分訳：沈国威译（1989）〈指示与方位〉《世界汉语教学》第4期, pp.220-223）
木村英樹（1987）「中国語の敬語」『月刊言語』VOL.16.No.8, pp.38-44
木村英樹（1990a）「中国語の指示詞―『コレ/ソレ/アレ』に対応するもの―」『日本語学』Vol.9.No.3, pp.39-47
木村英樹（1992）「中国語指示詞の『遠近』対立について――『コソア』との対照を兼ねて」『日本語と中国語の対照研究論文集（上）』大河内康憲編, 東京：くろしお出版, pp.181-211
金文京（1989）「研究ノート　人称代名詞の転位について」『慶應義塾大学言語文化研究所紀要』21, pp.51-74
金水敏（1995）「『語りのハ』に関する覚書」『日本語の主題と取り立て』益岡隆志・野田尚史・沼田善子編, 東京：くろしお出版, pp.71-80

小泉保（1990）『言外の言語学 日本語語用論』東京：三省堂
輿水優（1971）「語法講座（5）『代詞』」『中国語』143，12月号，pp.11-13
香坂順一（1987）『《水滸》語彙の研究』東京：光生館
工藤真由美（1993）「小説の地の文のテンポラリティー」『ことばの科学6』言語学研究会編，東京：むぎ書房，pp.19-65 久野暲（1978）『談話の文法』東京：大修館書店
李長波（2002）『日本語指示体系の歴史』京都：京都大学学術出版会
梁慧（1986）「『コ・ソ・ア』と『这・那』―日本語・中国語比較対照研究―」『都立大方言学会会報』116号，pp.9-22
牧野美奈子（1993）「中国語の指示詞とテクスト」『中国語学』240号，pp.99-108
牧野成一（1995）「ウチとソトの言語文化学―9.『は』と『が』―ウチソト情報の分類指標」『日本語』Vol.8. 12月号，pp.68-71
松下大三郎（1927）『標準漢文法』，徳田政信編（1978）『校訂解説 標準漢文法（復刻版）』東京：勉誠社
森宏子（1997）「三人称代名詞"它"の意味機能について」『中国語学』244号，pp.63-71
守屋三千代（1992）「指示語と視点」『日本語学』Vol.11. No.9，pp.44-56
日本語と中国語対照研究会編（1982）『日本語・中国語対応表現用例集Ⅲ―指示詞―』
西香織（2000）「口語における三人称代名詞"它"の一考察」『中国語学』247号，pp.250-266
西香織（2002）「無生物主語"它"に関する一考察」『中国語学』249号，pp.145-160
西香織（2003）「〈ヒト〉と〈モノ〉の対立」『中国語学』250号，pp.211-228（博士号取得後に出版）
仁田義雄（1997）『日本語文法研究序説―日本語の記述文法を目指して』東京：くろしお出版
尾上圭介・木村英樹・西村義樹（1998）「二重主語とその周辺――日中英対照」『月刊言語』Vol.27，No.11，pp.9-108
小川環樹（1977）『中国語学研究』（東洋学叢書）東京：創文社
大河内康憲（1983）「描くための言葉」『伊地智善継・辻本春彦両教授退官記念中国語学・文学論集』東京：東方書店，pp.498-513
大河内康憲（1997）『中国語の諸相』東京：白帝社
大河内康憲（2000）「"巧克力一词"の文法構造―指定をあらわす外延性定語について」『中国語学』247号，pp.2-18
大野早苗（2000）「日本語の代名詞の用法について―指示対象とその属性についての認識を観点に―」『日本語教育』105号，pp.41-50
大野早苗（2003）「『同じ＋名詞』の用法と解釈」『日本語教育』116号，pp.29-38

大島資生（1995）「『は』と連体修飾節構造」『日本語の主題と取り立て』益岡隆志・野田尚史・沼田善子編，東京：くろしお出版，pp.109-138
太田辰夫（1958）『中国語歴史文法』東京：江南書院
太田辰夫（1982）『中国歴代口語文（改訂版）』京都：朋友書店
太田辰夫（1988）『中国語史通考』東京：白帝社
小沢重男（1997）『蒙古語文語文法講義』東京：大学書林
坂原茂（2000）「英語と日本語の名詞句限定表現の対応関係」『認知言語学の発展』坂原茂編，東京：ひつじ書房，pp.213-249
迫田久美子（1996）「指示詞コ・ソ・アに関する中間言語の形成過程―対話調査による縦断的研究に基づいて―」『日本語教育』89号，pp.64-75
讃井唯允（1988）「中国語指示代名詞の語用論的再検討」『人文学報（東京都立大学人文学部）』No.198，pp.1-19
讃井唯允（1992）「語用論的具体化と一般化――いわゆる"無定NP主語句"と"存在句"を中心に――」『人文学報（東京都立大学人文学部）』No.234，pp.139-170
讃井唯允（1994）「日本語三人称代名詞の成立と中国語」『人文学報（東京都立大学人文学部）』No.253，pp.1-23
佐藤晴彦（2002）「旧本『老乞大』の中国語史における価値」『中国語学』249号，pp.20-41
柴谷方良（1990）「主題と主語」『（講座日本語と日本語教育 第12巻）言語学要説（下）』東京：明治書院，pp.97-126
志村良治（1984）『中国中世語法史研究』東京：三冬社
杉村博文（1994）『中国語文法教室』東京：大修館書店
杉村博文（1995）「＜論壇＞这孩子这嗓子！―"这"による指示の諸相」『中国語』425，6月号，pp.66-71
孫伯醇（1961）「"百喩経"における『於』『餘』『他』のつかいかた」『中国語学』112号，関東支部7月例会報告要旨，pp.3-4
鈴木孝夫（1996）『教養としての言語学』岩波新書，東京：岩波書店
高田時雄（1988）『敦煌資料における中国語史の研究』東洋学叢書，東京：創文社
竹島永貢子（1991）「代詞"它"の指示対象と機能」『中国語学』238号，pp.43-53
田窪行則（1989）「名詞句のモダリティ」『日本語のモダリティ』仁田義雄・益岡隆志編，東京：くろしお出版，pp.211-233
田窪行則（1990）「ダイクシスと談話構造」『（講座日本語と日本語教育 第12巻）言語学要説（下）』東京：明治書院，pp.127-147
田窪行則（1992）「言語行動と視点―人称詞を中心に―」『日本語学』Vol.11. No.8，pp.20-27

田窪行則・木村英樹（1992）「中国語，日本語，英語，フランス語における三人称代名詞の対照研究」『日本語と中国語の対照研究論文集（上）』大河内康憲編，東京：くろしお出版，pp.137-152

田窪行則・西山佑司・三藤博・亀山恵・片桐恭弘（1999）『（岩波講座 言語の科学7）談話と文脈』東京：岩波書店

田窪行則・金水敏（2000）「複数の心的領域による談話管理」『認知言語学の発展』坂原茂編，東京：ひつじ書房，pp.251-280

田中克彦（1996）『名前と人間』岩波新書（新赤版）472，東京：岩波書店

田中望（1981）「コソアをめぐる諸問題」『（日本語教育指導参考書8）日本語の指示詞』東京：国立国語研究所，pp.1-50

角田太作（1992）『世界の言語と日本語』東京：くろしお出版

寺倉弘子（1986）「談話における主題の省略について」『月刊言語』Vol.15. No.2，pp.98-105

戸部実之（1989）『満州語入門』東京：泰流社

牛島徳治・香坂順一・藤堂明保編（1967）『中国文化叢書（1）言語』東京：大修館書店

山梨正明（1992）『推論と照応』東京：くろしお出版

山崎直樹（1990）「テクストにおける姓名の連鎖とその代名詞的機能」『中国語学』237号，pp.52-61

山崎直樹（1993）「物語における三人称代名詞」『中国語学』240号，pp.109-117

山崎直樹（1994）「物語中の人物への言及のしかたとその変化」『中国語学』241号，pp.136-145

安井稔・中村順良（1984）『（現代の英文法 第10巻）代用表現』荒木一雄・長谷川欣佑・安井稔編集，東京：研究社出版

若森幸子（2001）「名詞句の照応と代詞――接近可能性理論 Accessibility theory の観点から――」『（佐藤保先生退官記念号）お茶の水女子大学中国文学会報』第20号，pp.88-100

続三義（1989）「中国語の人称代名詞と指示呼称語との組み合わせについて」『中国語学』236号，pp.70-78

[英語]

Ariel, Mira (1990) *Accessing Noun Phrase Antecedents*. London & New York: Routledge.

Bolinger, Dwight (1979) 'Pronouns in Discourse' in Talmy Givón (ed.), *Syntax and Semantics* 12, 289-309. New York: Academic Press

Bradley, Henry (1964) *The Making of English*. London Macmillan & Co Ltd.

Buyssens, Eric (1970) 'The Common Name and The Proper Name' in Roman Jakobson & Shigeo Kawamoto (eds.), *Studies in General and Oriental Linguistics: Presented to Shiro Hattori on the Occasion of His Sixtieth Birthday,* 21-23. Tokyo: TEC

Carlson, Gregory N. (1977) *Reference to Kinds in English.* Ph. D. Dissertation, University of Massachusetts. published (1980) New York: Garland Pub.

Chan, Ning-ping（陈宁萍）(1985) 'The Use of the Third-Person Pronoun in Mandarin Chinese' *Cahiers de Linguistique - Asie orientale,* Vol.XIV, No.1, 47-81.（张惠英译（1986）〈汉语普通话中第三人称代词的用法〉《国外语言学》第 4 期，pp.151-154）

Chao, Yuen Ren（赵元任）(1968) *A Grammar of Spoken Chinese*（中國話的文法）. Berkeley: University of California Press.（吕叔湘译(1979)《汉语口语语法》北京：商务印书馆）

Chen, Ping（陈平）(1996) 'Pragmatic Interpretations of Structural Topics and Relativization in Chinese' *Journal of Pragmatics* Vol. 26, 389-406.（徐赳赳译（1996）〈汉语中结构话题的语用解释和关系化〉《国外语言学》第 4 期，pp.27-36）

Comrie, Bernard (1989) *Language Universals and Linguistic Typology: Syntax and Morphology (second edition).* Oxford: Basil Blackwell.（松本克己・山本秀樹訳（1992）『言語普遍性と言語類型論—統語論と形態論—』東京：ひつじ書房）

DeCarrico, J. S. (1983) 'A Note on Functional Perspectives' *Linguistic Analysis* Vol.11, No.3, 303-307.

Evans, Gareth (1982) *The Varieties of Reference.* John McDowell (ed.). Oxford: Clarendon Press.

Givón, Talmy (1983) 'Topic Continuity in Discourse: An Introduction' in Talmy Givón (ed.), *Topic Continuity in Discourse: A Quantitative Cross-language Study,* 1-41. Amsterdam/ Philadelphia: J. Benjamins Pub.

Grice, H. Paul (1975) 'Logic and Conversation' in P. Cole & J. L Morgan (eds.), *Syntax and Semantics 3: Speech Acts,* 41-58. New York: Academic Press.

Gundel, Jeanette K. (1980) 'Zero NP-Anaphora in Russian: A Case of Topic-Prominence' Papers from the Parasession on Pronouns and Anaphora' in Jody Kreiman & Almerindo E. Ojeda (eds.), April 18-19, Chicago Linguistic Society, 139-146.

Halliday, M. A. K. & Ruqaiya Hasan (1976) *(English language series no. 9) Cohesion in English.* London: Longman.（安藤貞雄・多田保行・永田龍男・中川憲・高口圭轉訳（1997）『(言語学翻訳叢書第 8 巻）テクストはどのように構成されるか—言語の結束性—』東京：ひつじ書房）

Huang, Cheng-Teh James (1982) *Logical Relations in Chinese and the Theory of Grammar,* Doctoral Dissertation, Massachusetts Institute of Technology.

Jiang, Yan, Haihua Pan & Chongli Zou (1997) 'On the Semantic Content of Noun Phrases' in Xu, Liejiong (ed.), *The Referential Properties of Chinese Noun Phrases.* Collection des

Cahiers de Linguistique d'Asie Orientale 2, 3-24.

Krifka, Manfred (1995) 'Common Nouns: A Contrastive Analysis of Chinese and English' in Gregory N. Carlson & Francis Jeffery Pelletier (eds.), *The Generic Book*, 398-411. Chicago: The University of Chicago Press.

Krifka, Manfred, Francis Jeffry Pelletier, Gregory N. Carlson, Alice ter Meulen, Godehard Link & Gennaro Chierchia (1995) 'Genericity: An Introduction' in Gregory N Carlson & Francis Jeffery Pelletier (eds.), *The Generic Book*, 1-124. Chicago: The University of Chicago Press.

Kuno, Susumu (1970) 'Some Property of Nun-Referential Noun Phrases' in Roman Jakobson & Shigeo Kawamoto (eds.), *Studies in General and Oriental Linguistics: Presented to Shiro Hattori on the Occasion of His Sixtieth Birthday*, 348-373. Tokyo: TEC.

Kuno, Susumu (1975) 'Three Perspectives in the Functional Approach to Syntax' in Robin E. Grossman, L. James San & Timothy J. Vance (eds.), Papers from the Parasession on Functionalism. Chicago Linguistic Society, 276-336.

Lakoff, George (1968) 'Pronouns and Reference' by Indiana University Linguistics Club, 1-24, reprinted in James D. McCawley (ed., 1976), *Syntax and semantics 7: Notes from the Linguistic Underground*, 275-335. New York: Academic Press.

Lakoff, George & John Robert Ross (1972) 'A Note on Anaphoric Islands and Causatives' *Linguistic Inquiry*, Vol.3, No. 1, 121-125.

Langacker, Ronald W. (1969) 'On Pronominalization and the Chain of Command' in David A. Reibel, Sanford A. Schane (eds.), *Modern Studies in English: Readings in Transformational Grammar*, 160-186. Englewood Cliffs, N.J.: Prentice-Hall.

Lee, Cher Leng & Hongyin Tao, (1995) 'A Social Account of Two Unusual Uses of Third Person Pronouns in Hong Lou Meng' at the Joint Meeting of the Fourth International Conference on Chinese Linguistics, and the 7th North American Conference on Chinese Linguistics, June 27-30. Madison, Wisconsin.

Li, Charles N. & Sandra A. Thompson (1976) 'Subject and Topic: A New Typology of Language' in C. N. Li & Sandra A. Thompson (eds.), *Subject and Topic*, 457-489. New York: Academic Press.（李谷城摘译（1984）〈主语与主题：一种新的语言类型学〉《国外语言学》第2期，pp.38-44）

Li, Charles N. & Sandra A. Thompson (1979) 'Third-Person Pronouns and Zero-Anaphora in Chinese Discourse' in Talmy Givón (ed.), *Syntax and Semantics 12: Discourse and Syntax*, 311-335, New York: Academic Press.

吕叔湘（1940）'The Third Person Pronouns and Related Matters in Classical and Modern Chinese' 《中国文化研究所集刊》第一卷，第二号。载于《汉语语法论文集 增订本》（1984）商务印书馆

McCray, Alexa. T. (1980) 'The Semantics of Backward Anaphora' in J. T. Jensen (ed.), *Cahiers Linguistiques D'Ottawa* 9: 329-343.

Postal, Paul M. (1972) 'A Global Constraint on Pronominalization' *Linguistic Inquiry*, Vol.3, No.1, 35-59.

Reinhart, T. (1983) *Anaphora and Semantic Interpretation*. London: Croom Helm.

Shi, Dingxu (1989) 'Topic Chain as a Syntactic Category in Chinese' *Journal of Chinese Linguistics*, Vol.17, No.2, 223-262.

Sperber, Dan & Deirdre Wilson (1995) *Relevance: Communication and Cognition*（*2nd. Edition*）. Cambridge, Mass.: Blackwell. (内田聖二・中逵俊明・宋南先・田中圭子訳（1999）『関連性理論（第2版）―伝達と認知―』東京：研究社出版)

Tai, J. H-Y (1973) 'Chinese as a SOV Language' Papers from the Ninth Regional Meeting of the Chicago Linguistic Society, 659-671.

Xu, Liejiong (1986) 'Free Empty Category' *Linguistic Inquiry*, Vol.17, No.1, 75-93.

Xu, Liejiong & D. Terence Langendoen (1985) 'Topic Structures in Chinese' *Language*, Vol.61, No.1, 1-27.

[辞書類・文学作品（研究）他]

『切韻』：(1983)『唐五代韻書集存』周祖謨編、臺北：中華書局

『広韻』（張士俊 沢存堂刻本）：(1967)『校正宋本廣韻』臺北：藝文印書館

『玉篇』（張士俊 沢存堂刻本）：(1983)《宋本玉篇》北京：北京市中国书店

『説文解字』：(1981)《说文解字注》上海：上海古籍出版社

『康熙字典』：(1985)《康熙字典》上海：上海书店出版社

《现代汉语词典（修订本)》(1996) 中国社会科学院语言研究所词典编辑室编、北京：商务印书馆

『四聲通解』：(1985)『翻譯老乞大・朴通事・小學諺解・四聲通解（國語國文學 叢林 12)』ソウル：大提閣、(1998) ソウル：弘文閣

『望月佛教大辞典 第四卷（増訂版)』(1954) 望月信亨編、京都：世界聖典刊行協会

『佛教語大辞典（下卷)』(1975) 中村元編、東京：東京書籍株式会社

『言語学大辞典』(1988 - 2001) 亀井孝・河野六郎・千野栄一編著、東京：三省堂

『満洲語文語文典』(1996) 河内良弘編、京都：京都大学学術出版会

『パーリ語佛教辞典（Dictionary of PALI BODDHISM)』(1997) 雲井昭善編、東京：山喜房書林

釋清譚譯注（1929)『(續國譯漢文大成・文學部第 18 卷）陶淵明集・王右丞集』東京：國民文庫刊行會

服部宇之吉校訂(1910)『(漢文大系第2巻)箋解古文真寶後集・増註三體詩・箋註唐詩選』(戸崎淡園箋註),東京:冨山房
簡野道明校註(1915)『唐詩選』東京:明治書院
釋清譚譯注(1920)『(國譯漢文大成・文學部第5巻)唐詩選』東京:國民文庫刊行會
齊藤晌(1965)『(漢詩大系7)唐詩選下』東京:集英社
平野彦次郎(1974)『唐詩選研究』東京:明徳出版社
高木正一訳注(1978)『(中国古典選26)唐詩選二』吉川幸次郎監修,東京:朝日出版社
日野龍夫校注(1982)『唐詩選国字解3』(服部南郭述),東洋文庫,東京:平凡社
入谷仙介(1976)『王維研究』東京:創文社
都留春雄注(1958)『(中国詩人選集6)王維』東京:岩波書店
入矢義高・溝口雄三・末木文美士・伊藤文生訳注(1992)『碧巌録(上)』岩波文庫,東京:岩波書店

例文出典

[近代]

『百喩経』：(1974)『高麗大藏經 舍利弗阿毗曇論：外32部』東洋佛典研究会監修,版元：ソウル：東洋出版社,東京：みどり総業株式会社出版事業部

『遊仙窟』：(1990)『遊仙窟』今村与志雄訳,岩波文庫,東京：岩波書店

『王梵志詩』：(1991)《王梵志诗校注》项楚校注,上海：上海古籍出版社

『唐詩選』：(1920)『(國譯漢文大成・文學部第5卷)唐詩選』釋清譚譯注,東京：國民文庫刊行會

『唐五代詞』：(1956)《唐五代词》林大椿辑・郑琦校订,北京：文学古籍刊行社

『六祖壇経』：(1981)《坛经对勘》郭朋校注,济南：齐鲁书社

『祖堂集』：(1996)《祖堂集》吴福祥、顾之川点校,长沙：岳麓书社

『景徳伝灯録』：(1976)『景德傳燈錄・野菜博錄』(四部叢刊續編28)王雲五主編,臺北：臺灣商務印書館

『碧巌録』:(1992, 1994, 1996)『碧巖錄（上・中・下）』入矢義高・溝口雄三・末木文美士・伊藤文訳注,岩波文庫,東京：岩波書店

『董解元西廂記』：(1962)《董解元西厢记》凌景埏校注,北京：人民文学出版社

『朱子語類』：(1994)《理学丛书 朱子语类》王星贤点校,北京：中华书局

『清平山堂話本』：(1957)《清平山堂话本》(据文学古籍刊行社重影印本)谭正璧校注,上海：古典文学出版社

『古今小説』：(1958)《古今小说》许政扬校注,北京：人民文学出版社

『元刊雑劇三十種』：(1988)《元刊杂剧三十种新校》宁希元校点,兰州：兰州大学出版社,

(1914)『覆元槧古今雜劇三十種（京都帝国大学文科大学叢書第二）』

『水滸伝』：(1952)《水浒传》北京：人民文学出版社

『元曲選』：(1994)《元曲选校注》王学奇主编,石家庄：河北教育出版社

『醒世姻縁伝』：(1968)『醒世姻緣傳 上』楊家駱主編,臺北：世界書局

『儒林外史』：(1991)《(《十大古典白话长篇小说》丛书)儒林外史》上海：上海古籍出版社

『紅楼夢』：(1994)《红楼梦》黄霖校理,济南：齐鲁书社

『児女英雄伝』：(1990)《儿女英雄传》古本小说集成编辑委员会,上海：上海古籍出版社

『三侠五義』《三俠五义》：(1968)『三俠五義』臺北：世界書局

『旧本老乞大』：(2000)『元代漢語本《老乞大》』(慶北大學校出版部古典叢書9) 慶州：慶北大學校出版部

『翻訳老乞大・朴通事』：(1985)『翻譯老乞大・朴通事・小學諺解・四聲通解（國語國文學 叢林12)』ソウル：大提閣
『老乞大諺解』：(1944)『老乞大諺解（奎章閣叢書第9)』京城：京城帝国大学法文学部

[現代]
《家》巴金：(1953) 北京：人民文学出版社
《春》巴金：(1955) 北京：人民文学出版社
《再生集》侯宝林：(1978) 太原：山西人民出版社
《四世同堂（上）》老舍：(1979) 天津：百花文艺出版社
《百喻经故事》冯雪峰述：(1980) 北京：人民文学出版社（录于（1949）上海：上海作家书屋）
《单口相声传统作品选（插图本）》：(1981) 张寿臣等著，北京：中国曲艺出版社
《日出》曹禺：(1985)《曹禺戏剧集——日出》，成都：四川文艺出版社
《实用汉语课本Ⅲ》(1986) 北京语言学院编，北京：商务印书馆
《实用汉语课本Ⅳ》(1986) 北京语言学院编，北京：商务印书馆
《现代汉语进修教程 口语篇》(1988) 张孝忠 田士琪等编，北京：北京语言学院出版社
《中级汉语—听和说》(1990) 北京语言学院来华留学生二系编，北京：北京语言学院出版社
《编辑部的故事》(电视连续剧)：(1991) 王朔、冯小刚编剧，北京：北京电视艺术中心
《刘慧芳》王朔：(1992) 孙波・杜建业主编《王朔文集3矫情卷》北京：华艺出版社
《鐘》張曉風：(1992)『台灣現代短篇小説選（Contemporary short stories from Taiwan）』史丹福大學主辦美國各大學中國語文聯合研習所編著，臺北：史丹福大學主辦美國各大學中國語文聯合研習所
《骆驼祥子》老舍：(1993) 舒济・舒乙编《老舍小说全集（第4卷）》武汉：长江文艺出版社
《中国传统相声大全（第一卷）》(1993) 中国说唱艺术研究中心《中国传统相声大全》编委会编，冯不异、刘英男主编，北京：文化艺术出版社
《高级汉语口语—话题交际》(1993) 章纪孝主编，北京：北京语言学院出版社
《现代汉语进修教程 听力篇（上册）》(1993) 黄祖英主编，北京：北京语言学院出版社
《现代汉语进修教程 听力篇（下册）》(1994) 黄祖英主编，北京：北京语言学院出版社
『コンピューターによる北京口語語彙の研究（第一冊 資料編)』中嶋幹起（1995）東京：東京外国語大学アジア・アフリカ言語文化研究所
『NHKテレビ 中国語会話』(1994) 12月号，(1995) 1月号，7月号，8月号，9月号，10月号，12月号，東京：NHK出版
《夜半歌聲》（電影）(1995) 司徒慧焯，黃百鳴，于仁泰編劇，東方電影發行有限公司
《不宜重逢》毕淑敏：(1996)《毕淑敏文集——不宜重逢》北京：群众出版社

《预约死亡》毕淑敏：（1996）《毕淑敏文集——生命》北京：群众出版社
《无价之宝》赵大年：（1997）《京味文学丛书 紫墙》北京：北京燕山出版社
《活着》余华：（1998）海口：南海出版社
《金小玉》李健吾：（1998）朱伟华选编《中国沦陷区文学大系 戏剧卷》南宁：广西教育出版社（录自（1946）"万叶戏剧新辑"本《金小玉》上海：万叶书店）
《阳关三叠》周贻白：（1998）朱伟华选编《中国沦陷区文学大系 戏剧卷》南宁：广西教育出版社（录自（1944）"剧本丛刊"本《阳关三叠》上海：世界书局）
《八仙外传》周仲彝：（1998）朱伟华选编《中国沦陷区文学大系 戏剧卷》南宁：广西教育出版社（录自（1944）"剧本丛刊"本《八仙外传》上海：世界书局）
《银星梦》方君逸：（1998）朱伟华选编《中国沦陷区文学大系 戏剧卷》南宁：广西教育出版社（录自（1941）"剧本丛刊"本《银星梦》上海：世界书局）
《梁上君子》黄佐临：（1998）朱伟华选编《中国沦陷区文学大系 戏剧卷》南宁：广西教育出版社（录自（1944）"剧本丛刊"本《梁上君子》上海：世界书局）
《天罗地网》陈绵：（1998）朱伟华选编《中国沦陷区文学大系 戏剧卷》南宁：广西教育出版社（录自（1944）《半夜》北京：华北作家协会）
《烦恼人生》池莉：（1998）张曰凯主编《这里的天空——当代百家小说精品集成》合肥：安徽文艺出版社
《风景》方方：（1998）张曰凯主编《这里的天空——当代百家小说精品集成》合肥：安徽文艺出版社
《伏羲伏羲》刘恒：（1998）张曰凯主编《这里的天空——当代百家小说精品集成》合肥：安徽文艺出版社
《一地鸡毛》刘震云：（1998）张曰凯主编《这里的天空——当代百家小说精品集成》合肥：安徽文艺出版社
《妻妾成群》苏童：（1998）张曰凯主编《这里的天空——当代百家小说精品集成》合肥：安徽文艺出版社
《这里的天空》张梅：（1998）张曰凯主编《这里的天空——当代百家小说精品集成》合肥：安徽文艺出版社
《手上的星光》邱华栋：（1998）张曰凯主编《这里的天空——当代百家小说精品集成》合肥：安徽文艺出版社
《伪币制造者》刁斗：（1998）张曰凯主编《这里的天空——当代百家小说精品集成》合肥：安徽文艺出版社
《哺乳期的女人》毕飞宇：（1998）张曰凯主编《这里的天空——当代百家小说精品集成》合肥：安徽文艺出版社
《生生不已》毕淑敏：（1998）张曰凯主编《这里的天空——当代百家小说精品集成》合肥：安徽文艺出版社

《汉家女》周大新：（1998）张曰凯主编《生存——当代百家小说精品集成》合肥：安徽文艺出版社

《第三只眼》朱苏进：（1998）张曰凯主编《生存——当代百家小说精品集成》合肥：安徽文艺出版社

《心香》叶文玲：（1998）张曰凯主编《生存——当代百家小说精品集成》合肥：安徽文艺出版社

《那山 那人 那狗》彭见明：（1998）张曰凯主编《生存——当代百家小说精品集成》合肥：安徽文艺出版社

《献上一束夜来香》谌容：（1998）张曰凯主编《生存——当代百家小说精品集成》合肥：安徽文艺出版社

《万家诉讼》陈源斌：（1998）张曰凯主编《生存——当代百家小说精品集成》合肥：安徽文艺出版社

《凤凰琴》刘醒龙：（1998）张曰凯主编《生存——当代百家小说精品集成》合肥：安徽文艺出版社

《割草的小梅》叶蔚林：（1998）张曰凯主编《生存——当代百家小说精品集成》合肥：安徽文艺出版社

《生存》尤凤伟：（1998）张曰凯主编《生存——当代百家小说精品集成》合肥：安徽文艺出版社

《大厂》谈歌：（1998）张曰凯主编《生存——当代百家小说精品集成》合肥：安徽文艺出版社

《北京爷》刘一达：（2001）北京：华艺出版社

あとがき

　奇しくも平成という時代が終わろうとするこの節目に本書を出すことになった。院生時代の様々な記憶が走馬灯のように蘇ってくる。中国語の指示詞と人称代名詞の先行文献目録を作るために何ヶ月も大学図書館の書庫にこもった。A4 で 50 ページに及ぶその目録は修士論文および博士論文執筆の際に役立つことになったが，当時は今とは違い，先行文献を入手するのにとにかく時間を要した。特に外国の文献で大学の図書館にないものは，取り寄せに 2 週間，時期によっては一ヶ月もかかった。また，中国の大学紀要など入手しにくいものの多くは中国人民大学の刊行する《复印报刊资料》に頼っていた。ところが現在は，中国で刊行された学術雑誌の大部分を中国知网（CNKI）などを通じて即座に入手することができる。例文も当時は小説などを読んで一つ一つ収集するのが主流だったのが，現在ではコーパスによって瞬時に多くの例文を収集することができる。本書の刊行のために十数年前に作成した博士論文のファイルを開いてみて，パソコンやオフィスソフトの進化にも思わずため息が出た。研究の手法も環境もわずか十数年で大きく変化し，隔世の感を禁じ得ない。

　博士論文を執筆していた当時と現在とでは，多くの年月を経ただけでなく，自身が置かれている立場も大きく異なる。指導を受ける側から指導をする側へ。親となり子を育てるという役割も増えた。この役割の転換は，人を指導することがどれだけ時間と忍耐を要することか，自分が学生時代，いかに恵まれた環境の下で学ぶことができたかに気づかせてくれた。学生時代は師にも先輩にも恵まれ，教師として，研究者として，目標となる背中が常にあった。追いつけなくてもいつの日か少しは近づけるだろうと思っていたその背中は，自身の浅学菲才，とりわけ怠惰により今ではさらに遠のいてしまったが。未熟ながら博士論文を完成させ，研究者としてのスタート地点に立つことができたのは，主指導教官であった杉村博文先生をはじめ諸先生方の厳しくも温かいご指導，同門の仲間による励ましと支えがあったおかげである。この場を借りて改

めて深く感謝申し上げる。

　本博士論文シリーズの企画者である大阪府立大学の張麟声教授には，原稿の修正作業が遅々として進まないことから，最後までご心配とご迷惑をおかけしてしまったが，このような機会を頂けたことに厚く御礼申し上げる。

　さらに，原稿の提出が大幅に遅れていたにもかかわらず，平成30（2018）年度内の刊行という，無理な要求に応えてくださった日中言語文化出版社の関谷一雄社長，編集作業を担ってくださった江口真由美さんには感謝の念に堪えない。

　本博士論文は平成15（2003）年10月に旧大阪外国語大学言語社会学会より博士論文シリーズ第23号として少数部，自費刊行している。また，本論文の後半の章は，独立した論文として日本中国語学会誌『中国語学』に採用，掲載されている。

　「口語における三人称代名詞"它"の一考察」247号（2000年）
　「無生物主語"它"に関する一考察」249号（2002年）
　「〈ヒト〉と〈モノ〉の対立」250号（2003年）

　本書はあくまで博士論文として，内容の本質にかかわる修正は行っていない。当時，論文審査にあたってくださった諸先生方より指摘された問題点や，今回の刊行にあたって自身が気づいた数多の問題は未解決，未修正のままである。内容の未熟さに目を覆いたくなるが，未解決の部分については今後の研究課題としたい。

　専任教員として大学に身を置き15年になろうとする。師恩に報いるどころか，研究者として大成せぬまま，ただ徒に時だけが過ぎてしまった。本書の刊行は今一度初心に返り，日々の研鑽を怠らぬようにという自分への戒めでもある。

平成31年元旦
西　香織

中国語の三人称代名詞 "它" に関する研究

2019 年 3 月 1 日　初版第 1 刷発行

著　者　　西　　香　織
発行者　　関　谷　一　雄
発行所　　日中言語文化出版社
　　　　　〒531-0074　大阪市北区本庄東2丁目13番21号
　　　　　ＴＥＬ　０６（６４８５）２４０６
　　　　　ＦＡＸ　０６（６３７１）２３０３
印刷所　　有限会社 扶桑印刷社

©2019 by Nishi Kaori, Printed in Japan
ISBN978 － 4 － 905013 － 51 － 8